时代先锋

——礼赞方城县三入火海救人英雄

王锋

本书编委会 编

当代中国出版社
Contemporary China Publishing House

图书在版编目（CIP）数据

时代先锋：礼赞方城县三入火海救人英雄王锋 /《时代先锋：礼赞方城县三入火海救人英雄王锋》编写组编 . -- 北京：当代中国出版社，2017.1
ISBN 978-7-5154-0764-7

Ⅰ . ①时… Ⅱ . ①时… Ⅲ . ①王锋－先进事迹 Ⅳ . ① K828.9

中国版本图书馆 CIP 数据核字（2016）第 289687 号

出 版 人	曹宏举
策划编辑	王延新
责任编辑	王延新
责任校对	肖　阳
装帧设计	信宏博·张红运
出版发行	当代中国出版社
地　　址	北京市地安门西大街旌勇里 8 号
网　　址	http://www.ddzg.net　邮箱：ddzgcbs@sina.com
邮政编码	100009
编 辑 部	(010)66572264　66572154　66572132　66572180
市 场 部	(010)66572281 或 66572155/56/57/58/59 转
印　　刷	河南省瑞光印务股份有限公司
开　　本	787 毫米×1092 毫米　1/16
印　　张	16.5 印张　12 插页　243 千字
版　　次	2017 年 3 月 2 版
印　　次	2017 年 3 月第 1 次印刷
定　　价	62.00 元

版权所有，翻版必究；如有印装质量问题，请拨打(010)66572159 转出版部。

河南省委常委、南阳市委书记穆为民（左）到医院看望王锋及其家属

《解放军报》原副总编辑陶克少将（左）看望慰问王锋及其家人

军委后勤保障部卫生局局长李清杰（左）慰问王锋及其家人

南阳市委副书记、市长霍好胜（左）了解王锋救治情况

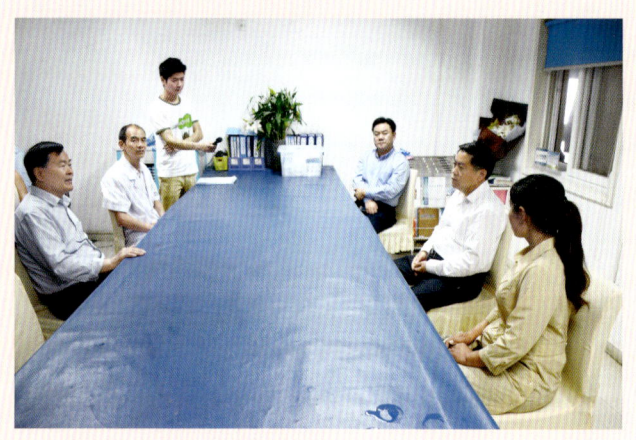

南阳市委副书记王智慧（右二）在方城县委书记褚清黎（右三）陪同下听取南阳南石医院负责同志介绍王锋救治情况

南阳市原市委常委、宣传部部长王新会（右二）看望慰问王锋及其家人

方城县委书记褚清黎（中），县委常委、宣传部部长刘杰（左）在南阳南石医院看望王锋及其家人

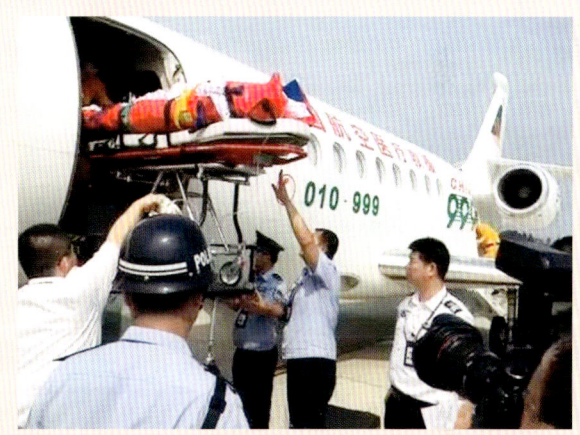

南阳用专机送王锋赴京治疗

解放军总医院第一附属医院专家为王锋进行会诊

方城县委书记褚清黎带头为王锋捐款

方城县委副书记、县长段文汉带头为王锋捐款

解放军总医院救治王锋专家团队

南阳市委常委、宣传部部长张富治（左）前往八宝山革命公墓为王锋送行并亲切慰问其家人

河南省委常委、南阳市委书记穆为民（左）在南阳机场迎接王锋回家并亲切慰问其家人

王锋在小巷中留下的血脚印

王锋生前和他的儿女们在一起

按照中宣部的统一部署，中央媒体记者集中采访王锋先进事迹

南阳市党政军领导和各界群众到机场迎接英雄王锋魂归故里

南阳市各界群众怀着悲痛的心情迎接王锋骨灰回家

方城县委、县政府和社会各界群众痛悼王锋逝世

中央电视台"2016年感动中国人物"评选揭晓,王锋高票当选。图为王锋妻子潘品(左三)在颁奖台上

中央电视台"2016年感动中国人物"颁奖现场,王锋妻子潘品登上领奖台

中央电视台"2016年感动中国人物"颁奖现场,少先队员向王锋妻子潘品献花

中央电视台"2016年感动中国人物"颁奖现场,王锋妻子潘品(右)接受主持人敬一丹采访

中央电视台"2016年感动中国人物"颁奖现场,著名主持人敬一丹(左)、白岩松主持节目

中央电视台"2016年感动中国人物"颁奖现场

中央电视台"2016年感动中国人物"颁奖现场

跟踪报道王锋的南阳日报记者柏伴雪(左)接受中央电视台采访

正在参加南阳市"两会"的方城县人大代表、政协委员收看中央电视台"2016年感动中国人物"颁奖典礼

方城县四大班子领导收看中央电视台"2016年感动中国人物"颁奖典礼

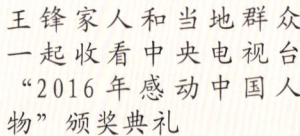

王锋家人和当地群众一起收看中央电视台"2016年感动中国人物"颁奖典礼

方城县广大青少年认真收看中央电视台"2016年感动中国人物"颁奖典礼

目 录
CONTENTS

序言 ··· 1

第一章　英雄足迹

生命的奔跑——记三入火海救人英雄王锋 ······················ 3

第二章　领导关怀

受国防部部长常万全委托王智慧看望火海救人英雄王锋

弘扬英雄事迹彰显传统美德 ······································ 27

南阳火中救人英雄王锋在京已进行两次植皮手术 ············ 28

穆为民看望慰问王锋时要求全力以赴做好救治康复工作 ···· 29

霍好胜看望南阳救人英雄王锋向英雄学习传播正能量 ······· 30

宣传英模人物汇聚向善力量 ······································ 30

褚清黎看望慰问火海救人家乡青年王锋 ······················· 30

团河南省委授予王锋同志"河南省见义勇为好青年"荣誉称号 ···· 34

中共南阳市委关于授予王锋同志"雷锋式好青年"

称号开展向王锋同志学习的决定 ······························· 35

南阳市综治委授予王锋"南阳市见义勇为先进个人"荣誉称号 ···· 37

共青团南阳市委授予王锋见义勇为好青年 ····················· 38

共青团方城县委授予王锋"方城县见义勇为好青年"荣誉称号 ···· 38

王锋入选"中国网事·感动2016"二季度十大网络人物 ······ 39

I

表彰决定

救火英雄王锋获"第三届全国消防奖先进个人"称号……… 40

第三章　见证壮举

【人民日报】

南阳英雄王锋三入火海救人受伤，各界捐款220多万元，英雄妻子却说
——"钱够手术了，请捐给更需要的人"……… 43

英雄王锋三入火海救亲邻……… 45

【新华社】

南阳英雄王锋用生命书写人间大爱……… 48

【中央电视台】

王锋：几进火海舍身救人……… 52

聚焦英雄王锋火中救人大爱担当……… 53

【中央人民广播电台】

河南小伙王锋三次冲入火海救人树立时代道德楷模……… 55

【光明日报】

三入火海凡人英雄
　　——记河南省方城县广阳镇古城村村民王锋（上）……… 56

盼英雄早归家
　　——救助"救火英雄"王锋的爱心接力（下）……… 59

英雄就在我们身边……… 60

【经济日报】

王锋：三入火海救邻居……… 62

【中国青年报】

一串带血的脚印
　　——记三入火海救人的青年英雄王锋 ……… 66

【《好人雷锋》】
雷锋的脉搏在王锋身上跳动
　　——写在火海救人英雄王锋在京救助之际 …………………… 71
【河南日报】
英雄火海救人全身烧伤爱心款3天捐27万 ……………………… 79
浴火真英雄 ……………………………………………………… 81
三闯火海救人的王锋进京治疗
网友盼救火英雄挺过难关 ………………………………………… 83
火之淬炼
　　——记三闯火海的南阳好人王锋（上） …………………… 86
爱的回响
　　——记三闯火海的南阳好人王锋（下） …………………… 90
【大河报】
怕感染没能摸摸他却是母子连心的疼……………………………… 92
见不了你我就在三米外守着你……………………………………… 96
我们把孩子的爱捎给你……………………………………………… 99
【东方今报】
男子三入火海救人严重烧伤社会各界捐170余万 ……………… 103
【河南法制报】
三闯火海彰显出人间大义…………………………………………… 106
【河南日报农村版】
方城农民王锋三入火海救人………………………………………… 110
【南阳日报】
三闯火海救人英雄身负重伤
方城男子王锋带血脚印书写感人壮举……………………………… 113
至善大爱感动中国爱心接力点亮南阳……………………………… 116

弘扬大爱善举 共筑精神高地 ····································· 118
三入火海勇救人舍生忘死感天地
王锋获市见义勇为先进个人称号 ······························· 120
我市使用专机护送英雄王锋转院
全力救治英雄弘扬社会正气 ····································· 124
弘扬英雄精神力践"两学一做" ·································· 125

【南阳晚报】
方城男子三入火海救人，重度烧伤、生命垂危
　　——他，用带血的脚印书写英勇 ······················ 127
爱心拯救在继续：一切为了王锋 ································ 130

【南都晨报】
三闯火海真英雄雷锋精神新篇章 ································ 132

第四章 全力救治

【解放军报】
夜以继日，全力以赴救英雄
　　——解放军总医院第一附属医院精心救治救火英雄王锋纪实 ········· 137

【南阳晚报】
政府包机救治平民英雄 ·· 141

第五章 魂归故里

【人民日报】
致敬英雄 ··· 145

【光明日报】
三入火海的救人英雄王锋去世 ···································· 146

IV

三入火场救人英雄王锋骨灰16日返乡 ·············· 147
【新京报】
河南"救火英雄"王锋遗体告别仪式在八宝山举行 ·············· 147
【河南日报】
官方通报：南阳救人英雄王锋因肺部感染，病情恶化去世 ·············· 148
王锋妻子作诗送别丈夫：不再流泪坚强生活 ·············· 150
记住王锋，为爱前行 ·············· 151
救火英雄王锋骨灰安放家乡 ·············· 152
【南阳日报】
缅怀救火英雄传递向善力量 ·············· 153
三闯火海舍己救人的英雄王锋走了，他的感人壮举擎起新的精神坐标
  ——烈火永生铸英魂 ·············· 153
让崇敬英雄成为社会价值共识
  ——访解放军报社原副总编辑陶克 ·············· 158
社会各界迎接王锋骨灰回家
  ——好男儿魂归故里真英雄浩气长存 ·············· 159
英雄虽去　精神永存 ·············· 160
舍生取义铸丰碑故土深情拥英魂
  ——王锋骨灰回归故里侧记 ·············· 161
实行兵团式作战推出融媒体报道 ·············· 165
从南阳到方城，万余群众迎英雄；从机场到公墓，一路悼念祭王锋
  ——天堂无大火　故土有深情 ·············· 166

第六章　八方赞歌

王锋，祖国为你骄傲 ·············· 173

河南省直媒体集中挖掘报道王锋感人故事
——省媒老记，是这样讲咱河南英雄的 …………………………… 175
生命之光 ……………………………………………………………… 179
唱响英雄赞歌 ………………………………………………………… 180
燃烧的旗帜（组诗） ………………………………………………… 181
守住木炭创造春天 …………………………………………………… 183
离别 …………………………………………………………………… 185
心声 …………………………………………………………………… 186
悼王锋 ………………………………………………………………… 186
绽放在火海里的生命之花 …………………………………………… 187
王锋，南阳人民接你回家 …………………………………………… 188
给王锋 ………………………………………………………………… 189
与王锋告别在西去的路口 …………………………………………… 190
迎王锋 ………………………………………………………………… 190
《妻子的日记》（诗朗诵） ………………………………………… 191

第七章　感动中国

【河南日报】
王锋当选2016"感动中国"十大年度人物 ……………………… 197
英雄王锋　河南骄傲 ………………………………………………… 197
忠义感乾坤 …………………………………………………………… 198

【河南日报农村版】
南阳火海救人英雄王锋当选2016"感动中国"十大年度人物 ………… 200

【大河报】
带血的脚印，刻下你的无私无畏
英雄王锋获选央视2016年度"感动中国"人物　妻子潘品登台领奖 …… 201

"感动中国"绘就河南人大爱群像 ………………………………… 205
2016"感动中原"特别致敬王锋颁奖典礼侧记 ……………………… 209
【东方今报】
三入火海救人英雄王锋当选2016"感动中国"十大年度人物 …… 213
【河南商报】
昨夜全中国都被这个河南汉子感动 ………………………………… 214
【南阳日报】
聚焦时代先锋　致敬英雄王锋 ……………………………………… 218
三入火海救人　壮举感天动地
王锋当选"感动中国"十大年度人物 ……………………………… 218
直抵心灵的感动
　　——王锋入选央视2016"感动中国"十大年度人物侧记 …… 219
家乡的骄傲　精神的坐标
　　——各界热议王锋当选"感动中国"十大年度人物 ………… 221
颁奖盛典全记录 ……………………………………………………… 222
深情追忆乘长风　与爱同行慰英雄 ………………………………… 225
举国赞英雄　南阳扬美名 …………………………………………… 229
英雄精神震撼人心　崇德向善成风化人
　　——王锋当选"感动中国"十大年度人物引起强烈反响 …… 232
"感动的力量是觉醒的力量"
　　——访央视《感动中国》编导、《王锋》短片制作者陈丽 … 234
2016"感动中原"十大年度人物颁奖
组委会向英雄王锋表达特别致敬 …………………………………… 236
颁奖词【王锋】忠义感乾坤 ………………………………………… 236
【南阳晚报】
一路陪伴，记录每一次感动 ………………………………………… 238

VII

一位英雄和一名记者的心灵对话 ·· 240

一张报纸和一座城市的精神传承 ·· 244

后记 ·· 248

序 言

中共方城县委书记　褚清黎
方城县人民政府县长　段文汉

一方水土养一方人，一方人民创造一方文化，一方文化铸就一方文明。

方城县位于河南省西南部、南阳盆地东北缘，素有"五界一口"之誉，"两山臣伏"、"二龙戏珠"、"三水润墨"、"地灵人杰"的独特自然风物，孕育了这方古老神奇的灵山秀水。方城自古就是一块英雄辈出的土地，"方城"二字，"方"者，刚也，乾也，天也，阳也，昭示着这方儿女血气方刚，棱角分明，中直正派，讲原则，有底线；"城"字一"土"一"成"，"土"者，地也，坤也，柔也，阴也，说明这方百姓开放开明、兼容并蓄、怀柔灵性、内方外圆、圆中有方，讲圆通；"成"者，乾坤相合方为成，阴阳和谐方为成，刚柔相济方为成，知行合一方为成，只有圆通方为成。丰厚的"方城"文化积淀，涵养了物华天宝的人文生态，从天生神异、精勤思考、擅长发明的曲烈，到执法严明、赢得"释之为廷尉，天下无冤民"美誉的张释之，从三出西域、历经艰险、凿空丝路、封侯博望的张骞，到英勇抗清、力竭被俘、不屈被杀的吴阿衡，直到新中国开国将军栗在山、空军战斗英雄杜凤瑞，无不流贯着英雄血脉和英雄气概。

近年来，方城县创新党委工作法，坚持实施政治引领、党建引领、规划引领、示范引领、创新引领"五大引领"的施政理念，凝聚起奋勇争先、对标典型的正能量，涌现出了全国岗位学雷锋标兵郭春鹏、全国三八红旗手徐运芝、全国科普惠农兴村带头人于松昌、"中国好人"退休教师毛兰荣、"善医行中国好村医"贾明聚等三十余个先进模范群体，形成了发人深思、催人奋进，具有强烈时代感召力、深远影响力的

"方城好人现象"。

今年夏天,在南阳市卧龙区三入火海救人的方城籍青年王锋,就是又一位舍己救人、舍生取义、大爱无疆、感天动地的英雄式时代楷模。

王锋同志1978年12月9日出生于河南省南阳市方城县广阳镇古城村,2015年8月在南阳市卧龙区创办托教班。

王锋同志从小深受崇文重教的乡风熏陶,养成了乐善好施、侠义助人的良好品格,街坊眼里他是热爱生活的好青年好邻居,妻儿心中他是开朗乐观的好丈夫好父亲,父母面前他是孝顺有加的好儿子顶梁柱。2016年5月18日凌晨,南阳市卧龙区光武街道西华村居民小区的一栋三层民房突发大火,租住在一楼的王锋,面对无情的大火,三度勇闯火海,先后救出住在一楼的妻子、一双儿女、两名小学生和一名托教老师,并持续呼叫、敲门示警,最终使租住在二楼、三楼的十多名住户全部脱离险境,而王锋自己被重度烧伤成"炭人",烧伤面积达98%,被送往南阳南石医院抢救。在55天的救治中,南石医院全力以赴,多次邀请国内专家会诊,精心制定医疗方案,竭力封闭创面,经过四次大手术和抗休克治疗,最终达到耐受空中救援机转院。7月12日,他被转至解放军总医院第一附属医院(304医院),医院立即成立最强的专家救治小组和最好的一线医护小组,投入大量人力物力,克服病程长、伤情重,并发症多、病情复杂的重重困难,为英雄构筑"生命通道"。王锋多次渡过险情,先后在全身麻醉下进行手术治疗十余次,烧伤创面逐步缩小至不足5%。在全力抢救治疗81天后,因严重感染、长期消耗、免疫力低下、脏器功能损伤明显,烈火英雄与死神搏斗136天后,多器官衰竭而牺牲。

王锋同志临危不惧、挺身而出、舍身救人、义薄云天的英雄壮举,谱写了一曲感天动地的英雄赞歌,是践行社会主义核心价值观和

"两学一做"的生动教材，是雷锋精神在新常态下的真实再现，是方城县英模群体井喷式涌现的最好诠释。他先后被授予河南省"见义勇为好青年"、南阳市"见义勇为先进个人"、"雷锋式好青年"等称号；共青团河南省委、南阳市委和方城县委分别做出向王锋同志学习的决定。今年2月，王锋同志高票当选中央电视台"2016年感动中国人物"。央视赞誉英雄王锋"忠义感乾坤"，并且进一步评论说，人们需要英雄，更需要王锋这样的平民英雄，他们是一个民族真正的脊梁。王锋同志的一生，是忘我而利人的一生，是高尚而光荣的一生，是平凡而伟大的一生。他用高尚的人格和利他的精神，诠释了金子般闪光的青春，在全社会树立了光辉典范和不朽楷模。

人虽已逝，精神永存。王锋同志与世长辞，我们纪念他的最好方法，就是要努力学习他见义勇为、临危不惧的浩然正气，忠诚担当、敢于拼搏的顽强意志，心系他人、忘我奉献的大爱情怀。

学习王锋见义勇为、临危不惧的浩然正气，就要像他那样，让社会主义核心价值观融入内心深处，进而升华为一种坚定的价值追求，时刻把人民群众利益放在第一位，在保卫人民生命财产安全的危急时刻挺身而出，在生与死的紧要关头舍生忘死，在血与火考验的关键一瞬临危不惧，在人们最绝望、最期盼的时候冲在前头，用实际行动彰显人生价值。

学习王锋忠诚担当、敢于拼搏的顽强意志，就要像他那样，平常时刻看得出、关键时刻冲得上、危难时刻显身手，立足本职岗位，敢于攻坚克难，紧紧围绕"四个全面"战略布局和"五位一体"总体布局，坚决贯彻"五大发展理念"，积极投身"奋力拼搏'十三五'、精准扶贫奔小康"的伟大实践，在闪光的年华中放飞梦想，在拼搏的人生中书写华章。

学习王锋心系他人、忘我奉献的大爱情怀，就要躬身践行"两学一做"，像他那样，想群众之所想，急群众之所急，帮群众之所需，努力为人民群众排忧解难；像他那样真正从感情上尊重群众、为了群众、帮助群众，始终本着"为民、便民、利民"的原则，让广大群众从实事好事中切身感受到社会主义制度的优越性，从细微处增强群众的幸福指数和获得感。

为更好地学习王锋精神，我们组织编印了这本《时代先锋——礼赞方城县三入火海救人英雄王锋》一书。本书主要分为"英雄足迹"、"领导关怀"、"见证壮举"、"全力救治"、"魂归故里"、"八方赞歌"和感动中国等部分，从多个角度讲述了英雄王锋平凡而伟大的一生，让读者在阅读中接受精神的洗礼和净化，进而成风化人、凝心聚力、引领导向，在全社会营造"人心思进、全民向善"的良好氛围。

王锋同志英年牺牲，过早地离开了我们，但他的音容笑貌、思想风范与世长存，他的高尚品格、善行义举永远留在我们心中。今天，我们悼念王锋同志，就是要化悲痛为力量，学习他的优秀品质和理想信念，牢记"空谈误国、实干兴邦"的道理，践行踏石留印、抓铁有痕的精神，以党的十八大、特别是习近平总书记系列重要讲话精神为指导，认真贯彻落实党的路线方针政策和中央、省委、市委的各项决策部署，以建设高效生态经济示范县为统揽，突出抓好"五区建设"，优化提升"七大格局"，加快建设富强和谐美丽方城，不断开创更加光辉灿烂的明天，以经济社会发展新成效告慰王锋同志英灵。

缅怀英雄，学习英雄，让英雄精神不断发扬光大——这就是我们出版这本书的初衷所在。

是为序。

2017年3月31日

第一篇章

英雄足迹

第一章　英雄足迹

生命的奔跑
——记三入火海救人英雄王锋

张中坡　曹国宏

生死时速，三闯火海舍身救人

初夏的南阳，绿意盎然，五彩缤纷。在南阳市中心城区办了一家托教中心的方城青年王锋和妻子潘品，带着一双儿女过着平常、平静而幸福的生活。然而，一场突如其来的大火，却改变了王锋的命运，也改变了王锋一家人的命运。

2016年5月18日凌晨1点刚过，熟睡中的潘品被丈夫推醒。"咋有股烧焦的糊味？"王锋说着打开位于一楼北侧的卧室门，此时紧挨着的一楼大厅已是火光冲天、浓烟滚滚，大厅内存放的十余辆电动车、摩托车正在熊熊燃烧，并传来"咚咚"的爆炸声。

"着火了，快救人！快救人！"见此情景，王锋顾不上思索，顾不上穿衣服，仅穿着一条内裤，就冲向了一楼大门，一边迅速打开大门，一边大声呼救。由于他们一家居住的房间离大门口最近，只有十来步远，王锋折回身冲进火海，先将潘品与一双儿女转移到安全地带。

起火的小楼一共3层，住着6户人家。

浓烟迅速吞噬了整栋楼。"赶快报警！一楼还有学生！"王锋一边向妻子叮嘱了一句，一边再次冲进火海中，救出了困在一楼的两名学生和一位托教老师。

时代先锋
——礼赞方城县三入火海救人英雄王锋

托教老师姚雪和两名学生住的房间在王锋一家住的房间北边，而且是两个紧挨着的房间。姚雪听见王锋在敲门，"着火了！着火了！快把学生救出来！"她使劲儿推房门，但是打不开。王锋把房门从外面打开，屋外火光冲天，大量的烟雾涌进房屋。姚雪用湿毛巾捂住学生的鼻子、嘴巴，在王锋的庇护下，俯身跑出小楼。

此时，王锋还没有被大火烧伤，他完全可以保命外逃，等待外援。但人命关天、时间紧迫，随着"噼噼啪啪"的燃烧声，潘品在被惊吓得神情恍惚之中，看到丈夫毫不犹豫地第三次冲进了正在燃烧的居民楼。因为，二楼、三楼还有十多家住户啊！

住在二层的房东王东峰此时还在熟睡中，她突然听到楼道里传来脚步声，有人在喊："着火了！着火了！快救人啊！"那是王锋的声音。她打开房门，一股烟雾窜进来，吓得她赶紧用湿毛巾捂住口鼻退回到比较靠里的房间，并和丈夫一起赶紧把门窗堵严，等待救援。三楼的住户听到呼喊声，发现已经不能从楼道出去，便一边等待救援，一边纷纷想办法自救。

大约过了七八分钟的样子，王锋从火海中跌跌撞撞地跑了出来。此时的王锋神志已不清醒，但嘴里一直重复喊着："楼上有人，快来救人啊！"并且一直沿着小巷向外边跑边喊，身后留下了一串清晰的血脚印。

被王锋救出来的姚雪就站在人群里，看见王锋整个人"烧焦"了，全身像"黑炭"一样。附近小卖部的店主跑出来看到王锋，以为他穿了一件灰布衫，走近了，才发现他的皮肤已经被烧焦了。

听到王锋的呼喊声，周围邻居纷纷起床加入到救火之中，为消防人员的到来施救赢得了宝贵的时间。回忆起当时的情景，几天之后，潘品仍然心有余悸："由于火势太大，门口没有水源，邻居们回家端水灭火，一盆盆水泼上去，但根本没有效果。"

租住在三楼的王海东，就是听到王锋的敲门声和呼叫声醒来的，打开房门，火焰将他的头发烧焦，他赶忙关上门，情急之下找出工具拆掉防盗网，跳到了隔壁一家的二楼阳台得以逃生。已经搬到其他地方租住的王海东，把王锋当作"救命恩人"，他说："我最想对王锋说一声'谢谢！'。"

第一章 英雄足迹

"他最先发现火情,衣服、鞋子都没有来得及穿,就不顾个人安危地想方设法救我们。要不是王锋,躺在医院的人就可能是我。"被王锋救出的姚雪说。

当夜1点35分,消防队员和救护车赶到现场,大火被迅速扑灭。"王锋被抬上救护车时,他还一个劲儿地说'楼上有人,先救他们'。"邻居卢先生叹息道。那时王锋已处于半昏迷状态,但他唯一惦记的就是先抢救别人。

从王锋所居住的居民楼到通往张衡路口的小巷里,大约50米的距离,一路上留下了王锋带血的脚印。那一个个奔跑救人的血印,是那样的鲜红,是那样的鲜艳,那是世间最温暖的脚印,也是世间最美丽的花朵。每一个带血的脚印里,承载着对生命的挽留,饱含着对生命的眷恋,充盈着对生命的执着,满怀着对他人的热爱。

南阳万和医院是距离火灾现场最近的一家医院,当夜该院急救中心的救护车与消防车几乎同时到达现场。当出诊医生张保贵和同伴赶到现场时,王锋已从现场跑出蹲坐在路口,他那浑身被烧黑的身体散发出浓烈的气味,混合着头发的烧焦味,充斥在夜晚的空气中。面对医生的施救,王锋却固执地不肯上车,非要让医生先去楼里边救人。此时,体无完肤的王锋,稍一用力就可能皮开肉绽,直到医生告诉他后面的救护车马上就赶到时,他才在医护人员的搀扶下上了救护车。上车后,医护人员立即为其输氧,同时向120指挥中心汇报,直接将王锋送至当地专业救治烧伤的南石医院,请医院做好抢救准备。

戴着手套扶王锋上车时,张保贵医生才发现王锋身上的肉已经被烧硬,身体也只能保持坐着的姿势,右手被烧得萎缩粘连成一团,被高温烧灼的脚底在奔跑时接触地面的皮肤被撕裂,毛细血管密布的双脚一直在出血,同时体表燃烧后的油也在渗出,张保贵医生和护士谢辉立即为其四肢做包扎止血处理。

就是在如此惨重的伤势下,一路上王锋还一直喊着:"快救人呐!里面还有好多人呐!"大约十分钟后,救护车一路不停地将王锋送到了南石医院。

…………

时代先锋
——礼赞方城县三入火海救人英雄王锋

那一夜，王锋凤舞烈火，用自己的生命救出了24条鲜活的生命，使他们全部安全脱险，而他自己却被重度烧伤。

那一夜，王锋毫不迟疑，一次次冲进火海救人，不惜以血肉之躯承受烈火的炙烤，是因为在他的心底，长存着"命比天大"的朴素道理。

那一夜，王锋舍身救人，如果说第一次显示的是浓厚的亲情，第二次体现的是沉甸甸的责任，那么第三次彰显的就是大爱无疆的爱心。

那一夜，在烈火救人的一连串举动中，王锋对生活的爱、对家人的爱、对他人的爱、对生命的爱和视死如归的大无畏精神，被显现得淋漓尽致。

在那栋居民楼前，是两棵又粗又高而又稍微向西倾斜的杨树，它们青枝绿叶，枝繁叶茂，在略有凉意的晚风中伫立。在那场突发的大火中，它们和邻居们一起，共同见证了王锋的英勇救人行为和揪人心肠的呼喊。

抢救英雄，众人联手奉献爱心

好人社会是民族的企盼，人心之美是美丽中国的基石。王锋用自己的行动诠释了社会主义核心价值观，演绎出中华民族传统道德向善、向上的基本层面，谱写出当代青年美丽心灵的英雄赞歌！她随着电波的传送，迅速弥漫在祖国的大江南北，感染和激励着一波波爱心的浪潮不断涌起。

住院当天，房东王东峰第一时间到医院送来两万元救急钱，托教班学生家长也纷纷打电话慰问。"家长们也不容易，我们不能要他们的钱。"面对学生家长的捐款救助，王锋的妻子婉言谢绝。

在网上看到王锋的英雄事迹后，来自上海某公司8位同事共同汇来爱心款7900元；宁夏的一位爱心人士向王锋账号捐款2000元，并向工作人员发来短信："王锋是大爱无私的英雄，祝英雄早日康复，愿正气长存世间。"

5月24日，影视演员黄晓明在看到王锋的报道后，深情感慨："不能让英雄孤独，不能让英雄流血再流泪！"5月25日，在他的委托下，芭莎公益慈善基金"黄晓明真心英雄公益项目"有关工作人员赶到南阳，将10万元"真心英雄"最高奖金作为抚慰金拨付至王锋个人账户，10万元医药费作为治疗费用拨付至王锋所在医院南石医院的账户,优先用于王锋的治疗。

王锋亲属回忆说,那些天,南阳市、方城县、广阳镇的三级党委、政府送来了慰问金,并送来了组织的捐款;街头环卫工送来了10元,卖豆腐的大哥送来了100元,学校送来师生的爱心款,类似捐助每天都有很多;上海、宁夏中卫、陕西西安、山西长治、湖北武汉、浙江杭州……,几乎每天都有来自全国各地的慰问或捐赠。

5月25日,王锋家属和医院已收到捐款220多万元,当听医院说这笔钱已够最前期的治疗费用时,王锋的妻子潘品第一时间通过媒体请求暂停捐助。

面对躺在病床上体无完肤、痛苦不堪的丈夫,潘品痛彻心扉,这个老实、善良、本分、话语不多的传统女性,用她的坚强和乐观默默承受着、期盼着、感激着。她在7月20日的日记里是这样写的:"王锋能坚持到今日,是大家爱心的召唤。我相信,爱心的力量是百万雄师,无所不能!"

王锋在南石医院住院的55天里,接受了4次大手术和一次抗休克治疗,为了尽快封闭创面,平均每10天一次手术,治疗一环紧扣一环向前推进:

5月18日凌晨1点50分,烧伤面积达98%的火海救人英雄王锋被120急救车紧急送抵南石医院烧伤二病区。

经过检查,王锋全身烧伤面积达98%,其中90%三度烧伤,8%二度烧伤,属于特重度烧伤,生命垂危,英雄随时都有死亡的危险。

面对这样严峻的局面,专家们虽然面露难色,但是他们的心里都有一个共同的想法:"王锋是舍己救人的大英雄,他的崇高精神义薄云天,决不能让英雄倒下!"

烧伤患者要闯过两个危险期,一是休克期,即烧伤后的72小时内,二是大面积烧伤感染败血症期。只有患者全部创面封闭完成,才算真正进入安全期。

王锋在入院的第一时间得到有效救治,三条静脉通道补充人血白蛋白、血浆、盐水等。重度烧伤后的第一个24小时补液量非常大,往往需要突破一万多毫升,前8个小时内就需要输入至少6000毫升液体。当班的护士许艳说:"由于大面积烧伤患者怕冷,使用的都是烤架床,温度在40~50度

时代先锋
——礼赞方城县三入火海救人英雄王锋

之间,而且王锋的输液量特别大,我们需要在高温床下不停地换水,一个班衣服就没干过,忙得一次也没有去过厕所。"

由于第一个24小时救治措施得力,为整个休克期打牢了基础,具体表现在酱油色尿慢慢消失,尿量、呼吸、血压、脉搏等生命体征趋于正常。

"三天休克期过后,王锋身体进入回吸收期,此时也是感染最易出现的阶段,所以在三天休克期内,要时时保持创面干燥,为抗感染治疗做准备。""休克期过后的3~4天,属于休克打击后的相对稳定期,此时不易过度搬动,以防给病人造成二次打击,这一观点逐渐被学术界认可。"南石医院院长赵俊祥这样判断,很快敲定了手术首次植皮时间。

受皮源所限,首次手术使用了大量异体皮。"王锋是南阳的骄傲,是河南的骄傲,他用血肉之躯为社会树立了精神丰碑,我们在学习王锋精神的同时,想尽一切办法,用最好的药、最好的医生、最好的异体皮去施救。王锋手术使用的是国内最好的医用生物异体皮(人体真皮),保存成本很高,一平方厘米,像我们小指甲盖那么大一点,三四十元。平时,很多患者选择的是医用猪皮,毛孔粗,容易感染,安全系数低。王锋整个手术下来仅生物辅料、生物异体皮就是一笔昂贵的费用,加之人血白蛋白、全血、顶级抗生素等,医生耗材、药品费很高。"南石医院不惜一切代价救治英雄!

首次术后,院长赵俊祥邀请上海第二军医大学长海医院烧伤外科主任、院士夏照帆来院一次又一次进行会诊。之后又实施了二次植皮手术。

"虽然取得了两次手术成功,但我们一点都不敢掉以轻心。几十年的经验告诉我们,烧伤最大的麻烦是病情出现意想不到的反复变化,看似今天精神状态很好,明天就有可能感染高烧,进而出现败血症。"赵俊祥说。

由于王锋胸部烧伤严重,深三度,加之前期已经完成两次手术,第三次手术显然存在很大的风险和压力。术后当天,患者出现血氧饱和度低下,呼吸明显感染。

南石医院立即联系郑大一附院呼吸重症(RICU)专家莅院会诊。判断肺部因吸入性烧伤,感染发作,有菌血症。经过呼吸机辅助、床旁血透等调整治疗,半个月后,王锋的心、肺、肝、肾等功能再次达到手术指征。

烧伤患者全身切痂手术完成后，进入肉芽植皮阶段。

"肉芽植皮手术需3~5次才能完成，因为患者身体虚弱，肺部情况不乐观，在接下来的手术中，计划浅麻醉、小面积、短术程，只要具备手术条件，马上做。"院长赵俊祥说，虽然手术小，但术前仍要严密制定施治方案。

南石医院王锋救治小组的每一位同志在战战兢兢、如履薄冰中度过五十多天，从未有一人说苦说累。在王锋第四次手术的当天，南阳电台记者在烧伤二病区采访了徐闽军护士长，她说："护士都是脚底生风，一刻也闲不下来，我小跑都难跟上，问护士为什么不喝水，她们说，耽误时间，还得去厕所。"

英雄王锋已经在南石医院五十多天了，只要有残余创面就属于危险期。"现在仍旧属于感染败血症高发阶段，因患者自身抵抗力越来越差，随时会出现感染败血症，风险很大，我们会竭尽全力、想尽办法去救治。"赵俊祥院长说。其实，救治英雄的过程，也是对南石医院医护团队的锻炼和考验，这条路很长很难，期待奇迹发生，期待英雄早日进入生命安全期。

6月12日，夏照帆院士再次到南石医院会诊。7月9日，南石医院邀请解放军总医院第一附属医院全军烧伤研究所贾晓明博士到院会诊。两位专家对南石医院为英雄救治的五十二天给予了充分肯定，认为这是大面积烧伤患者抢救中非常成功的一个，生命体征平稳。同时也感到继续治疗的路还很长，尤其是在皮源十分紧张的情况下，还要修复裸露创面这个难题，呼吸道烧伤也难以治疗。

南石医院综合前后两位专家会诊意见，并向南阳市领导汇报后，市委、市政府立即召开会议，研究确定王锋转院事宜。经过南石医院、南阳市主要领导、专家的共同讨论，确定7月12日为最佳转院时机，不惜一切代价，用最好的设备、最好的药物抢救英雄。

7月12日一大早，南石医院赵俊祥院长到病房告诉王锋，已经安排专机，即将接送他至解放军总医院第一附属医院全军烧伤研究所，接受国内最好的治疗。并嘱托王锋一定要坚强，渡过困难期后再回来治疗。英雄王锋双眼饱含感激的泪水，嘴里说着"谢谢，谢谢大家"，并流露出对医护

时代先锋
——礼赞方城县三入火海救人英雄王锋

人员的依依不舍。

14点50分，英雄王锋离开治疗了55天的南石医院。时任南阳市委常委、宣传部部长王新会，市委宣传部副部长王光玲及南石医院院长赵俊祥去机场送别。

在南石医院的55天里，王锋忍受着巨大的疼痛，但只落过两次泪。一次是儿子来到身边，忍不住叫了他一声"爸爸"，王锋心酸落泪。另一次是登机前临别，王锋用口型向照顾他55天的医务人员说"谢谢"，说着禁不住泪水就流了出来……

1.5个小时飞越近1000公里后，5点25分，专机安全抵达首都国际机场。解放军总医院第一附属医院医护人员做好了一切准备，开通绿色通道，让王锋及时住院。一场与死神争夺生命的战斗又打响了……

该院提出"用英雄的精神救治英雄"，组织烧伤、呼吸、心内、消化、营养等多科室专家会诊，商讨治疗方案，王锋和两名陪护家属用餐也由医院免费提供。

7月14日，王锋接受了进京后首次清创植皮手术。

7月20日，王锋接受了进京后的第二次清创植皮手术。

7月26日，王锋在解放军总医院第一附属医院，接受了进京后的第三次植皮手术。

7月30日，在解放军总医院第一附属医院，南阳火海救人英雄王锋接受了进京后的第四次清创植皮手术。

在第四次植皮手术顺利结束后，隔窗相望，看着躺在ICU病房里的王锋，潘品写下一首诗《守》："以前你在外，我守在家里。现在你在病房里，我守在病房外。其实无论何时何地，我早已把你守在心里。"

"为了及时科学有效地调整王锋的治疗方案，医院经常会组织各科室主任进行会诊，手术采取了国际领先的植皮术，术前、术中和术后抗生素的使用，都会根据病情及时调整。同时为了及时了解王锋病情的发展，医院主要负责人还专门成立了一个微信讨论群，随时关注王锋的身体状况和医护落实情况。"全国"三八红旗手"、该医院烧伤整形科护士长王淑君说。

自王锋入住该医院以来，一个"学英雄、爱英雄、救英雄"的活动迅速在全院兴起。王淑君的母亲患严重癌症，但为了更好地护理王锋，生怕出现半点差错，她多日没有回去一次。烧伤科的医师刘伟，自王锋入院的十多天几乎没有离开过病房。

该院院长黄少平说："为了给王锋家庭减轻经济压力，我们主动联系了医疗供应商，让他们开展'献爱心、救英雄'活动。仅植皮企业就捐赠了价值50万元的医疗用品。大家只有一个目标，不仅要让英雄活下来，必须让英雄活得好。为此，医院上下提出了一个口号——用英雄的精神救治英雄的生命。"

转院到北京后，潘品和王锋的妹妹王平租住在离医院最近的一个小区中，7平方米大小的房间里摆满了慰问品，北京各界爱心人士和在京的河南老乡们不断送来善款和慰问品。

8月4日是潘品34岁生日，往年都给她过生日的丈夫马上要接受第五次植皮手术。但是她忽然看到了蛋糕和鲜花，那是方城县委专门派来陪伴和协助她的工作人员时向征买来的。"80后"姑娘时向征一直在帮助潘品处理各种杂事。"祝愿王锋早日康复！"带着满心的感动，潘品吹灭了蜡烛，许下了最真挚的心愿。

潘品还曾在微信里写下这样一段话："北京，一个陌生的城市，但北京的人亲，304医护人员对王锋真叫精心，24小时守护；同学们一个电话，药品就解决了；老乡们送来了榨汁机、冰箱、生活费，陌生人送来了温暖的目光，真情的爱心款。北京，你虽陌生，却让我感受到家的温暖。感谢各级领导、医护人员、同学们、老乡们、爱心人士，你们又给了我信心！"

8月初，王锋已能进行简单对话。当医生把大家的问候告诉他时，他用微弱的声音回答医生："不管是谁，遇到这样的事，都会这么做。"

王锋英雄事迹被媒体报道后，第一时间得到了各级党委、政府和社会各界人士的重视和关爱。

5月24日，时任南阳市委常委、宣传部部长王新会，王锋托教中心所在地的卧龙区区委常委、宣传部部长余永海，王锋家乡方城县县委常委、宣

时 代 先 锋
——礼赞方城县三入火海救人英雄王锋

传部部长刘杰等,深入南石医院看望方城火海救人英雄王锋及其家人,了解治疗进展情况,并为王锋送去慰问金。

5月28日,刚刚在外出差归来的方城县委书记褚清黎,与县委常委、政法委书记周兴中,县委常委、宣传部长刘杰等一起,带着家乡方城120万人民对火海救人英雄王锋的深情牵挂,来到南石医院,亲切看望慰问王锋及其家属,送去慰问金,并同王锋妻子潘品和医务人员等亲切交谈,仔细询问王锋目前治疗进展情况,叮嘱潘品精心照料好王锋,全力以赴使英雄早日康复。

国务委员兼国防部长常万全看到家乡王锋的事迹报道后,很受感动,十分挂念,特意与南阳市委书记穆为民通电话,向英雄表示敬意,向英雄家属表示慰问。

5月30日上午,受穆为民委托,带着常万全部长的殷切关怀,南阳市委副书记王智慧一行专程前往南石医院看望王锋,并详细询问治疗和生活中存在的困难,鼓励家属要坚强面对眼前的困难,市委、市政府是他们的坚强后盾,全市人民是他们的坚强后盾。在病房外,王智慧与医护人员详细讨论了治疗方案,再三叮嘱医护人员要全力以赴做好王锋伤情救治和康复工作。

5月31日下午,带着全市人民的问候和祝福,穆为民到南石医院看望慰问英雄王锋。

在医院十楼病房外,穆为民与王锋妻子潘品、院方医护人员亲切交谈,详细了解王锋家庭生活中存在的困难及当前医疗救治进展情况。他要求院方要千方百计,不惜一切代价,全力以赴做好王锋伤情救治和康复工作。

穆为民指出,王锋火海救人的英雄壮举、生死关头舍己为人的大爱情怀,充分展示了南阳人的优秀品格,是社会主义核心价值观在南阳人身上的具体体现。市委已经研究决定授予其"雷锋式好青年"荣誉称号,并做出向王锋同志学习的决定。

6月25日上午,南阳市委副书记、市长霍好胜到南石医院,看望三入火海救人英雄王锋。霍好胜向英雄表达敬意,向英雄家属表示慰问,向医院参与救治的医护人员表示感谢。霍好胜指出，王锋是南阳人民的优秀代表，是南阳人民的骄傲。王锋坚强的意志、高尚的精神、感人的事迹，是自觉践行社会主义核心价值观的充分体现。要以最好的技术、最好的医疗条件，全力以赴对王锋进行救治，使英雄减少痛苦、早日康复。全市各级各部门、各行各业都要向英雄学习，宣传先进典型，传播正能量，拉高标杆，勇争一流，为南阳经济社会发展和精神文明建设做出积极贡献。

7月12日一大早，得知王锋将转到中国人民解放军总医院第一附属医院救治的消息后，方城县委副书记、县长段文汉来到南石医院看望慰问王锋及其家属。并鼓励他们要坚定信念，积极配合治疗，与党和政府一道克服一切困难，期待英雄早日康复。

7月15日，河南省委副书记邓凯同志在看到王锋英雄事迹的材料上做出批示："请南阳市对王锋的后续治疗给予关心支持，请省红十字会、慈善总会施以关爱。"

王锋在京首次手术后，南阳市委常委、南阳军分区政委史安平，时任市委常委、宣传部部长王新会和方城县委常委、宣传部部长刘杰在第一时间到中国人民解放军总医院第一附属医院，为火海救人英雄王锋送去来自家乡的关怀与温暖。

在中央、河南省新闻媒体集中采访王锋先进事迹期间，河南省委宣传部新闻处副处长侯红路、南阳市委宣传部副部长王光玲和方城县委书记褚清黎等又在北京亲切看望慰问了王锋及其家属。

面对这位感动中国的南阳烈火英雄，全军烧伤研究所所长柴家科表示："王锋三闯火海舍己救人的事迹非常感人，医院将全力以赴医治英雄。只要有一丝希望，我们就要尽百分之百的努力，保证最好的治疗效果。"

他本平常，平凡善举积成大爱

一个英雄的产生，有其偶然性，也有其必然性。没有平时的日积月累和深厚的文化积淀，就不可能有英雄的成长和产生。

方城县是一个英雄辈出的地方，法圣张释之、民族英雄吴阿衡、空军

时 代 先 锋
——礼赞方城县三入火海救人英雄王锋

战斗英雄杜凤瑞、开国少将栗在山等都出生在这里，使圣张骞被汉武帝封为博望侯。王锋出生、成长的村庄名叫古城村，位于广阳镇区东南两公里处。村北可遥望三贤山，这座山古称广武山、三尖山。东汉时，魏伯阳、燕子龄、闫子奇三位道士鼎力相救刘秀，使其摆脱了王莽追兵，刘秀成就帝业后，封三位道士为"三贤"，赐此山为"三贤山"。古城村东边的村庄，就是栗在山将军的故里栗贾庄村。厚重的历史文化，贤人名将的传奇故事，无形之中对这里的人们产生着潜移默化的影响，也使这里的人们养成了崇文尚武的风尚和侠义助人的习惯。

在谈到王锋的事迹时，熟悉王锋的人都这样说："王锋之所以能在熊熊大火面前扑上去抢救楼上熟睡着的人们，就是因为他是一个有良心的人。每个有良心的人都会站出来的！"

王锋上小学时，在姑姑家所在的佟庄小学上了一年时间的一年级，之后转回古城小学上学。初中是在广阳镇一初中上的，高中是在方城县二高中上的，后来通过自考上了郑州大学。

上学期间，只要星期天或是节假日回家，王锋白天下地干活，晚上在家里学习，从不出门和别的孩子打架、产生矛盾。王锋的父亲王荣义、母亲周文焕也经常教育他，光学习，不要淘气，也不要偷拿人家东西，别人遇到困难要主动帮忙。

王锋牢记父母的话，在学校经常帮助别人。现任广阳镇一初中教务处副主任的张延兵和王锋是同村，也是和他一起长大的发小。张延兵那时家里非常困难，而王锋父亲早年做过生意，杀猪卖肉能挣些外快，家里条件相对好一些。那时候，王锋帮助过他很多。初中时，张延兵的饭票总是不够用，王锋就把节约下来的饭票塞给他。1997年张延兵到南阳上大学，正在郑州大学上学的王锋听说他贷款上学，就托人捎回来300元钱给他。

王锋初中时的语文老师贾晓东说，当时学校的老师们都要自己打蜂窝煤用，课余时间王锋和班里的几个男生就主动来帮她打煤球。最让她难忘的是1994年深秋的一个夜晚，已经入睡的她突然被一阵敲门声叫醒，打开门一看，王锋和另外两个男生手里抱着煤球湿淋淋地站在门外，着急地说："老师外面下雨了，我们帮你把煤球搬进来。"当王锋和同学一起把一千多个煤球全部搬到屋里后,脸已经被煤灰和雨水染黑,那天的雨已显寒冷,而王锋和同学们的举动却让她感到深深的暖意。

对于集体和邻居,王锋也充满了关爱。2013年4月,古城村小学改造房屋,教室不够用,王锋就主动腾出自家一楼的三间房子做临时教室。学生上课时,他还跑前跑后义务为师生提供开水。

村医李兰的诊所每天人来人往,有谁要喝开水,自行车没气,都要到隔壁去找王锋。去的人多了,王锋干脆专门买了个气筒放在门口,方便别人使用。李兰家的电脑坏了,由于王锋是学计算机的,只要他在家,随喊随到,从不推辞。

王锋对家人也是充满了关爱。王锋姊妹五个,上有两个姐姐,下有一个弟弟和一个妹妹。王锋的母亲患有乳腺癌和糖尿病,还伴有脑栓塞后遗症,父亲患有类风湿关节炎,弟弟患有癫痫病。一家人的吃穿用度,全靠王锋一个人苦苦支撑和照顾。

为了一家人的生计,王锋大学毕业后,先是在郑州打了八年工,后来又先后到马来西亚、南阳油田打工。只要一发工资,他就赶紧往家里寄钱。父亲、母亲、弟弟的病,都是他带着上方城、上南阳、上郑州去看,听说什么药物治疗效果好,他就跑到药房买好邮寄回来。他到马来西亚打工期间,就让妻子潘品照顾他们。

为了让父母住得好一点,2009年,王锋拿出多年打工的积蓄,盖起了新房,让父母搬进去住。为了给弟弟娶个媳妇,他把自己的婚事放在后边,给弟弟置办了家具、家电等,先让弟弟结婚成了家。

古语说:"父母在,不远游。"结婚十二年,王锋还是常年在外打工。看着一家人的生活渐渐有了起色,为更好地照顾父母和家人,也为了和妻子、儿女团聚在一起,2015年7月,王锋结束了长年在外打工的生活,在同学宋德申的帮助下,利用夫妻二人都教过书的优势,在南阳市西华村一栋三层民宅中,办了个托教班,每天忙忙碌碌地招呼二三十个小学生。

对自己的托教班,夫妻俩倾注了大量爱心。为了提高托教生学英语的兴趣,王锋购置了投影仪、打印机,从不额外加收学费。为了能让孩子们接受更好的教育,王锋夫妇用心做好良心教育。午饭、晚饭都是四菜一汤

时代先锋
——礼赞方城县三入火海救人英雄王锋

不重样；刚立夏就购置床铺，供学生午休；晚上其他托教都是7点半下班，可王锋为了让学生们扎实掌握知识，反复出类型题直到学生学深学透，有时托教辅导一直到晚上9点才结束。每到吃饭的时候，都是学生们最快乐的时刻，他们一边津津有味地吃着可口的饭菜，一边和王锋、潘品探讨着学习上的困惑和成效，百十平方米的教室里充满了欢声笑语，让学生们感受到了学习的乐趣和家的温暖。

然而命运多舛，就在他们的生活刚有起色的第二年，一场大火无情地烧碎了王锋全家的梦想。

深知王锋性格沉默、实在、坚毅的潘品说："如果再回到那个着火的夜晚，我还是拦不住他。"

英雄远逝，京宛两地祭英灵

9月30日，晚10点，又是解放军总医院第一附医院探视时间。

潘品像往常一样，走出位于阜成路51号院的暂住地，右转，径直迈入医院烧伤整形住院部。16楼烧伤整形科一病区的一间病房内，她的丈夫王锋已住院两个多月。

当晚在病房里，王锋用口型向前来探视的妻子潘品"点菜"。他说，自己第二天早饭要吃鸡蛋羹，午饭最好是番茄鸡蛋捞面。

此前，由于全身烧伤面积达98%，王锋的气管被切开，无法正常发声，只能以对口型的方式传达心声。

能"翻译"王锋唇语的，只有潘品一人。嘴唇上下翻动间，他心疼妻子瘦了，叮嘱她"多吃点肉"。

潘品记得，丈夫用口型说出的第一句话是："我们的孩子在哪儿呢？"

二人育有一双儿女，女儿11岁，儿子刚9岁。自7月12日从南阳的南石医院转入北京的解放军总医院第一附属医院烧伤整形科治疗起，他便再也没有见过孩子。

这间位于16楼的单人病房，用玻璃与外界相隔绝。每到晚间的探视时段，潘品可以隔着玻璃，见一见全身插满导管的丈夫。

第一章　英雄足迹

这间病房，成了王锋在北京的"家"。护工吕广志回忆，每天早上7点，王锋准时醒来，接着开始吃早点。由于气管被切开，他只能进食稀饭等流食。此后，他就躺在床上，换药，换纱布，掐着手指，等晚上的探视时间。

被火灼伤的皮肤，极易感染，创口很快会生长出腐肉。在医院内，护士几乎每天都会来到病房，将新长出的腐肉割掉。之后，王锋会被送去"泡澡"。只不过，所用的水，是消毒用的盐水。

没有人能描述，将创口完全浸泡在盐水中，是一种怎样的体验。

每次，王锋都不发一声。但潘品注意到，当盐水接触到伤口时，他全身都在颤抖。

10月1日中午，潘品如约做好了番茄鸡蛋捞面，看着丈夫一点一点"吸"完。有些敏感的她发现，丈夫的呼吸机，响动声比往常要大。

潘品跑去问医生，对方告诉她：王锋病情加重，呼吸已经很困难，因此加大了进气量。医生说："潘品，你要做好心理准备。"

两个多小时后，正在家里准备晚餐的她，接到医院的电话称"王锋危险了"。

下午4时34分，在历经十余次植皮手术后，因严重感染导致免疫力低下，伴随多脏器功能损伤，王锋停止了呼吸。

在陪护丈夫的四个多月间，当过代课老师的潘品，开始天天记日记。10月1日当晚，辗转反侧、无尽悲伤的她，长歌当哭，在笔记本上写下了一首小诗《离别》：

你走了，
和病痛说告别。
尽管你一直勇敢，
从未向病魔低过头。
我知道你走的不甘心，
连眼都没闭上，
因为你放心不下孩子和我。

时 代 先 锋
——礼赞方城县三入火海救人英雄王锋

> 你走了，
> 　躯体离开了孩子和我，
> 　但我确信你的灵魂绝不会离去，
> 　你就在我们的生活里。
> 　我们吃饭时，
> 　你像以往一样不让我减肥，
> 　总给我夹肉吃。
> 　走路时，
> 　我挎着你的胳臂，
> 　不用担心会迷失方向。
> 　睡觉时，
> 　你就在我的背后，
> 　轻轻地抚摸我的头发。
> ——这一次我们的灵魂可以永远地在一起！
> 　你走了，
> 　不用再为家里奔波了，
> 　不用那么累了，
> 　只用一心一意地陪着我和孩子们就可以了，
> 　一切都让我来承担吧！
> 　从现在起我不会再流一滴泪，
> 　因为我只有坚强才是对你最好的交代。
> 　我只有照顾好孩子才能让你安心。

10月4日上午9时，王锋同志遗体送别仪式在北京八宝山殡仪馆东礼堂举办。当日的北京，秋风瑟瑟，细雨霏霏，空气中，弥漫着无尽的忧伤。王锋，静静地躺在花丛中。

哀乐低回，泣声阵阵。获悉英雄牺牲的消息后，中央军委后勤保障部、中央军委后勤保障部卫生局、解放军总医院、解放军报社、中央电视台新闻中心评论部、中国军网、《雷锋》杂志编辑部、河南省委宣传部，中共南阳市委、南阳市人民政府、方城县委县政府等多方人士纷纷前往，和英雄王锋做最后的告别，以寄托对英雄的无尽崇敬、深切哀思和永久缅怀。

原总后勤部政治部主任郭旭恒、解放军总医院政委袁安升、政治部警卫局局长李静、军委后勤保障部卫生局医疗管理处助理员付连尚、解放军总医院第一附属医院政委杨清仁、全军烧伤研究所所长柴家科、《解放军报》原副总编辑陶克、国务院国资委中国煤炭城市发展联合促进会书记高福朝等，及社会各界人士共160余人，胸佩白花，眼含热泪，送英雄最后一程。

南阳市委常委、宣传部部长张富治代表中共南阳市委、市政府参加并主持仪式，方城县委书记褚清黎介绍王锋同志生平，解放军总医院第一附属医院政委杨清仁发表讲话，王锋妻子潘品发表答谢词。

致敬，英雄！在场人士集体为英雄三鞠躬，默哀悼念，寄托哀思。拭去泪水，强忍悲痛，王锋的妻子潘品说："感谢中央、省、市各级政府和领导以及社会各界人士对王锋和我们的莫大安慰和支持。我的丈夫永远地走了，我们心中的极度哀痛和绵绵思念难以言表。但我们有党委、政府做后盾，有各级领导无微不至地关怀，有社会主义大家庭的温暖做支撑，这是对我们最大的安慰，最大的依靠。我会尽快走出伤痛，坚强起来，孝敬好双亲，教育好子女，尽我最大的努力，回报社会，多做好事，把王锋的精神传承下去，以此报答党和政府、社会各界对我们的关爱和帮扶。"

告别仪式结束后，张富治对王锋的家属进行了深切地慰问。他说："今天，我们参加了王锋同志的遗体告别仪式，心情十分沉重。王锋是我们南阳涌现出来的英雄群体中的最新也最耀眼的一位南阳英雄，南阳好人。王锋三入火海的英雄壮举感动了全国，当地政府对王锋同志的英雄事迹高度重视，对他的抢救竭尽了全力，我们在全市发起了向王锋同志学习的号召，王锋的英雄事迹深刻体现了社会主义的核心价值观。下一步，我们要进一步挖掘王锋同志的精神内涵，在全市掀起向他学习的高潮，同时，给予你们无微不至地关怀，实施全方位的救助，落实相关政策，积极推进申报模范人物，让王锋同志的精神在更大范围内发扬光大。希望你们早日走

时代先锋
——礼赞方城县三入火海救人英雄王锋

出悲伤,坚强面对现实,更好地生活,这是王锋的心愿,也是社会各界的心愿。"

火海救人留英名,家乡人民缅英雄。10月16日上午,南阳市和方城县上万名社会各界群众,满怀着对三入火海救人英雄王锋同志的由衷敬佩,胸前佩戴着白色小花,神情庄重严肃,泪水湿润眼眶,默默地伫立在街道两旁,迎接英雄王锋同志的骨灰回到家乡南阳方城,表达家乡人民对英雄不幸离去的沉痛哀悼和深切缅怀之情。

当天早上8点50分,来自英雄王锋家乡方城县的县政府副县长苏自清等,护送着英雄王锋同志骨灰,自北京南苑机场徐徐起飞,满载着英雄生前对家乡亲人和父老乡亲的深深思念,满载着英雄生前对南阳和方城这片家乡土地的无比热爱,飞向英雄生前魂牵梦绕的故乡。

飞机在空中飞过城市村庄,飞过山川河流,飞过滔滔北去的南水北调中线干渠,飞过家乡方城北部绵延的伏牛山脉,于上午10点35分抵达南阳机场,回到了英雄的故乡。

护送英雄王锋同志骨灰的一行八人缓缓走下舷梯,走在最前面的王锋妻子潘品,双手捧着丈夫王锋同志的骨灰盒,第一个走上机场地坪。

在这里,四名礼兵分列舷梯两侧,南阳市党政军、人大、政协领导和社会各界群众,正在静静地肃立恭迎英雄的骨灰。

南阳市委书记穆为民神情凝重地走上前去,同英雄妻子潘品握手,代表市四大班子领导和军分区,对王锋同志的牺牲表示哀悼,对潘品进行慰问,称赞王锋是南阳人的骄傲,要大力弘扬王锋同志的英雄精神。潘品对市领导的关怀关心和社会各界的关爱表示衷心的感谢,并表示一定要把孩子和家庭照顾好,加倍努力工作,报答党和政府、社会各界的关爱。

机场迎接仪式结束后,护送英雄王锋同志骨灰的灵车缓缓驶离机场,驶过沿途手持"向英雄学习致敬""英雄我们接您回家""好男儿魂归故里真英雄浩气长存""英雄远去精神长存"等标语的近五千余名迎接人群,驶入通往英雄家乡的兰南高速,向着方城县城方向驶去。

10月16日上午11点40分,护送英雄王锋同志骨灰的灵车驶进方城县城高速路口,家乡社会各界群众早已在此站立迎候。从高速路口驶往方城县全民健身广场仪式现场的沿途中,家乡众多群众肃立街道两旁,手持"沉痛悼念王锋同志""迎接英雄王锋回家""向家乡英雄王锋致敬""学习英雄王锋精神""英雄王锋魂归故里"等标语,默默地迎接着王锋同志英魂的归来。

上午11点50分,在家乡人民深情的注目中,护送英雄王锋同志骨灰的灵车缓缓驶入方城县全民健身广场。王锋同志的妻子潘品手捧骨灰盒,在四名礼兵的护送下,缓缓地走向仪式会场中间,将王锋同志的骨灰盒小心翼翼地放置到方桌正中央,然后回到迎接的人群中。

三入火海勇救人,大爱无疆;舍生取义留英名,浩气长存。王锋同志的遗像被苍松翠柏和花草掩映,14名礼兵分列两侧,方城县社会各界迎接火海救人英雄王锋同志骨灰返乡仪式正式开始。

仪式由方城县委副书记、县长段文汉主持。南阳市委副书记王智慧,市委常委、市军分区政委史安平,市委常委、宣传部部长张富治,市人大常委会副主任谢先锋、市政府副市长刘树华、市政协副主席吴冬焕,方城县党员干部群众和青年学生共五千余人参加仪式。

仪式上,方城县委书记褚清黎介绍王锋同志的生平事迹,市政府副市长刘树华宣读了南阳市人民政府为王锋同志追记二等功的决定,王锋同志的妻子潘品和优秀青年代表乔国鹏先后发言,南阳市委副书记王智慧讲话。

褚清黎说:"王锋同志的一生,是忘我而利人的一生,是高尚而光荣的一生,是平凡而伟大的一生,他用高尚的人格和利他的精神,创造了金子般闪光的青春,在全社会树立了光辉典范和不朽楷模。我们纪念他的最好方法,就是努力学习他见义勇为、临危不惧的浩然正气,时刻把人民群众利益放在第一位,在保卫人民群众生命财产安全的危急时刻挺身而出;学习他忠诚担当、敢于拼搏的顽强意志,关键时刻冲得上、危难时刻显身手,在闪光的年华中放飞梦想,在拼搏的人生中书写华章;学习他心系他人、忘我奉献的大爱情怀,想群众之所想,急群众之所急,帮群众之所需,让广大群众从实事好事中切身感受到社会主义制度的优越性,从细微处增强群众的幸福指数和获得感,为建设富强和谐美丽方城,全面建成方

时代先锋
——礼赞方城县三入火海救人英雄王锋

城小康社会而努力奋斗。"

仪式结束后，王锋同志的骨灰被护送到方城县十里庙公墓骨灰堂安放。

就在这天下午3点左右，噩耗传来，刚刚参加完英雄王锋骨灰返乡仪式的王锋父亲王荣义，因突发疾病抢救无效去世。

烈火英雄，传递时代正能量

目前，王锋先后被授予河南省"见义勇为好青年"、南阳市"见义勇为先进个人"和"雷锋式好青年"称号。共青团河南省委、南阳市委和方城县委分别做出了向王锋学习的决定。

7月20日，由新华社主办的"中国网事·感动2016"第二季度网络人物评选结果揭晓，河南省推荐的南阳救火英雄王锋从37位（组）"草根英雄"候选人中脱颖而出，入选"中国网事·感动2016"第二季度十大网络人物。

7月29日，中央文明办、中国文明网公布了7月"中国好人榜"名单，三入火海见义勇为好青年王锋经广大群众推荐评议，入选"中国好人榜"。

解放军报社《雷锋》杂志社记者夏一萌说："王锋与雷锋，名字仅仅相差一个字，二人的精神境界也是不分一二。雷锋精神倡导的是'为人民服务'，雷锋也用毕生践行着这5个字。而王锋在救火时，用自己的大爱和鲜血同样为人们活灵活现地彰显出这5个字的伟大。他用真实的自己告诉人们，雷锋就在我们身边。热情、乐观、忘我的王锋让人潸然泪下。事发当日，王锋有很多次机会可以轻而易举地逃生，但他都放弃了，直到自己被送往救护车的途中，他嘴里念叨的仍是两个字'救人'！他用鲜血诠释着见义勇为、奉献他人的人间大爱和大义！"

这期间，无数网友充满着激情纷纷为王锋点赞："这个世界离不开好人！"

——微信网友"玉润花香"：为英雄加油！火海肆虐方显英雄本色，舍己救人树立人性丰碑。感谢那些不留名的捐款人！传递社会正能量，弘扬人间大爱，祝福英雄早日康复，一生幸福。

——网友"小熙"：大爱无言，大德希声，如此品格罕见！

——微信网友"猫小咪"：民族文化的底蕴在这一刻完美体现，见义勇为的王锋，知足善良的妻子，纷纷伸出援手的路人……人间有爱，天下一家。

——人民网友"jacqlineno1yo"：为什么大家会如此关注王锋的事迹并纷纷伸出援手？他的故事让我们知道，世界上还存在这么多好人，而社会是多么渴望着好人。真心希望王锋挺过来，看看因这么多好人的存在而越来越美丽的世界！

王锋烈火救人的事迹，更是引来南阳作家赋诗作文，表达对王锋的敬仰之情。

河南省委政策研究室工作人员王民选不止一次地说："当我看到王锋的报道，一位普罗米修斯般的英雄巨人巍然屹立在眼前，令我们敬仰之余，骄傲和自豪油然而生。河南又一位感动神州的英雄，在最危急、最凶险的时刻挺身而出，在熊熊燃烧的烈火中左冲右突，十多条鲜活的生命得以保全；在人们最绝望、最期盼的时刻冲了上去，无惧烈焰的炙烤，用灵与肉，在救人现场水泥地上书写下一长串饱蘸血浆的辉煌脚印。这串脚印将成为华夏历史文明传承的钤印。"

王锋，犹如天空中最美的一颗星，照亮了时代的天空，感动、感染并感召着更多的人奉献大爱，汇聚力量，奋然向前！

第二篇章

领导关怀

第二章　领导关怀

受国防部部长常万全委托王智慧看望火海救人英雄王锋
弘扬英雄事迹彰显传统美德

连日来，方城县广阳镇王锋三闯火海救人、身负重伤的无畏壮举和英雄事迹，引起社会各界广泛关注。日前，国务委员兼国防部长常万全看到家乡王锋英雄事迹的报道后，很受感动，十分挂念，特意与市委书记穆为民通电话，向英雄表示敬意，向英雄家属表示慰问。

30日上午，受市委书记穆为民委托，带着常万全部长的殷切关怀，南阳市委副书记王智慧一行专程前往南石医院，到病房看望王锋，向王锋及其家属转达了亲切慰问，并详细询问医疗和生活中存在的困难，鼓励家属要坚强面对眼前难关，市委、市政府是你们的坚强后盾，全市人民是你们的坚强后盾。在病房外，王智慧与医护人员详细讨论了下一步治疗方案，再三叮嘱医护人员要不惜一切代价，全力以赴做好王锋伤情救治和康复工作。

王智慧指出，王锋是南阳大地涌现出来的英雄人物，他火海救人的壮举、舍己为人的行为感人至深，集中体现了社会主义核心价值观，集中体现了中华民族的传统美德，集中体现了南阳人的优秀品质，传递了社会正能量。王锋同志已经被授予"南阳市见义勇为先进个人"称号，市委已做出向王锋同志学习的决定。全市上下要以英雄为榜样，学习他见义勇为、挺身而出的先进事迹，切实把学习英雄的热情转化为推动转型跨越、绿色崛起的实际行动，为建设大美南阳、活力南阳、幸福南阳提供强大的精神动力。

（原载2016年05月31日《南阳日报》）

时代先锋
——礼赞方城县三入火海救人英雄王锋

南阳火中救人英雄王锋在京已进行两次植皮手术
省委副书记邓凯做出批示

5月18日凌晨，面对租房处突如其来的大火，38岁的河南方城县广阳镇男子王锋三入火海救人，全身被烧伤面积达98%，几乎被烧成了"炭人"，换来的，是楼内其他23人都安全脱险。

7月18日、19日，大河报"致敬！火海英雄"连续报道，在社会各界引起强烈反响，这位中原汉子的义举感动无数人。我们的"火海英雄"现在怎么样了？昨日，王锋的妻子潘品告诉大河报记者，王锋已在北京做了两次植皮手术，河南老乡的看望和爱心救助，继续温暖着王锋及其家人。

7月12日，为了接受更好治疗，王锋被转到了中国人民解放军总医院第一附属医院。昨天是转院的第10天，王锋的妻子潘品说，截至目前，丈夫已经在北京做了两次植皮手术。"最近一次植皮手术是7月20日进行的，当天上午8点进手术室，下午2点15分，他被推出手术室。"潘品说，除去术前准备、术后观察等，这次手术一共进行了3个小时。

手术前，王锋要"泡盐水澡"，避免身上的创面感染，这让潘品既期待，又无比揪心，因为，其间她和丈夫能有30分钟的短暂"接触"，却又不得不直视心爱的人在盐水中疼得直发抖。

"每次洗澡，都要在无菌盆里放10袋食盐。"潘品脑海中挥之不去丈夫第一次"泡盐水澡"时的情景：身体刚碰到盐水，就疼得全身直抖，她的心，也跟着揪在一起，揪得直疼。

王锋目前不能讲话，手术结束后，只能通过眼神和妻子交流。"我能感觉到，他这几天心里平静多了，不像前几天那么焦虑，也能感觉到他见到我很开心。"潘品说。

不能让英雄流血又流泪。王锋三入火海救人、被特重度烧伤后，社会各界对"火海英雄"的关爱和救助如暖流般涌来，点滴爱心汇聚成260多万元善款。

7月21日上午11时许，在王锋病房的探视窗外，两位来自河南的老乡前来探望，还把3万元救助金交到潘品手中，他们分别是省慈善总会副秘书长姚林安和南阳市慈善总会秘书长寇合俭。"谢谢，谢谢你们！"面色憔悴的潘品，见到河南老乡倍感亲切。姚林安说，王锋火海救人的感人事迹被报道后，省委副书记邓凯做出批示。受省慈善总会会长邓永俭之托，省慈善总会及时与南阳市慈善总会联系，准备通过"慈善SOS—紧急救助项目"，为王锋提供紧急救助。当天，他和寇合俭专程赶赴北京看望慰问，送去三万元救助款，为正与伤痛顽强抗争的救火英雄加油。

〔原载2016年7月23日大河网（郑州）〕

穆为民看望慰问王锋时要求全力以赴做好救治康复工作

方城青年王锋火海救人的英勇事迹时刻牵动着市委书记穆为民的心。5月31日下午，带着全市人民的问候和祝福，穆为民到南石医院，亲切看望慰问王锋。

在医院病房外，穆为民与王锋妻子潘品、医护人员亲切交谈，详细了解王锋家庭生活中的困难及医疗救治进展情况。

穆为民指出，王锋火海救人的英雄壮举、生死关头舍己为人的大爱情怀，充分展示了南阳人的优秀品格，是社会主义核心价值观在南阳人身上的具体体现，必将进一步激发我市"全民向善、人心思进"热潮。在王锋同志被授予"南阳市见义勇为先进个人"称号后，市委研究决定授予其"雷锋式好青年"荣誉称号，并做出向王锋同志学习的决定。

穆为民强调，目前的当务之急是救人。医院要集中力量科学诊断，挖掘各方资源优势，邀请国内最顶尖的专家进行会诊，优化治疗方案，用最尖端的技术、最先进的设备，千方百计，不惜一切代价，全力以赴救治王锋。同时，市里和卧龙区相关部门要切实解决好王锋家庭面临的实际困难，让他们深切感受到来自党和政府以及社会各界的关爱。市委常委、宣传部长王新会向潘品转交了"雷锋式好青年"荣誉称号牌匾。市领导景劲松、杨立宪、吴冬焕等参加慰问。

（原载2016年6月1日《南阳日报》）

时代先锋
——礼赞方城县三入火海救人英雄王锋

霍好胜看望南阳救人英雄王锋向英雄学习传播正能量

6月25日上午,市委副书记、市长霍好胜到南石医院,看望三入火海救人英雄王锋。

霍好胜向英雄表达敬意,向英雄家属表示慰问,向医院参与救治的医护人员表示感谢。霍好胜指出,王锋是南阳人民的优秀代表,是南阳人民的骄傲。王锋坚强的意志、高尚的精神、感人的事迹,是自觉践行社会主义核心价值观的充分体现。要以最好的技术、最好的医疗条件,全力以赴对王锋进行救治,使英雄减少痛苦、早日康复。全市各级各部门、各行各业都要向英雄学习,宣传先进典型,传播正能量,拉高标杆,勇争一流,为南阳经济社会发展和精神文明建设做出积极贡献。

(原载2016年6月27日《南阳日报》)

宣传英模人物汇聚向善力量

5月24日,市委常委、宣传部部长王新会到南石医院,为方城火海救人英雄王锋及其家人送去亲切关怀与慰问。

5月24日,本报以《三闯火海救人英雄身负重伤》为题,刊发了方城县广阳镇男子王锋舍己救人的报道,引起社会各界广泛关注。王新会说,大美南阳好人多,王锋舍己救人的行为和精神感人至深。在病房前,王新会叮嘱院方要组织专家,用最好的技术、最好的药品竭尽全力开展救治。各新闻媒体要加大宣传力度,用榜样的力量成风化人,把南阳的好声音传播出去,为人心向善、人心思进的南阳汇聚起越来越多的正能量。

(原载2016年5月25日《南阳日报》)

褚清黎看望慰问火海救人家乡青年王锋

5月28日,刚刚在外出差归来的方城县委书记褚清黎,与方城县委政法委书记周兴中、方城县委宣传部长刘杰等一起，带着家乡方城120万人民对火海救人英雄王锋的深情牵挂，带着家乡方城县委、县政府对英雄王锋的深切关怀，来到南阳市南石医院，亲切看望慰问王锋及其家属，送去慰问金，并同王锋妻子潘品和医务人员等亲切交谈，仔细询问王锋目前治疗进展情况，叮嘱潘品精心照料好王锋，全力以赴使英雄早日康复。

仔细了解王锋家庭状况

褚清黎等一行来到南石医院十楼，首先同王锋妻子潘品亲切握手交谈，详细询问王锋家庭情况。

"你几个孩子啊？"

"两个孩子。"

"他们多大了？"

"大的10岁了，上五年级；小的8岁了，上二年级。"

"大的是个男孩还是女孩？"褚清黎问得很仔细。

"女孩，小的是个男孩。"

"现在孩子上学谁照顾？"褚清黎接着又关切地问道。

"南阳市有一个叫李彬的素不相识的热心大姐，她知道俺们情况后，就把两个孩子接到他们家中，孩子目前在他们家生活，比我照顾得还好哩！"潘品感激地回答说。

"王锋姊妹几个？他老几？"

"姊妹五个。他是老三。他父母身体不是很好，他大姐和他弟弟都患有先天性癫痫病，他二姐患有糖尿病，就他和他妹妹身体算好一些。"潘品回答道。

走进重症病房看望王锋

"王锋，你们的县委书记过来看望你来了。"上午10时左右，在医护人员的引领和提醒下，褚清黎和潘品缓缓地来到王锋所在的重症监护室。

时代先锋
——礼赞方城县三入火海救人英雄王锋

"神志还清醒吧?"褚清黎向护士询问道。

"神志清醒,能说话,气管外套已拔了。"护士回答道。

"王锋,我代表方城县委、县政府和全县人民来看望你,你火海救人的英雄壮举,是方城的骄傲,是南阳的骄傲,县委已做出了向你学习的决定,你要积极配合好治疗,争取早日尽快地康复起来。"褚清黎站在王锋病床边,对躺在病床上的王锋亲切地问候道。

"感谢党、感谢政府对我的关怀,谢谢!"面对家乡领导的慰问和家乡人民的关爱,王锋用微弱的声音表达谢意,感激的泪水从眼眶里顿时涌出。

看到此种情景,褚清黎示意王锋不要再多说话,叮嘱他安心养病,不要考虑其他事情,然后轻轻地走出病房。

希望王锋内心强大起来

"王锋刚才说话了,思路非常清,精神状态也很好,求生欲望非常强,感动得流泪了。"褚清黎走出病房,对病房外等候着的关心王锋的人们说,"王锋现在需要他内心强大起来,需要有一种精神支撑着他,再配合好医护人员的精心治疗,相信现在的医疗技术能够使他康复起来。家里面的事情不要让他考虑,家乡党委政府会帮助他解决,使他能够安心地治疗,尽快能够恢复健康。"

"昨天一听说王锋能够说上话了,我们激动成啥了!真激动啊!"在一旁的《中国医药导报》记者王伟告诉褚清黎。

"刚才我看到王锋流泪了,为了让他节省气力,就不让他多说话了。"褚清黎补充道。

关切询问王锋治疗情况

"刚才在你们的允许下,我到重症监护室看望了王锋,还同他说了两句话,感谢你们对王锋的全力以赴精心治疗。"

在医院一办公室,褚清黎同王锋的主治医生孙羽飞亲切交谈,并关切地询问王锋治疗进展情况。

孙羽飞告诉褚清黎:"王锋从入院到现在,从整体情况看还可以,第一次双上肢和右下肢植皮手术很成功,术后生命体征平稳。目前,气管套管已经拔掉,神志和说话思维都比较清楚,精神状况也比较好,但仍处在危险期。饮食以流食为主,十多天后将做第二次植皮手术。"

"我看到其伤势真是非常严重,好皮肤只剩一点点了,但神志还很清,特别是思路也很清。"褚清黎说。

"没有感染的话,烧伤对大脑来说相对影响不大。"孙羽飞补充说。

孙羽飞还告诉褚清黎:"为救治英雄王锋,医院成立了专家小组,开辟了救治绿色通道,院长赵俊祥亲自指导救治,十多天后将进行左下肢植皮手术。"

王锋精神难能可贵

"王锋当时三次冲进火海救人,将自己的生命置之度外,难道说他不知道结果是什么,他能不知道后果是什么?他的后果就是失去自己的生命。他拿自己一个人的生命来换取其他人的生命,这种舍己救人的精神非常难能可贵。"褚清黎对王锋奋不顾身救人的英雄壮举高度评价。

"王锋火海救人的英雄壮举发生后,家乡人民都感到非常自豪,我当时在外出差,委托县委宣传部部长刘杰同志和有关部门第一时间前去看望,要求大力宣传王锋英勇救人的感人事迹。"褚清黎说道。

"现在只要他的精神强大起来,相信当前的科学,相信南石医院的医护水平,积极地配合好治疗,就一定能够康复起来,一定能使我们这位见义勇为英雄能够尽快地正常生活。"褚清黎鼓励王锋的妻子潘品。

从医院办公室走出后,褚清黎迎面见到来此为王锋捐赠物品的爱心人士乔万昌。乔万昌是开封市尉氏县人,现在为广东东莞金盛实业有限公司的一名员工,从手机微信上看到王锋火海救人的壮举后,特意请假两天,坐火车从东莞赶到南阳,为王锋捐赠四盒治疗烧伤的芦荟胶和两罐增加营养的营养餐。褚清黎对他千里献爱心的善举给予了充分肯定和赞扬。

时代先锋
——礼赞方城县三入火海救人英雄王锋

"全社会都在支持他，救助他，这种救助精神是社会主义核心价值观的生动体现，同样难能可贵，需要我们大力弘扬。"褚清黎对潘品说。

"谢谢褚书记，您工作这么忙，还抽时间来看望王锋。非常感谢党和政府、家乡父老乡亲对我们的关怀、关注和关心，有党和政府为我们做后盾，我就有主心骨了，我再也不害怕了，我会坚强起来，一定会照顾好王锋，让他早日康复。"潘品激动地说。

"同时我也非常感谢新闻媒体对我们的报道，感谢社会上爱心人士和基金会对我们的救助。是党和政府、媒体记者，还有社会上的爱心人士，给了王锋第二次生命。我一定要把王锋照顾好，让他早日康复，早日回到家乡和父老乡亲团聚。"潘品感激地补充说。

"现在需要王锋精神上强大起来，你也需要精神上强大起来。上级党委政府对王锋舍己救人都非常关注，各级领导都非常关心，也包括我们的新闻媒体各位记者都在呼吁。相信在我们的社会主义大家庭中，有各级党委政府和组织的支持，有社会各界的关爱，你们一定能够早日渡过难关，王锋一定能够早日康复起来。"褚清黎进而对潘品说。

褚清黎最后说："王锋是一个很平凡的人，但其舍己救人的精神很伟大。王锋英勇救人的精神感动了社会，感动了方城，感动了南阳，感动了中国，社会爱心又感动了他和他的家属。这就是爱心互动、精神互动，这就是乘风化人、向上向善精神的体现，要让这种精神传递发酵影响到社会上更多的人。我们将大力弘扬王锋见义勇为的先进事迹，使见义勇为精神在方城大地上继续落地生根，开花结果。"

（综合2016年5月30日报道）

团河南省委授予王锋同志"河南省见义勇为好青年"荣誉称号

5月18日凌晨1点20分左右，南阳市卧龙区一栋三层居民楼突发火灾，租住在一楼的南阳市方城县广阳镇古城村青年王锋发现火情后不顾自身安危，冒着浓烟数次冲入火海救人，居民楼十多人最终安然无恙，而王锋却因救人重度烧伤，目前正在医院接受救治。

近日，团河南省委决定授予王锋同志"河南省见义勇为好青年"荣誉称号。决定指出，决定指出，王锋同志在人民群众财产安全处于严重危险的紧要关头，他不顾个人安危、挺身而出的先进事迹代表了社会的正能量，体现了当代青年英勇无畏、见义勇为、无私奉献的优秀品格，展示了当代青年良好的精神风貌，他是新时期河南优秀青年的杰出代表，是全省广大青年学习的楷模。

决定要求，全省广大团员青年要积极向王锋同志学习，学习他英勇果敢的英雄气概，学习他见义勇为的献身精神，把英雄的精神转化为立足本职、不断进取的实际行动，始终保持奋发有为的精神状态，从自身做起，从平凡小事做起，努力做中华民族传统美德的传承者，做社会主义核心价值观的宣传者，做助力"中国梦"、弘扬正能量的传递者，努力为中原崛起河南振兴富民强省聚合强大正能量。全省各级团组织要深入开展向王锋同志学习的活动，把学习活动与学习贯彻习近平总书记系列重要讲话精神结合起来，与"我的中国梦"主题教育实践活动结合起来，与深入开展青年英雄帮扶行动结合起来，与共青团助力扶贫攻坚战青春建功行动结合起来，引导广大团员青年为全面建设小康社会，加快现代化建设，让中原更加出彩的伟大事业贡献青春、智慧和力量。

（据 2016 年 6 月 7 日中国共青团网）

中共南阳市委关于授予王锋同志"雷锋式好青年"称号开展向王锋同志学习的决定

王锋，男，1978年12月9日出生，南阳市方城县广阳镇古城村人。2016年5月18日凌晨1点20分左右，南阳市卧龙区西华村一幢三层居民楼突发大火，浓烟迅速吞噬了整幢楼房。租住在一楼的王锋发现险情后，及时报警并奔走呼救，先后三次冲入火海，救出两名小学生和一名老师。由于其及时奋力呼救，居住在同楼的十多名居民安全脱离险境，而王锋自己却被严重烧伤，烧伤面积达到98%。

在生与死的关键时刻，王锋同志临危不惧，舍生忘死，挺身而出，以

时代先锋
——礼赞方城县三入火海救人英雄王锋

三入火海勇敢救人的实际行动谱写了一曲令人感动的英雄赞歌，展示了当代青年临危不惧、勇于担当的精神风貌，是南阳千万儿女的优秀代表。王锋的事迹通过中央、省、市各级新闻媒体的持续宣传报道，引起了全社会的广泛关注和赞誉，树立了南阳人的良好形象。在省内外多位爱心人士和社会各界的接力援助下，王锋目前正在医院与伤痛抗争，接受精心治疗。

王锋同志作为一名普通的农村青年，在关键时刻见义勇为、火海救人的英雄壮举感人至深，集中体现了中华民族的传统美德，集中体现了南阳人的优秀品质，是南阳大地涌现出来的新英雄和新楷模。近年来，市委、市政府积极加强社会主义精神文明建设和社会主义核心价值观宣传教育，在全市培育形成了"忠诚担当、大爱报国"的南水北调移民精神和"勇于担当、务实重干"的农运会精神，南阳大地"全民向善、人心思进"的氛围日益浓厚，涌现出了"李文祥式老英雄"王金山、最美奶奶柴小女、扎根基层无私奉献的周建奎、带领群众种植猕猴桃发家致富的好干部李华玲、优秀移民村支书陈廷江、全国岗位学雷锋标兵郭春鹏、桑蚕专家陆锡芳、最美村官徐运芝、优秀移民干部向晓丽、舍己救人的"托举三兄弟"等一大批先进典型和凡人善举，"全民学雷锋、南阳好人多"蔚然成风，凝聚了南阳正能量，提振了社会精气神。王锋同志的英勇事迹，正是这些正能量的最新体现和南阳好人的最新代表。

为进一步弘扬社会正气，凝聚起全市上下务实重干拼搏进取、转型跨越绿色崛起的强大力量，市委研究决定：授予王锋同志"雷锋式好青年"称号。市委号召全市广大党员干部群众积极向王锋同志学习，学习他奋不顾身、舍己救人的英雄壮举，学习他在关键时刻挺身而出、舍生忘死的牺牲精神，学习他敢于拼搏、勇闯火海的顽强意志，学习他心系他人、不计个人得失的大爱情怀。

全市广大党员干部群众要充分认识学习王锋同志见义勇为先进事迹的重要意义，结合本职岗位，积极践行社会主义核心价值观，争做"践行价值观、岗位学雷锋"的标兵先锋，在各自的工作岗位爱岗敬业多做贡献。全市各级党组织要把学习英雄王锋事迹活动与正在开展的"两学一做"学习教育结合起来，与学习郭春鹏、徐运芝、陆锡芳、"托举三兄弟"等先进典型和凡人善举结合起来，进一步担当奉献，开拓创新，务实重干，崇德向善，努力为建设大美南阳、活力南阳、幸福南阳做出新的更大贡献。

（据 2016 年 6 月 2 日《南阳日报》）

南阳市综治委授予王锋"南阳市见义勇为先进个人"荣誉称号

5月26日，受南阳市委常委、政法委书记张生起委托，南阳市委政法委常务副书记郭建国到南石医院，代表市委政法委、市综治委看望慰问方城火海救人英雄王峰及家属，授予王锋"南阳市见义勇为先进个人"荣誉称号，并发放一万元奖金。

王锋，男，38岁，方城县广阳镇人，托教老师。5月18日凌晨1点20分左右，南阳市卧龙区光武街道西华村一栋三层居民楼突发火灾。租住在一楼的王锋发现火情后，义无反顾三次冲入火海救人，居民楼十多人最终安然无恙，而王锋因救人严重烧伤，目前正在医院全力救治中。

王锋奋不顾身、舍己救人的英雄壮举，充分体现了中华民族见义勇为、舍己为人的大爱精神，为维护南阳市社会治安和大局稳定做出了积极贡献。为进一步弘扬社会正气，经南阳市社会治安综合治理委员会研究，决定授予王锋同志"南阳市见义勇为先进个人"荣誉称号，并颁发证书，奖励现金一万元。

慰问中，郭建国高度评价了王锋不顾个人安危、舍己救人的高尚品质，并与南石医院负责同志以及王锋妻子亲切交谈，详细询问了解王锋病情及治疗情况、生活中需要解决的实际困难。郭建国表示，王锋是中华民族一方有难、八方支援优良传统美德的弘扬者，是南阳"全民思进、人心向善"精神的践行者，南阳市委政法委、南阳市综治委将号召全市人民向王锋学习，倡树南阳人好形象，凝聚起南阳跨越转型、绿色崛起正能量，努力为建设大美南阳、活力南阳、幸福南阳创造和谐稳定的社会环境。

（据 2016 年 5 月 27 日《南阳日报》）

时代先锋
——礼赞方城县三入火海救人英雄王锋

共青团南阳市委授予王锋见义勇为好青年

昨天，记者从共青团南阳市委获悉，团市委近日做出决定，授予火海救人的方城广阳籍青年王锋"南阳市见义勇为好青年"称号，并号召全市广大团员青年向王锋学习。

居民楼夜半起火，危难之际，王锋毫不犹豫三入火海救人，居民楼十多人最终安然无恙，而王锋却被重度烧伤，目前正在医院救治。

为表彰王锋同志见义勇为的先进事迹，共青团南阳市委授予王锋"南阳市见义勇为好青年"荣誉称号，并号召全市广大团员青年向王锋学习，学习他见义勇为、不畏艰险、乐于奉献的精神，为建设"大美南阳、活力南阳、幸福南阳"做出积极贡献。

又讯（记者于晓霞）昨天上午，共青团方城县委有关领导到医院慰问王锋及家人，并授予王锋"方城县见义勇为好青年"称号。

团县委表示，王锋在生死攸关之际，临危不惧、挺身而出的行为体现了中华民族乐于助人、见义勇为的传统美德，展现了当代青年高尚的道德品质，是全县广大团员青年学习的榜样。

（据2016年6月1日《南阳晚报》）

共青团方城县委授予王锋"方城县见义勇为好青年"荣誉称号

共青团方城县委关于授予王锋"方城县见义勇为好青年"
荣誉称号的决定

王锋，男，现年38岁，方城县广阳镇古城村人。现在南阳市卧龙区租房内经办一托教所。2016年5月18日凌晨1点20分左右，王锋租住的一栋三层居民楼突发火灾。租住在一楼的王锋发现火情后，冒着浓烟义无反顾三次冲入火海救人，居民楼十多人最终安然无恙，而王锋却因救人严重烧伤，目前正在医院救治。

王锋的英雄壮举，在我县广大青年及群众中产生了强烈反响。这位普通的方城青年，在生死攸关之际，临危不惧，挺身而出，用无畏的精神展现了当代青年高尚的道德品质，他是新时期方城优秀青年的杰出代表，是全县广大青年学习的楷模。

为表彰王锋的先进事迹，引导和激励全县广大团员青年自觉弘扬见义勇为精神，形成良好社会风气，共青团方城县委决定授予王锋"方城县见义勇为好青年"荣誉称号。团县委号召全县广大团员青年积极向王锋学习，学习他英勇果敢的英雄气概，学习他关爱他人的优秀品格，学习他见义勇为的献身精神，把英雄的精神转化为立足本职、不断进取的实际行动，始终保持奋发有为的精神状态，努力做中华民族传统美德的传承者，做社会主义核心价值观的宣传者，做弘扬正能量的传递者，为建设富强方城、和谐方城、美丽方城贡献青春智慧和力量。

（综合 2016 年 6 月 1 日报道）

王锋入选"中国网事·感动 2016"二季度十大网络人物

由新华社主办的"中国网事·感动2016"第二季度网络人物评选结果7月20日揭晓。河南省推荐的南阳救火英雄王锋从37位（组）"草根英雄"候选人中脱颖而出，入选"中国网事·感动2016"第二季度十大网络人物。

在揭晓辞中，活动组委会这样评价王锋：面对无情大火，他三度勇闯火海，先后救出六人，及时呼叫楼上十多名住户脱险，除自己烧伤外无一人伤亡的奇迹引爆社会爱心如潮。

据了解，王锋是南阳方城广阳镇人，2015年7月起租住在南阳市西华村一栋三层民宅中。今年5月18日凌晨1时许，该栋楼一楼公共大厅突发大火，在这千钧一发时刻，王锋奋不顾身地扑进火海，先后救出六名住户，同时想方设法叫醒其他熟睡中的住户。在这座三层小楼内，大火持续了半个多小时，王锋在火海里"折腾"了三个来回，一路上留下了奔跑救人的血脚印。王锋被烧成"炭人"，其余人无一受伤。

（据 2016 年 7 月 21 日新华网）

时代先锋
——礼赞方城县三入火海救人英雄王锋

【表彰决定】

救火英雄王锋获"第三届全国消防奖先进个人"称号

在第25个全国消防日来临之际,中央电视台大型特别节目《2016中国骄傲》在北京录制,方城籍救火英雄王锋荣获"第三届全国消防奖先进个人"荣誉称号。公安部党委委员、政治部主任夏崇源为代领奖的王锋妻子潘品颁奖。

《2016中国骄傲》由公安部宣传局、消防局和中央电视台联合主办,以2016年重大消防事件为主线,讲述消防官兵和普通百姓守护人民生命和财产安全的事迹。节目组为王锋写的颁奖词是:王锋,一位平凡的托教老师、一位暖心的父亲、一位贴心的丈夫,他三入火海救人,用满身烟火的身影和血迹侵染的脚印书写出一首壮美的诗篇!

这不仅是王锋的诗篇,也是他的妻子潘品的诗篇,是潘品陪着王锋走过了人生中最难熬的日子,谈到这里潘品动情地说:"感谢社会各界对我们全家的关心和帮助。我会把对王锋的思念和悲痛化作动力,替王锋照顾好这个家,撑起这片天。"

(据中央电视台报道)

第三篇章

见证壮举

第三章　见证壮举

【人民日报】

南阳英雄王锋三入火海救人受重伤，各界捐款220多万元，英雄妻子却说——"钱够手术了，请捐给更需要的人"

《人民日报》记者　朱佩娴

5月27日下午，在河南南阳南石医院，潘品的手机仍在"叮咚"响个不停。她的微信不时会收到陌生人的红包，这些红包是给她丈夫王锋的——他因全身98%面积烧伤，至今仍未脱离生命危险。

5月18日1点20分左右，南阳市卧龙区西华村的三层居民楼着火，王锋第一时间发现火情，把妻儿叫醒转移后，再次冲进火海。潘品回忆："没过一会儿，他就救出了一楼的两名托教学生和一名托教老师。这时他还没有烧伤。如果不再冲进去，就不会烧成现在这样。"当王锋第三次冲进火海时，楼房已火光冲天，再出来时，他已烧成"炭人"。即便如此，他还在拼命大喊，向邻居示警、呼救。

危难时刻，王锋不顾自己却想着他人。邻居卢先生说，大家被王锋的呼喊声惊醒，都跑了出来。"大家把王锋弄上救护车时，他还不肯上车，一个劲儿地说，楼上还有很多人，先救他们。"

据了解，王锋今年38岁，是南阳方城县广阳镇人。去年7月，他带着妻子和儿女到南阳打工，租住在此。由于住处邻近学校，夫妻俩办起了托教，每天照顾二三十名小学生。由于王锋的及时示警，待消防队员扑灭大火后，除王锋自己被严重烧伤外，其他人均安全脱离险境。以一人之躯挽

时代先锋
——礼赞方城县三入火海救人英雄王锋

救十几人生命,"英雄三入火海"的故事迅速传开,感动人心之余,大家纷纷伸出援手。

"医药费一天两三万块,家里根本承受不了,而后续植皮手术和治疗需要200多万。"起初潘品心里乱得很,不知道该如何挽救丈夫、撑起这个家,"没想到有那么多好心人来帮忙。"

21日上午,方城县广阳镇党委书记郭鹏、镇长陈万萍、民政局副局长刘书英赶到医院,为潘品送来共计三万元爱心捐款。郭鹏安慰潘品:"别着急,家乡永远是你的后盾。"26日上午,受南阳市委常委、政法委书记张生起委托,南阳市委政法委常务副书记郭建国来到南石医院,代表市委政法委、市综治委看望慰问王锋及家属,授予王锋"南阳市见义勇为先进个人"荣誉称号,并先期发放一万元奖金。共青团河南省委和共青团南阳市委也送来一万元生活补助金。

截至目前,通过银行账户捐款、微信红包转账、现场捐款、网上众筹等多种方式,潘品已收到善款220多万元。她没想到,王锋的举动,唤起了无数陌生人的慷慨解囊,她朴实地说:"感谢大家的大恩大德!现在钱够做手术了,请不要再为王锋捐款了,还有更多需要帮助的人。"

南阳南石医院院长赵俊祥告诉记者,医院已为王锋做了首次"切痂植皮术",虽已渡过休克期,未出现脏器衰竭等情况,但他仍处于高度危险期。

赞语:三入火海,王锋彰显了英雄本色;真情救助,善和爱正在社会涌动。而筹足医疗费后,家属感恩社会、呼吁大家停止捐款的态度,同样令人动容。大家知道,重度烧伤后要想恢复健康、重回正常生活,王锋势必有很长一段路要走,还会有更多的实际问题亟待解决。为了让英雄流血不流泪,他的后续保障更需要政府、社会持续关注与支持。

(原载2016年5月28日《人民日报》)

英雄王锋三入火海救亲邻

《人民日报》记者 王汉超 曹国宏

当王锋第三次冲入火场,逐家拍门呼救时,楼上十余口邻居,多数还在睡梦中。消防队员后来介绍说,火场内当时超过千度,在王锋的呼救下,楼上居民全部安全逃离火海。难以想象,一个血肉之躯,承受了怎样的火场炙烤:全身98%的皮肤烧化,被切开的气管中抽出大量碳沫,吸入性烧伤严重……

血肉之躯三入火海

从火里出来他没停,沿着巷子,边跑边喊救人,地上留下一串清晰的血脚印。

灾难发生在5月18日凌晨1时许,河南南阳卧龙区西华社区一栋居民小楼下,大厅里的电动车悄无声息燃起了大火,浓烟开始蔓延。黑夜里,火势卷着浓烟,顺楼道往上烧。烟从门缝钻进一楼房间,王锋最先醒了……

他家在一楼,靠近大门,易于逃生。在浓烟呛人的气味中,王锋打开家门,大厅已失火。他叫醒妻子,抱起儿子,拉着女儿,热浪中贴墙冲了出去。在室外清凉的空气里,王锋没顾上安置妻儿,只说了句"快打电话报警,姚老师和孩子们还困在里头",便再次冲进火海。

托教老师姚雪和两名小学生在最里边的房间。发觉失火,姚雪叫醒他们准备逃生时,门锁却打不开,金属烫,不能碰。这时,她听到王锋在门外呼喊。他不断撞门扭锁,最后随着火光冲开了门。王锋护着他们,弯腰捂鼻,冲过炙烤烟熏逃到门外。

这次冲出来时,王锋全身还没大的烧伤,他完全可以停下来,等待救援,可十几口人还在火里头。

没有迟疑,王锋第三次冲入火海。房东王东峰是在熟睡中听到他的喊叫和拍门的。她惊慌下床,地板是滚烫的。她和丈夫叫醒两个孩子,打开朝外

时代先锋
——礼赞方城县三入火海救人英雄王锋

的窗户呼救。听到王锋急促地在外面挨家拍门,被叫醒的居民开始自救。

七八分钟后,楼外等来的是一个焦黑的人。此时的王锋头发已被烧焦,全身像炭,神志已不清醒,经过烟火的声音是嘶哑的,他不断重复着呼喊:"楼上还有人,快来救人……"从火里出来他没停,沿着巷子蹒跚快走,边跑边喊"救人",地上留下一串清晰的血脚印。两天后,甚至经过大雨冲刷,赶来的记者仍一眼就辨认出地上的血印。

生死救治众人捐助

"他一直在喊救人……"短短6天,各方捐助达200万元。全社会开始了爱心接力。

救护车与消防车几乎同时到达。万和医院出诊医生张保贵记得,王锋成了个漆黑的人形,蹲在巷口,烧过的身体混合着头发的焦味发出浓烈气息。他不肯上救护车,不停说:"里面还有人,快去救他们!"听到还有别的救护车,才终于肯上担架。

张医生发现,王锋身上的肉已被烧硬了,只能保持坐的姿势,右手烧融粘连成团,高温烧灼的脚底在奔跑时皮肤撕裂,全身皮肤稍一用力就能被扯掉,体表已烧到了油脂,不断外渗。在车上,王锋的意识逐渐不清晰,但是救人的喊叫一直没停。

救护车一路闯灯,送到当地治疗烧伤最专业的南石医院。孙羽飞大夫印象深刻:"从来烧伤病人送来只听喊疼,他一直在喊救人……"朋友张思虎紧跟着赶来,王锋烧得让他不忍看、不敢认,他下意识扶了下王锋的左肩,皮肉跟着就脱落了。

王锋的情况很快陷入危重。血管里大量的血浆、蛋白等外渗,有效循环降低,尿液导出都是酱油色的。他先要闯过72小时休克期,接下来是大面积烧伤感染败血症期。第一个24小时里,补液就要突破一万毫升……

王锋的事迹迅速传遍全国,无数人落泪,无数的电话、短信、捐款雪片一样飞来。短短6天,各方捐助达200万元。全社会开始了爱心接力:获救的房东一家来了,留下2万治疗费;同院的病友纷纷倾囊;王锋子女所在的小学发起师生募捐,赶来采访的记者几乎都留下捐款;医院的一位保洁工,把刚刚领到的1000元工资全部捐出,名字都没留;老家方城县广阳镇古城村正当麦收,村里人无不念起他的好,村干部帮他父母割麦,全村人凑了数千元善款……

凡人壮举其来有自

他从未停止往家寄钱,先张罗弟弟结婚成家,才考虑自己的婚事。

王锋出生长大的方城县广阳镇距南阳市不远,父母还在农村。王锋是一家人的顶梁柱,是家里唯一供出来的大学生,寄托着全家的希望。王锋姊妹5个,上有2个姐姐,下有一弟一妹。母亲患有乳腺癌和糖尿病,伴有脑栓塞后遗症,父亲类风湿关节炎,几乎失去了劳动能力,弟弟患有癫痫,一家的吃穿用度,全靠王锋。

大学毕业工作后,王锋从未停止往家寄钱,有什么好药都会买了给父母寄。他先张罗弟弟结婚成家,才考虑自己的婚事。

上初中时,发小张延兵家里困难,王锋就常省下饭票塞给他。后来各自上大学,王锋听说他贷款上学,还托人捎给他300块钱。另一个同学张浩阳,家里拿麦子到学校换的饭票丢了。王锋是副班长,带头给她捐钱,才使她挨过了那个月。

老师贾晓东对王锋记忆深刻。1994年的一天,她本已入睡,王锋和另外两个男生急促敲门,告诉她:"外面下雨了!"然后冒雨帮她把晾晒在外的一千多块煤搬进了屋。

由于都当过老师,2015年7月,王锋夫妻俩在南阳西华社区租民房办起了托教班,照顾起三十多个孩子。

南阳市委书记穆为民来看望王锋时,要求集合各方资源,不惜一切代价,全力以赴救人。方城县委书记褚清黎告诉王锋家属,不论治疗费用缺口多大,老家兜底,不要有后顾之忧。在捐款达到200万时,王锋妻子婉拒更多捐赠。但事实上,病情远远超出预想,治疗费用可能在千万元以上。

为让王锋接受国内最好的治疗,经过专家会诊和南阳市委会议决

时代先锋
——礼赞方城县三入火海救人英雄王锋

定,7月12日,方城县启用航空医疗救援专机,将英雄王锋转院至解放军304医院。

在南石医院的55天中,王锋忍受着巨大的疼痛,但只落过两次泪。一次是儿子到身边,忍不住叫了声"爸爸"。另一次就是登机前临别,王锋用口型向照顾他55天的医务人员说"谢谢",说着泪就流了出来……

(原载2016年8月9日《人民日报》)

【新华社】

南阳英雄王锋用生命书写人间大爱

新华社记者 史林静

已经过去两个多月了,那串血脚印仍然依稀可辨。其实血早被几场雨水冲掉了,留下的是和鲜血、皮肉混在一起糊在脚底的塑料残渣,被烧成焦黑的一团,仍保留着脚印的形状,牢牢粘在水泥路面上,从楼前延伸到巷口,有五十多米远。

当时,那双脚是怎么跑过去的?不疼吗?这是一个草根英雄的故事,英雄名叫王锋,已经在病房里躺了83天,至今没有脱离生命危险。

他离出口最近,却烧得最重

在河南省南阳市西华村,一栋三层民宅被房东维修、粉刷,新的租户已开始入住。然而,大门上漆黑的门框,楼梯上被烟熏的扶手,仍记录着5月18日凌晨那惊心动魄的一幕。

"咋恁大烟呢?"王锋把妻子潘品推醒,说着就打开了卧室房门,只见一楼公共大厅已浓烟滚滚。"着火了,快救人!"王锋顾不上穿衣服,打开楼门大喊。他们的房间离大门最近,王锋把女儿转移到安全地带,随后转身冲进火海,一把拉起吓呆的妻子和儿子往外跑。浓烟迅速吞噬了整栋楼。"赶紧报警!"王锋冲妻子喊了一句,再次冲入火海。

从2015年7月以来，这对夫妻一直租住在这里，依托邻近的一所小学办了个托教班，平常给二三十个小学生提供一个吃饭、午休、写作业的去处。那一晚，两个孩子和王锋聘请的老师姚雪留宿在这里，王锋就是去救他们的。

"浓烟太呛，门从里面已经打不开了，王老师从外面把门踹开，拉着我们往外跑，他连鞋都没穿。"回忆当时的情景，姚雪至今心有余悸。再次出现在楼外时，王锋身上并没有怎么受伤。他又一次转身，第三次冲进了火海。潘品想拦，却没有拦住。王锋奔上二楼、三楼，把所有住户的门都拍打一遍，才跌跌撞撞地跑了出来。邻居顾学文看到震撼的一幕：一个"黑炭"从火中跑了出来，全身皮肤都烧焦了。

王锋一边跑一边呼喊："楼上有人，快来救人啊！"听到呼救的邻居们纷纷起床，加入到救火队伍中来，有人端着盆，有人拿着锅。消防车鸣着警笛赶来。王锋怕消防队员找不到路，又跑到巷口去迎接，于是就留下了那五十多米长的血脚印。到了巷口，他再也站不住了，一屁股坐到地上……。当人们扶他上救护车时，他仍然喘着气说："让别人……先上车……，我不要紧……"

在这座失火的三层小楼内，除王锋外，其余二十多人，无一人受伤。他最先发现火情，离出口最近，却烧得最重。医院诊断证明，王锋全身98%的面积烧伤，烧伤休克，肺部重度呼吸道烧伤，双眼烧伤。98%，意味着什么？正常人的一个手掌所占面积是1%，王锋全身只有两块手掌大的地方是好的。

南阳首次动用专机救治平民

"抢救，要不惜一切代价！"南阳市委发出指令。

由于肺部重度呼吸道烧伤，王锋手术后肺部开始感染败血症，需要紧急转到解放军总医院第一附属医院。时间紧迫，南阳市做出决定，包机送他直达北京。这是当地首次动用专机救治平民。7月12日，专机用1.5个小时飞越近1000公里，安全抵达北京，那里的医护人员已经做好了一切准

时 代 先 锋
——礼赞方城县三入火海救人英雄王锋

备。随即,一场与死神争夺英雄的战斗又打响了……

而今,王锋烧伤的皮肤变成了黑痂,黑得像炭一样。经过第一次植皮后的胳膊,已经斑斑点点地长出了粉红色的皮芽。但全军烧伤所所长柴家科教授说:"此前经过55天的救治,王锋的生命体征趋于平稳,但稳定中还存在危重。"

王锋的事迹传开后,感动了无数人。出事后,潘品的手机响个不停。到目前,王锋已经收到240多万元捐款。这已经是个不小的数目,但如果把王锋彻底治愈,所需费用将高达上千万元。

"不能让英雄流血又流泪。"方城县委书记褚清黎说。想要顺利渡过生命危险期,恢复健康,王锋还有很长一段要路要走,后续保障依旧需要党委政府、社会的持续关注。

8月4日,潘品34岁的生日,但她一点过生日的心情也没有。可是,她忽然看到了蛋糕和鲜花,是方城县委工作人员时向征买来的。"80后"姑娘时向征是县委派来陪伴潘品的,一直在帮她处理各种杂事。带着满心的感动,潘品吹蜡烛、许愿,她日记中写道:"我相信爱心的力量是百万雄师,无所不能。"

"我的病情不要给她说"

若非这次壮举,38岁的王锋只是个默默无闻的普通人。他生长于方城县广阳镇古城村,排行老三,家境贫寒。王锋的母亲患有乳腺癌,父亲患有类风湿关节炎,大姐因小儿麻痹丧失了劳动能力,弟弟患有癫痫。他从小就是个安静寡言的人,每天放学回来就下地干活儿。他学习成绩不出色,却爱读书,最喜欢的一本书是路遥的《平凡的世界》。

"青年!无论受怎样的挫折和打击,都要咬紧牙关挺住,因为你们完全有机会重建生活。"这本书被他翻来覆去看了很多遍,其中一句话用笔勾画出来。

正像书中主角孙少平一样,王锋渴望通过知识改变命运。1997年,他自学计算机,考入了郑州大学。毕业后,在郑州一家医药销售公司就职,工作是网络维护。沉重的家庭负担始终压在他的肩上，但他从不向家人诉苦。去马来西亚务工6年，去南阳油田打工两年，无论经受过多少劳累和委屈，他都装在肚子里。

王锋就是这样一个坚韧的人。这次受了这么重的伤，偶尔清醒时，他还不忘交代护士："我的病情不要给我老婆说。她比我小，没有操过心，说话有些冲动，你们可别生她气。"

从这样一些细节，人们能够体会他的责任与爱——

一根皮带系了16年。

20岁以前，不管冬天有多冷，他从没穿过秋衣、秋裤，就为了省几个钱。

每次回家，他都负责做全家人的饭，看到妻儿吃得香甜，就憨厚地笑笑。

他每到一处，就为母亲打听药物，找到一些就寄回家一些。2009年，用攒了两年的工钱，再借一些，给家人在村里盖了新房。平凡的世界，平凡的幸福，这就是王锋的人生，直到一场大火改变了一切。

现在，潘品与丈夫只隔着一层探望窗，却隔着一段无法跨越的距离。由于无菌要求，潘品不能进入病房，只能趁着医护人员开关门之际，往里面看上一眼。"如果进出的护士表情平静，说明他还活着。"潘品说，"已经很知足了，至少能这么近距离地看看他。"

英雄壮举，从来不是偶然的。几乎每个认识王锋的乡亲，都能数出他做的一两件好事——节约学校饭票让给"发小"，买个气筒放在门口免费供过往行人给自行车打气，把自家三间房子腾给村小学作临时教室……

潘品深知丈夫沉默的外表下潜藏的坚毅，她说："如果再回到那个着火的晚上，我还是拦不住他。"

致敬，我们身边的英雄

河南南阳市38岁的青年王锋，为救人三入火海叩门，烧伤面积达到惊人的98%。由于他的施救，全楼二十多人无一伤亡。王锋用生命书写的人间大爱，感天动地，温暖人心。

时代先锋
——礼赞方城县三入火海救人英雄王锋

烈焰翻腾中,王锋让我们看见普通人的善良勇敢。他最先发现火情,离出口最近,然而却烧得最重。常人很难想象,在肉体被炙烤、剧痛难忍的情况下,一个人得有怎样奋不顾身的勇气,才能三次冲进火海救人。

王锋的事迹告诉我们,真实世界的英雄,就存在于社会的方方面面,像泥土一样朴实。他们或许就是那些与你擦肩而过,却不一定注意到的陌生人;或许就是日常生活里辛勤劳作的亲人邻居。他们和我们一样,没有坚不可摧的身躯,甚至和普通人一样脆弱,然而,一旦危险发生时却能毅然挺身而出,迸发出耀眼的人性光辉。

致敬王锋,就是为无数平凡中国人的真善美敬礼。平凡的生活一样能磨炼出非凡的品格,正是这种用生命释放出的品格力量,给我们的社会带来持久的温暖,激励人们不断前行。

(新华社2016年8月9日电)

【中央电视台】

王锋:几进火海舍身救人
中央电视台记者 邱宝华 王冰

生死关头,是逃生自救,还是舍身救人?面对突发火灾,河南南阳小伙王锋毫不犹豫地选择了后者,自己却被重度烧伤,病情危重。

这就是那栋发生火灾的三层居民楼,楼里当时住着五户二十多人,王锋和妻子租住在一楼,办了个托儿班。5月18号凌晨1点,居民楼突然起火,最早发现着火的王锋一家,马上从楼里跑了出来。但看着火势变大,王锋又冲进楼里,救出两个孩子和一名托教老师。

火势越来越猛,王锋又冲到楼上,挨个敲门,喊大家赶紧出来。

邻居们先后被叫醒,跑了出来,楼里居民全都安全脱险。这时候,王锋几乎全身都被烧黑。

经诊断,王锋全身98%的面积烧伤。目前,王锋已从河南转院到北京接受治疗,生命体征平稳,但病情依然危重。

王锋舍身救人的事迹传开后，社会各界纷纷为他捐款，短短十天，已捐款200多万元。

（据2016年8月8日中央电视台《新闻联播》）

聚焦英雄王锋火中救人大爱担当

5月18日凌晨，河南省南阳市发生一起火灾。万分危急之中，有人奋不顾身冲入火海，家人和邻居得救了，他却身负重伤、生命垂危。

几天前，记者在位于北京的解放军总医院第一附属医院整形烧伤科看到，从5月18日至今，虽然经过两个多月的治疗，严重烧伤的王锋仍然处在重症监护之中。

解放军总医院第一附属医院专家、全军烧伤研究所所长柴家科介绍："他主要是烧伤面积非常大，98%的烧伤，在当地救治了55天，还有70%的创面，到现在还没有脱离危险。"

王锋今年38岁，是河南省南阳市方城县广阳镇古城村人，曾在郑州上过大学。去年7月，他从家乡方城县来到南阳市，和妻子一起办了个托教班，为一些孩子提供教育和托管服务。今年5月18日凌晨，他们租住的楼房一层突发大火。

王锋的妻子潘品告诉记者，当天凌晨王锋闻到一股糊味儿，发现外面着火了，他急忙把妻子和儿女安顿到屋外，之后让妻子报警，自己转身冲进了着火的楼房。

记者了解到，起火的楼房共有三层，王锋租住的房子和托教班用房都在一层，二楼、三楼还有几户人家，起火的位置是在一层的楼厅。

记者问潘品："太危险了，有没有劝他不要进去了？"潘品说："没有。即便是我真的想劝他，也拉不住他，因为平时他就是那样一个人。"

在救出妻儿和托教老师、学生后，火势已经吞没了整个楼道，然而这时的王锋义无反顾，再一次扑向火海，因为他想到的是楼上还有几户人家，有二三十人。火这么大，大家劝他不要进去了，但王锋说，里面有人，要去救人。

时代先锋
——礼赞方城县三入火海救人英雄王锋

托教老师告诉记者："他再出来的时候就给烧成黑的了。"他的邻居说："救火车和120救护车同时来，一看他身上整个烧黑了，赤脚流着血，后来叫他上车，他说别管我呀，里面的人还多着呢。"

王锋在火海中喊醒了每户邻居，一路留下了带血的脚印。醒来的邻居又加入到救火的队伍里，配合消防队员积极施救。最后，楼里住着的其他20多人全部脱险，只有王锋被严重烧伤。

在南石医院的全力抢救下，王锋忍受着巨大痛苦，渡过了休克关、感染关，在入院一个多月里做了四次手术，使病情在危重中保持了一个相对平稳状态。

王锋救人受重伤后，社会各界纷纷献出爱心，截至目前，已经收到各种款项360多万元，其中来自王锋家乡方城县的捐款就达180多万元。河南省各级党委政府也时刻牵挂着王锋的病情，纷纷派人到医院和家里看望和慰问王锋及其家属。为了让他得到更好的治疗，7月12日，南阳市委、市政府和方城县专门包租了医疗专机，把王锋从河南转院到治疗烧伤条件更好的、位于北京的解放军总医院第一附属医院。两所医院的全力救治、社会各界对英雄精神的敬佩和大力捐助，使王锋的家人深深感受到了社会的关爱。

在王锋的家乡南阳市方城县广阳镇古城村，记者见到了王锋的父母，他们谈起王锋的一番话令人动容。王锋的父亲说："治好了还能为大家为国家做点贡献，治不好俺没有怨言，因为他不是为他自己。"他的母亲说："我实在骄傲，我这个孩子很勇敢，很坚强。我要交代他，要坚强，顶得住。"

王锋的父母都是农民，全家的收入主要靠十几亩地，家里的活儿主要靠他来干，连家里的房子也是他用打工的钱盖的。在家里他是顶梁柱，是个好儿子，也是个好父亲。

在当地，他的老师、同学、乡亲也向记者讲述了他们眼中乐于助人的王锋。从人们的回忆中不难看出，王锋在烈火面前的壮举正是来源于他生活中勇于担当、乐于助人的点点滴滴。

南阳市委常委、宣传部部长王新会说："王锋三入火海的壮举，真正体现了在我们这个国家、我们这个社会，还有那么一大批人，用他们最朴素的理念守望着精神家园，在关键时刻挺身而出，勇于救助他人，不惜付出生命代价。这种精神难能可贵。"

日前，王锋被有关部门授予"见义勇为好青年"、"见义勇为先进个人"、"雷锋式好青年"等荣誉称号；人们在学习他的精神，也在向他伸出温暖的援手。现在，他的伤情还很重，治疗开销也很大，我们期盼他能经受考验、渡过难关。

（据2016年8月14日中央电视台《焦点访谈》）

【中央人民广播电台】

河南小伙王锋三次冲入火海救人树立时代道德楷模

中央人民广播电台记者 李 凡

据《中国之声·新闻和报纸摘要》报道，面对突如其来的大火，河南小伙王锋不是选择独自逃生，而是勇敢地三次冲入火海救人，导致自己全身烧伤面积达98%。王锋火海面前勇于担当、舍己救人的事迹感动了无数人。

5月18日凌晨1点20分左右，突如其来的大火，吞噬了西华村一栋三层居民楼。租住在一楼的王峰，在睡梦中被一股焦糊味呛醒，一开门发现着火了，顾不上穿衣服，一边保护家人从室内转移到楼外，一边打开楼房大门大声呼救，为二楼和三楼的居民逃生赢取宝贵时间。

房东王东峰："那时候我从二楼客厅那儿看见火光都很大了，三楼那个楼梯间已经都熏得很黑了，有烟很呛的。上面的天花板都掉下来，我自己屋的客厅里，整个地板有裂口。"

王锋到楼外安排爱人打电话报警，又迅速冲进火海，救出两名托教学生和一名老师。被救出的托教老师姚雪说，王峰带她出来时，还没有被烧伤，这时候楼内火光冲天，不时响起爆炸声，但是没想到，他又冲进了小楼。

姚雪："火势也比较大，他把这个门打开后就迅速地把我们带出去，他就直接上楼上了。当时身上就是没穿衣服，什么保护措施也没有，脚上也没穿鞋,他只想着救人了。"

1点35分,消防车赶到现场,火势得到了控制,在这座失火的三层小楼内,除王锋以外,其余二十多人无一人受伤。

房东王东峰:"如果不是他及时地呼救、呼喊,1点多我们可能还在睡梦中,都很危险。"

随后赶到的救护车迅速将王锋送往南阳南石医院救治,当时,王锋眼睛紧闭,已陷入昏迷,嘴里仍嘟囔着救火。王锋的主治医生孙羽飞介绍说,送到医院时,王锋的情况非常严重。

孙羽飞:"烧伤面积达到98%,大部分是三度伤为主,病情非常重,基本上看不到好皮,需要多次手术、植皮。"

在南阳南石医院被救治55天,生命体征暂时平稳后,王锋于7月12日乘航空救护专机转至北京304医院接受治疗。

妻子潘品:"我每天都很担心,怕他有生命危险。通过政府协调住上304医院之后,感觉他一天比一天轻了,所以说我有信心在不久的将来,王锋能牵着我的手,我们回家和孩子团圆。"

(据2016年8月9日中央人民广播电台《新闻和报纸摘要》)

【光明日报】

三入火海凡人英雄
——记河南省方城县广阳镇古城村村民王锋（上）

《光明日报》记者 王胜昔　本报通讯员 宋红锦

【时代先锋】

河南方城,隶属南阳。南阳历史悠久,文化璀璨,名人辈出。唐代诗人李白曾赞誉:"此地多英豪,邈然不可攀。"时至今日,英雄的身影依然活跃于此。

第三章 见证壮举

深夜火海孤身救人

一年前，37岁的王锋与妻子潘品携儿女一家四口，来到南阳市卧龙区西华村租住在一栋三层民宅中，发挥夫妻均任过教的优势，在家中开办托教班谋生。

今年5月18日凌晨1点20分左右，王锋突然被一股烧焦味呛醒。他迅速起床拉开房门查看，只见停放在一楼大厅的十余辆电动车、摩托车已经着火，冒着滚滚浓烟，并发出"咚咚"的爆炸声。

"着火了，快救人！"危急之中，王锋只身着一条短裤冲到大门口打开大门，大声呼叫，又飞快地返回屋中拉着妻子和两个孩子冲向屋外。此时，浓烟大火已吞噬了整栋楼房。

"赶紧报警，一楼还有学生。"他边叮嘱妻子，边又冲进了火海，迅速打开住在一楼的两名学生、一位老师的房间门，拉着他们往大门口跑去。这时，王锋又想到二楼、三楼还住着邻居四户人家共十余口人。

人命关天。王锋第三次冲入熊熊大火，灼热高温使他几乎睁不开眼睛。黑暗中，他摸起一个脸盆，沿着狭窄黑暗的楼梯快步冲向二楼、三楼，使劲叩打着每一住户的房门，不停地大声喊着："着火了，快跑啊！"

大约七八分钟，王锋从火海中跟跟跄跄地跑了出来。此时，他全身已被烧成"黑炭"，98%的面积被烧伤，只剩大腿根部两块巴掌大的皮肤没有被烧坏。神志不清的他，一边沿着小巷朝着50米远的大路跑去，一边大声喊着："楼上有人，快来救人啊！"由于双脚被烧伤，脚底皮肤被粘掉在地面上，留下了一长串带血的脚印。

1点35分，消防队员和救护车赶到现场，大火被迅速扑灭。"把王锋抬上救护车时，他还一个劲儿地说'楼上有人，先救他们'！"邻居卢先生叹息道。

时代先锋
——礼赞方城县三入火海救人英雄王锋

爱心温暖身边人

王锋出生在方城县一个清苦的农民家庭，家人长年患病、久治不愈。父亲王容义患有类风湿性关节炎，母亲周文焕患有乳腺癌、糖尿病，大姐患小儿麻痹症，二姐患糖尿病。家庭重担全压在了他一人身上。为了能多挣些钱，他到马来西亚打工六年。只要一发工资，他就赶紧把钱寄回家。家里的房子年久失修，他辛苦攒钱修建新房给父母住。为了给家人看病，他跑遍方城县城、南阳市和省会郑州，四处求医。"他在外面打工，问到啥好药，都会给我买回来，孝顺得很。"老母亲眼含热泪告诉记者。

王锋从小本分善良，刻苦上进，他时常接济同学饭票，集体劳动中总是抢着干。2013年村小学改造房屋，他主动腾出三间房用作临时教室。他开办托教班，辅导孩子特别有爱心，家长们都喜欢把孩子送到他那里。一位学生家长告诉记者："我们家两个孩子都在他这学习，一年总共才要500元钱，比其他班都便宜。"在他托教班学习的二年级小学生白家翔说："其他班只是一个菜，王锋老师这都是四菜一汤。"

"王锋三入火海救人，第一次是亲情使然，第二次是责任担当，第三次是大爱支撑。这种英勇壮举并非偶然，如果没有优秀的品质是做不到的。"王锋高三时的班主任、南阳市委宣讲团成员王爱民告诉记者。

短评
一方水土养一方精神

河南省方城县广阳镇古城村村民王锋三入火海救人，直到身负重伤，还在呼喊："先救他们！"从这位普通的村民身上，我们看到了大爱。

如果没有这次突发事件，王锋就是一个普通人。但他乐于助人、孝敬长辈，对课堂有着浓厚的感情。正是这些普普通通的优点，积聚成惊人的力量，让他在突如其来的灾难面前挺身而出，做到了只有英雄才能做到的壮举。

一方水土养一方人，一方水土更要养育一方精神。王锋的家乡河南方城就是这样一方培育爱心正气的沃土。"此地多英豪，邈然不可攀。"正是这种文化浸润和精神积淀，培养出了王锋这样孝老爱亲、崇学乐教、先人后己的草根英雄。

在思想活跃、观念碰撞的今天，我们更需要王锋这样的英雄，更需要培养英雄的文化。高扬主旋律，唱响正气歌，我们的社会就会更美好。

（原载2016年8月9日《光明日报》）

盼英雄早归家
——救助"救火英雄"王锋的爱心接力（下）

《光明日报》记者 王胜昔

5月18日凌晨，河南省南阳市方城县广阳镇古城村村民王锋三入火海救出十余人，自己却严重烧伤。他这种凡人壮举，感动了更多的人，奏响了新的救助英雄曲。

火灾发生后，王锋立即被救护车送往南阳南石医院。院方迅速成立由10名高水平医护人员组成的专家救治小组，这个以院长赵俊祥为首的国家级烧伤救治团队，用最精湛的技术全力抢救王锋十几个日日夜夜，特医、特护24小时密切关注病情变化，全程守护英雄度过最艰难、最危险的55天，为下一步治疗做好生命接力。

7月12日，为争取更专业的治疗，在确定王锋身体各项指标符合转院条件后，方城县政府将王锋转院至解放军总医院第一附属医院（304医院）。院方第一时间成立最高规格的救治领导小组、最强的专家救治小组和最好的一线医护小组，为英雄筑起"生命通道"。解放军总医院院长任国荃、政委袁安升说："王锋奋不顾身为人民才烧成这样，我们要组织顶级的医疗团队救治英雄。"

凭借多年丰富的救治经验，全军烧伤研究所所长柴家科教授提出，对王锋的治疗主要集中在加强创面处理、促进创面愈合、防治感染、调节营养等方面。目前，院方已为王锋手术四次，每天实施检查、治疗、护理

时代先锋
——礼赞方城县三入火海救人英雄王锋

等常规操作达上百次。"我们还通过心理疏导、音乐疗法等,给他以力量。"护士长王淑君说。目前,王锋病情整体向好,但处于危重之中相对平稳阶段。

王锋为他人生命而战,不能让英雄感到孤单。两个多月以来,在方城、南阳乃至全社会,上演了一场救助英雄的爱心接力:党员干部、热心市民、孤寡老人等连续不断捐来善款,不计其数的点滴爱心汇聚成爱的海洋。

"我没有去北京,一直想见娃。娃要坚强,要挺住!"王锋的母亲周文焕哽咽着说。每天想儿子时,她就站在屋顶远望着北京那个方向。两个多月以来,妻子潘品基本上只能透过病房玻璃望着丈夫,心情正如她那篇日记的题目《守》。8月4日,是王锋妻子潘品的33岁生日,女儿王婷在南阳老家画了3幅漫画,分别写上"祝妈妈生日快乐""祝爸爸早日康复"和"欢乐的一家",最后一幅还工工整整地写着:"爸爸:我们想你了,盼您早点归来!"

(原载2016年8月10日《光明日报》)

英雄就在我们身边
《解放军报》记者 陶克

"英雄王锋,祖国的骄傲。一定要想尽一切办法拯救王锋,他就是邱少云,他就是活雷锋!"这条微信来自英国新经典出版社的华人总经理黄永军。

黄永军在微信中还写道:"王锋的事迹说明不仅我们昨天的英雄是真实的,而且今天的英雄就在眼前。"黄先生致力于向国外传播中国红色文化,由他组织翻译出版的《历史的轨迹:中国共产党为什么能》在海外引起强烈反响。

若非三入火海舍己救人,38岁的王锋只是个默默无闻的普通人。5月18日凌晨,河南省南阳市西华村一栋三层居民楼突发大火,危急时分,租住在一楼的进城务工人员王锋先后三次冲入火海,唤醒、救出多名邻居,全楼二十多人除他外无一人伤亡。直至被抬上救护车的那一刻，他还在用嘶哑的声音喊着："救人！救人！"

生于方城县的王锋自小崇拜雷锋。名字中都有同一个"锋"字，暗含着父母对他的期望。几乎每个认识他的乡亲，都能数出他的凡人善举——买个气筒放在门口免费供过往行人给自行车打气，节约饭票让给"发小"，把自家三间房子腾给村小学作临时教室。一段时间以来，互联网上诋毁英雄形象、质疑英雄事迹的情况时有发生。王锋用英雄之举告诉我们，英雄并没有走，英雄就在我们身边。

目前，王锋正在解放军总医院第一附属医院接受治疗。医护人员说，从未见过像他这样的病人，烧伤面积达到惊人的98%。如果说一闯火海救爱人孩子是亲情，二闯火海救邻居是友情，那么三闯火海再救人，就是为了人民群众的安危而忘我奉献！王锋用生命书写的人间大爱，奏响了一曲新时代的英雄赞歌。

中华民族历来英雄辈出。今天，英雄的血脉在王锋身上得到传承，他用"烈火金刚"般的形象书写了"泰山压顶不弯腰，烈火烧身往前冲"的壮举。为了救治英雄，地方政府出资包专机送他来北京医治；烧伤住院后，许多群众自发赶往医院探望、陪护，或是通过各种渠道解囊相助，医护人员夜以继日全力挽救他的生命……，一股学英雄、救英雄、帮英雄的热潮正在军营内外和干部群众中掀起。这一切，再次印证了崇尚英雄、追慕英雄是华夏儿女的本色。

今天我们崇尚英雄，明天就会出现更多的英雄。我们关爱英雄，就会在全社会弘扬更多的浩然正气，从而汇聚起实现中国梦强军梦的磅礴力量！

（原载2016年8月10日《解放军报》）

时代先锋
——礼赞方城县三入火海救人英雄王锋

【经济日报】

王锋：三入火海救邻居

《经济日报》记者 夏先清　通讯员 王佳宁

5月18日凌晨，河南南阳市一栋居民楼火光冲天，浓烟滚滚。住在该楼的38岁男子王锋，三入火海救人。当晚，这栋失火的三层居民楼中，24人全部安全脱险，唯有王锋被特重度烧伤，烧伤总面积达98%。面对火海英雄的壮举，社会各界纷纷慷慨解囊，助力英雄疗伤，渡过难关。

三入火海大丈夫

5月18日凌晨1点20分，熟睡中的潘品被丈夫推醒。"咋有股烧焦的煳味儿？"还没等她清醒过来，王锋已经打开了卧室门——只见正对卧室的一楼大厅里火光冲天，浓烟滚滚，存放的十几辆电动车正在剧烈燃烧，时不时响起"嘭嘭"的爆炸声。

"失火了！快救人！"王锋返身，迅速将潘品和两个孩子转移到大门外的安全地带，急匆匆叮嘱一句"快报警"后，转身又冲入火海。

"浓烟太呛，门从里面已经打不开了，王老师从外面把门踹开，拉着我们就往外跑，当时他连鞋都没穿。"回忆当晚的情景，姚雪颤抖的声音里还透着一丝恐惧。她是王锋聘请的辅导老师，当晚负责照顾两个留宿的学生。王峰二入火海，救出了他们三个。此时，他还没有被烧伤。

火势越来越大，灼热的烈焰和"噼里啪啦"的爆炸声此起彼伏，火舌肆意从屋内喷射出来。只穿着一条短裤的王锋没有停留，再次冲入火海。这次，他随手拿了一个脸盆，跑上二楼、三楼，用脸盆使劲儿敲打着房门，嘴里喊着："着火了，着火了！"

住在二楼的王东峰被王锋叩门的声音惊醒，她透过窗户看到从一楼大厅烧上来的火光，地板已经开始发烫。浓烟太呛，王东峰一家人只能堵上门窗，用湿毛巾捂住口鼻退回到比较靠内的房间等待救援。

几分钟后，王锋跌跌撞撞冲出火海。此时，陆续赶来帮忙的邻居发现，他几乎被烧成了"炭人"。"刚碰到他的胳膊，一层皮就下来了，头发烧没了，全身上下都是黑的。"潘品回忆道。

"快救人啊！失火了！"王锋边跑边喊，踉踉跄跄地跑到近百米外的张衡路口，迎接消防车和救护车。他赤着脚，每跑一步都在渗血，而这些血脚印，至今依稀可见。

1点35分，消防车和救护人员赶到现场，火势迅速得到了控制。大家齐力想把王锋抬上救护车，而他却不肯上去，一个劲儿地说："楼上还有人，先救他们……"

因为王锋的积极救援和及时预警，在这场火灾中的其余24人无一人受伤，但王锋全身烧伤面积达98%，属于特重度烧伤，一度生命垂危。

"王锋，你能听见不？"凌晨2点，张思虎接到潘品电话，第一时间赶到医院。他下意识推一下好兄弟的左肩膀，顿时吓蒙了：一块皮直接脱落，露出刺眼的白色皮肉。

本可以毫发无损，如今却被火烧得面目全非，张思虎心揪着疼，忍不住问："当时火那么大，为啥第三次又冲进去？"而病床上无比痛苦的王锋，口气里透着义无反顾："火烧那么大，楼上那么多人，咱能眼睁睁见死不救，不管吗？"

一串血脚印，三次入火海。他是英雄，每一次奔跑都在诠释着大爱和对生命的崇高信仰。

好男儿是这样"炼"成的

今年38岁的王锋是南阳市方城县古城村人。这里北有尧舜禹访贤之地三贤山，东临开国少将栗在山将军的故里。

如今，偌大的院落和两层小楼，显得冷冷清清。

"王锋是个孝顺子，也是俺家的顶梁柱。一直以来，这个家就指望他生活。"说起王锋，母亲周文焕脸上挂着笑，眼泪却夺出眶来，"以前家

时代先锋
——礼赞方城县三入火海救人英雄王锋

里穷，兄弟姐妹又多，孩子是在苦日子里泡大的。"

母亲周文焕是癌症和糖尿病患者，同时还伴有脑梗后遗症，常年吃药；父亲王荣义患有类风湿关节炎，失去劳动能力。不仅如此，王锋的大姐因小儿麻痹丧失了劳动能力，弟弟患有癫痫病。

平时沉默寡言的王锋把爱都藏在了心里：对患病的母亲，他每到一处总要打听效果好的药物，第一时间寄回家；弟弟要结婚了，他添置了所有的家电……。一家人的生活，全靠王锋一人苦苦支撑。

为了自己和家人的生计，高中毕业后，王锋自考了计算机，毕业后先后到郑州、甚至国外打工。去年7月，王锋带着妻子和一双儿女租住在西华村一栋三层民宅中。由于临近小学，夫妻俩就办了一所托教班，收了三四十名小学生，赚些辛苦钱。

"王锋夫妇俩话虽不多，可为人厚道，口碑特别好。"王女士说，"他俩对孩子们很舍得，也很有责任心：每次吃饭给孩子们准备四个菜，还备有点心；用心辅导其他孩子后，才辅导自己的女儿和儿子……"如今，在一楼的房间墙壁上，还有王锋和妻子潘品张贴装饰的绿树、小花、大象、栅栏等，十分温馨。

7月12日下午5点，王锋从南阳市南石医院乘专机到达北京，顺利入住北京解放军总医院第一附属医院接受治疗。

在南阳机场，周文焕只能默默地看他被抬上飞机。"母子连心啊！到现在我都没能碰碰孩子，我就想看看俺孩子，跟他说说话，问问他还疼不疼……"如今，两个半月过去了，周文焕没能和儿子见上一面。想儿子时，她只能站在屋顶，望着北京的方向，默默祈祷。

"即使治不好，我们也没有怨言。我儿子是为救人烧伤的，我们没有白生养他，他很光荣。"瘦弱的王荣义红透了眼眶，坚持没让眼泪流下来。

"王锋为人特别善良，品行端正，俺既为他舍己救人严重烧伤难过，又为他的英雄壮举感到自豪。"古城村党支部书记姚金岭说。2013年，村里小学校舍进行改扩建，孩子们上课一时教室紧张，王锋就主动腾出自家的房子，让学生在家中上课。

"王锋家临着村道,门前空地比较大,东边是蔬菜大棚。每次我在门前空地上装育苗营养钵时,他总是主动过来帮忙。"村民王林告诉记者,"他乐于助人,心肠好,平时邻居家有什么事情,无论白天、晚上,他总是随叫随到。"

广阳镇一中的张浩阳老师说:"我上初中时丢了饭票,王锋就把他一个月的饭票全部给了我。"

帮助同学筹集学费,接济邻里,为朋友慷慨解囊……,这就是我们的"平民英雄"。

爱的回响

"这是一个心碎的过程,手术刀划在你身,疼在我心。"现在潘品租住在医院附近的一个小区内,每天都在病房外守着,只为了离丈夫更近一些。

"爸爸我想你了,不管你烧成什么样,你都是我爸爸,要和我们在一起美好地生活。"看到孩子们的信,潘品瞬间热泪盈眶:"孩子们都懂事了。"她在朋友圈写下,"我相信爱的力量是百万雄师,无所不能"。

"结婚十二年,我们在一起的时间只有一年多。"潘品说,结婚这么多年了,夫妻俩都没有怎么浪漫过。

王锋的事迹传开后,在社会上引起强烈反响。亲友、同学以及全国各地素不相识的人,都自发赶往医院看望、陪护,通过各种渠道奉献爱心。

住院当天,房东送来两万元救急,托教学生家长也纷纷打电话慰问。"家长们也不容易,我怎么能要他们的钱?"面对学生家长捐钱捐物,潘品婉言拒绝。

5月21日,方城县广阳镇党委书记郭鹏、镇长陈万萍给王锋送去了慰问金。看到王锋受伤的惨状,两人不禁放声大哭。

北京、上海、广州……,各地的爱心汇聚成河。宁夏的一位爱心人士在网上看到王锋的英雄事迹后,向王锋账户捐入2000元,并发来短信:"王锋是大爱无私的英雄,祝英雄早日康复,愿正气长存人间。"

7月16日,河南籍"北京好人"李高峰、李守禄来看望王锋,给潘品

时代先锋
——礼赞方城县三入火海救人英雄王锋

打气:"以后我们就是你的娘家哥,在北京有事情,只管跟我们联系,别见外"。

7月22日上午,广阳镇育新小学两名老师送来了满满一箱硬币,共计5389.1元,里面装满了全校师生的心意。潘品说,她打开箱子时,满是心酸和感动。

……

50元、100元、1000元……,他们不肯留下自己的姓名,在潘品的记事簿上,他们有一个共同的名字:好心人。

5月27日上午10点30分,在首次切痂植皮手术后的第三天,王锋终于能开口说话了。面对满眼热泪的妻子,他发出微弱的声音:"一定要向大家表示感谢,是社会各界的无私关爱给了我第二次生命。"

"王锋三次冲入火海救人,将自己的生命置之度外。他拿自己的生命换取别人的生命,这种舍己为人的精神非常难能可贵。"方城县委书记褚清黎说。

时隔多日,被烧的房子已经被重新粉刷、加固,来了新租户。而王锋才刚开始他的漫长康复之路。如今,他已经接受四次植皮手术,从当初2%的生命希望到如今"病情危重之中相对平稳",王锋心脏的每一次跳动,都牵动着无数人。

(原载2016年8月9日《经济日报》)

【中国青年报】

一串带血的脚印
——记三入火海救人的青年英雄王锋
《中国青年报》记者 潘志贤 实习生 吴 梦

5月18日凌晨,河南省南阳市卧龙区一栋三层的居民楼起火,现场浓烟滚滚。被浓烟呛醒的一楼租户——托教班教师王锋,三次冲进大火,救出自己的亲人三名,老师和学生三名。他用脸盆逐一敲打邻居房门,叫醒楼内所有住户。当天夜里，楼内的24人全部脱险，王锋却被烧成"炭人"，命悬一线。

38岁的王锋，被抬上救护车时还在用嘶哑的嗓子大喊："救人，救人。"苏醒后的第一句话就问妻子潘品："老师和孩子们有没有事？"

连日来，王锋三入火海救人的英勇事迹，感动了无数网友。

三闯火海，留下带血的脚印

时隔两个多月，发生火灾的三层小楼经过整修已很难找到事发时的痕迹。大厅宽敞明亮，往里走，每层楼分为东西两户，中间一个楼梯间直通天台。一楼新入住的托教班还在装修，楼上的住户闭门午睡，宁静的氛围让人很难想象这里不久前刚刚经历了一场大火。

房东王东峰介绍说，2015年7月王锋一家开始办托教班，租住在距大门最近的西户。有三四十个学生，白天管吃饭、辅导作业，晚上个别孩子也住在这里。

王东峰拿出火灾后拍的照片，只见大火被扑灭后，大厅、西户、整个楼梯间墙体被浓烟熏得漆黑，大厅墙面爆裂，一片片脱落，房顶钢筋裸露，房门焦黑变形，停放在大厅的11辆电动车都成了黑色的铁架子。

"当时不在这个楼里的人，根本想象不到那种惊恐。别说想着怎么逃生了，人都吓懵了。"回忆起着火时的情况，潘品心有余悸。

5月18日凌晨1时20分左右，正在熟睡的潘品被丈夫推醒："咋有股烧焦的味道？"王锋推开卧室门，对面大厅里停放的十余辆电动车、摩托车正熊熊燃烧，不时发出"咚咚"的爆炸声。

"着火了，救人啊！"王锋赶紧呼救，回屋把10岁的女儿王婷护送到楼外的安全地带，紧接着返回楼里拉出吓坏了的妻子和儿子，并嘱咐妻子报警。

事发紧急，慌乱中，王锋也没顾上穿衣服，只穿着内裤，鞋子也跑丢了。"一楼还有学生！"说着，王锋又一次冲进火里。

另一边，托教班的姚雪老师和两个留宿的小学生还睡在一楼里间。听

时 代 先 锋
——礼赞方城县三入火海救人英雄王锋

见起火了，姚雪醒来，试图打开房门，可怎么也打不开。正着急时，王锋穿过火焰，从外侧帮助姚雪打开了门，带着三人从楼里冲了出来。直到这时，王锋还没有被烧伤。

一楼火势最猛，浓烟吞噬了大厅，又顺着楼梯间往上蔓延，整栋楼就像一个大火炉，楼道成了火炉的"烟囱"。

王锋再次冲进火海，这一次，他顶着烈焰的灼热和让人窒息的烟雾、烟灰，跑上二楼、三楼，用脸盆敲打着房门使劲儿喊着："着火了，着火了！"

当时住在三楼的王海东是被敲门声和呼喊声惊醒的，他从窗户跳到隔壁家阳台得以逃生。王海东说，当时他打开过房门，可高温、明火一瞬间就将他的头发烧焦，他只得赶紧关上门。而王锋就是在这样的环境下，只穿着一条内裤，赤着脚，奔走了几分钟！

挨家挨户敲完房门，当王锋再跑出楼外时，听到呼救陆续赶来帮忙灭火的人们发现，王锋浑身上下黑乎乎的，几乎烧成了"炭人"。

王锋光着脚，从小楼跑到五六十米外的张衡路口迎接消防车和救护车。他脚底的皮肤已经被高温"烧化"，每走一步，都留下血糊糊的脚印。

很快，救护车赶来，精神恍惚的王锋却怎么也不肯上车，嘴里还喊着："快救人！楼里还有人呢……"

全身仅余两块巴掌大的好皮肤

对于烧伤，有这样的说法，患者的烧伤面积与死亡率成正比，而王锋的烧伤面积已经达到98%。一般成年人三度烧伤面积超过50%，就有生命危险，而王锋三度烧伤面积达到了90%以上。这样的特重度烧伤，医生怎么救？

5月18日凌晨1时50分，救护车赶到南阳南石医院。其实，早在急救电话打来的时刻起，院方已经开始准备。

值班医生孙羽飞发现，王锋出现浓酱油色血小便，这说明红细胞遭到严重破坏，肾脏等器官已经出现早期休克症状，必须迅速把3条静脉通道打开，输入大量液体作为补充。

当时，王锋只有大腿根部有两块巴掌大小的完好皮肤。医生只能在这个位置，接通三条静脉通道。三个半小时的抗休克治疗后，王锋的休克基本上得到纠正，第一个24小时顺利度过。

经过3天的抗休克期和3天的稳定期，烧伤第6天起，王锋开始陆续接受切痂植皮手术。

第一次手术要用王锋身上可用的2%自体皮，即两块巴掌大小的好皮肤封闭住双上肢和右下肢共40%的创面。用这么少的皮，怎么封得住那么大的创面呢？南石医院院长赵俊祥讲解说，只能把这2%的皮剪成小皮丁，像种地的种子一样撒到切完痂的皮肤上，再用异体皮盖上，就像种地盖地膜一样，防止感染，让里面的皮丁慢慢生长、扩展。那怎么样伤口才算长好了呢？赵俊祥说，等小皮丁一圈一圈长到创面封闭，就是长好了。

此后，在南石医院，王锋又陆续接受了3次植皮手术，大腿根皮肤不够用，又用上新长好的部分头皮、脚底皮肤，完成左下肢、前胸部等位置的植皮。4次大手术后，王锋的大面积植皮手术基本完成，达到转院条件。

7月12日下午，航空救护专机将王锋转到位于北京的解放军总医院第一附属医院（原304医院），该院是全军首批三级甲等医院，其烧伤研究所是全军重中之重的学科，转诊大大增加了王锋康复的可能。

7月14日，王锋转院后首次清创植皮手术进行，主要对全身清创并取头皮、躯干部分自体皮及部分异体皮对其双下肢右上肢进行移植；7月20日，第二次手术，重点清创锁骨下区，建立大静脉穿刺部位；7月26日，第三次手术，进行后背和四肢的清创换药；7月30日，对背部和右下肢进行植皮；8月5日，第5次清创植皮手术。

据了解，转院至今，王锋五次清创植皮手术均成功进行，植皮成活率接近100%，创面覆盖率达到55%以上。术后，病人生命体征平稳。

善款从四面八方涌来

王锋在南阳入院后，得知病情的严重程度，妻子潘品一方面为丈夫揪

时代先锋
——礼赞方城县三入火海救人英雄王锋

心,另一方面不得不为高昂的医疗费发愁。

王锋住院当天,房东王东峰女士来到医院探望,看到王锋被大火烧得这么严重,立刻返回家从亲戚处筹到两万元现金,拿给潘品救急。托教班学生家长也纷纷打电话慰问,提出捐款相救,考虑到家长挣钱也不容易,潘品婉言谢绝。

"看到王锋被烧得这么严重,我们真的很痛心。着火时,烟非常呛人,如果不是王锋及时呼救,凌晨1点多,我们整个楼的人很可能还在睡梦中,等到自己发现说不定已经晚了,后果很可怕。"王东峰从心底感谢王锋。

王锋的父亲,67岁的王如意年迈多病,知道儿子出事的消息后,借了三户人家,筹到四五千元带到医院;潘品的母亲张雪敏原本在郑州打工,接到女儿电话,得知女婿烧伤,57岁的老人带上近两万元积蓄,赶到南阳帮忙照看俩外孙。

王锋三闯火海救人被烧成重伤的消息一经河南当地媒体报道,立刻在社会上引起强烈反响。全国各地的爱心人士纷纷到南阳南石医院看望王锋和他的家人,更多的人则是通过转账、微信红包、轻松筹等各种渠道为王锋捐助。截至7月26日,王锋的家人及南石医院收到的捐款总额已经达到260万元,但离高达500万元的手术费尚有不小缺口。

"现在光是加了我微信的好心人就有2000多个,我真的没有想到会有这么多人关心、帮助我们。"潘品说,尤其是丈夫在南石医院治疗时,演员黄晓明了解到王锋的情况,委托"黄晓明真心英雄公益项目"的工作人员在微信上和她联系,先后两次共捐了31万元,帮了大忙。

让潘品印象深刻的还有南石医院一位保洁大姐,听说王锋救人的事,把刚领到的1000元工资全部送了过来。

"在报纸上读到王锋老师救人的事迹时,我热泪盈眶。王老师第一次冲进火海救出自己的妻儿,这是亲情使然。第二次入火海救出托教的师生,是职责所在。"河南省方城县释之街道党工委副书记秦乐飞说,"最让人感动、最可贵的是,火势汹汹,王老师完全把生命置之度外,第三次冲进去喊醒邻居。这不是一般人能做到的,是有大爱的支撑。"

王锋转院后，王锋的妹妹王平陪潘品一起来到北京。在这里，王平和潘品有些手足无措。不认识路，几乎没有熟人，出租屋到医院"两点一线"的生活，加上不能进病房探望，多数时候只是等消息，两人的心情孤独而沉重。就在这时，通过媒体报道了解到王锋转院来京的消息，南阳老乡同学、在京的河南籍好心人、北京的好心人接连赶来看望、慰问，给王锋、潘品和王平带来了信心。

　　"同学的一个电话药品就解决了，老乡们送来了榨汁机、冰箱、生活费，陌生人送来了温暖的目光、善款。北京虽然陌生，却让我感受到家的温暖。"7月27日，到北京两周后，潘品在日记这样写道。

（原载 2016 年 8 月 9 日《中国青年报》）

【《好人雷锋》】

　　雷锋与王锋，名字仅仅相差一个字，精神境界也是如此的相似……

雷锋的脉搏在王锋身上跳动
——写在火海救人英雄王锋在京救助之际

《雷锋》记者　夏一萌

有一种力量叫震撼，紧紧连接着病房里外

　　病床前，一群白大褂正围着一位如炭人般特重度烧伤病人。

　　"炭人"刚刚进行完长达六小时的清创植皮手术，还在昏睡中，坚强的意志和强烈的求生欲让他挺过了一道道"鬼门关"，这已经是这位"炭人"进行完的第11次植皮手术了。

　　此刻，一支具有世界一流水平的烧伤医疗队正在给病床上的"炭人"进行清创术后的会诊。这支医疗队以全军王牌烧伤医疗队著称，由解放军总医院第一附属医院烧伤研究所所长柴家科担任组长，烧伤科主任申传安、李峰等医生为组员。

时代先锋
——礼赞方城县三入火海救人英雄王锋

病房外，正聚集着一大群记者和爱心人士，他们急切地关心着病房里的一举一动，眼神里写满了焦急与等待。病房里每一个点滴都牵动着病房外这些"陌生人"的神经，一种无形的力量似乎已经将病房内外紧紧地连在了一起。

这一切都源于5月18日凌晨，那场突如其来的大火。

当夜凌晨1时20分，河南省南阳市卧龙区西华社区的一栋民房火光冲天，浓烟滚滚。租住在该楼的38岁男子王锋发现火情后，迅速跑上楼，逐家拍门呼救。

消防队员介绍说，当时火场内温度超过千度，在王锋三次闯入其中叩门呼救下，楼上居民全部安全逃离火海。而救二十多人于火海的血肉之躯，却全身98%特重度烧伤。在护士搀扶下，王锋恍惚中踉跄着奔向救护车，嘴里还是不断重复着："失火了！快救人！。"

通往救护车的道路上定格了一串带血的脚印，迄今已经过去两个多月了，重回现场，还能依稀看到地上隐隐的脚印，宛若现实版的邱少云一般！冲锋的身躯、勇士的姿态，凡人善举用自己的血肉之躯，捍卫了街坊四邻的生命。

这场大火彻底打破了王锋和妻子潘品生活的平静，打破了南阳市的平静。在媒体和网友的不断聚焦下，王锋的事迹也感动了中央和地方领导人。据不完全统计，王锋事迹在网络报道出去后，有一亿多次点击量。不计其数的网友被王锋的善良和大义凛然打动，纷纷为他伸出援手，200元、1000元……陌生人的爱之声不断回响，短短几天，王锋首期200多万的治疗费用就全部凑齐了。这其中有一线影视明星，有收入甚微的清洁工人，有出租车司机，等等，众多素不相识的人们。

7月12日傍晚，一架医疗专用机降落在南阳机场。王锋的家乡河南省方城县委出资包专机，送王锋到北京接受更优质的医疗。自此，王锋离开了接受救治长达55天的南石医院，转院至解放军总医院第一附属医院（原304医院）。解放军总医院领导听说王锋的英雄壮举后，紧急接洽部署，为英雄开辟了"绿色生命通道"，以最精湛、最精准的医术，挽救英雄生命。

魂回梦绕，这仿佛将54年前，集举国之力爱护平民英雄的场景再一次重现。

人民珍爱英雄，爱的暖流滚滚涌动

时光推移到54年前8月15日，这一天也成为辽宁省抚顺市人民难忘的日子，一个百姓爱戴的普通士兵——雷锋，在这一天因公殉职。不到70万人的小城抚顺，数十万民众自发走上街头送别这位平凡而伟大的解放军战士。

随后，毛泽东同志挥笔写下了"向雷锋同志学习"的题词，刘少奇、周恩来、邓小平等老一辈革命家纷纷题词学习雷锋的伟大精神和高尚品质，雷锋成为激励中国人的精神力量和道德符号，长达半个世纪而经久不衰。然而，在市场经济浪潮下，"雷锋"的名字不断被刷新，颠覆了人们对好人价值观的认同，网友不断传出质疑和讽刺的声音。

今年5月18日，河南省南阳市的那场罹难，惊诧了中国也感动了中国，让人们重拾记忆；王锋这个名字再一次荡涤人心，他的凡人善举所带来的精神力量如甘霖般滋润心灵、烛照社会，使那些诋毁抹黑英雄的污蔑谩骂不攻自退。

国务委员、国防部长常万全看到王锋事迹报道后，特意打电话给南阳市委书记穆为民，表达对英雄的崇高敬意。

国务委员、公安部长郭声琨高度赞扬英雄事迹，要求全国见义勇为基金会给予帮助。

军委后勤保障部卫生局局长李清杰得知王锋入住解放军总医院第一附属医院的消息后，专程前往医院，并代表赵克石部长、张升民政委慰问了王锋的家人。

解放军总医院院长任国荃、政委袁安升，在政治部主任田鸥的陪同下，第一时间来到解放军总医院第一附属医院现场指导救治，慰问英雄的家属。

南阳市委书记穆为民在南石医院看望王锋时，要求集合各方资源，不惜一切代价，全力以赴救人。方城县委书记褚清黎告诉王锋家属，不

时代先锋
——礼赞方城县三入火海救人英雄王锋

论治疗费用缺口多大，老家兜底，方城县是他们最坚强的基石，不要有后顾之忧。

世界第一本以人名命名的《雷锋》杂志总编辑陶克将军牵挂王锋的病情，多次前往医院探望王锋。在他的带领下，很快联合解放军总医院第一附属医院团委、抚顺雷锋基金会等单位发出为英雄募捐的倡议书。全国见义勇为基金会也为英雄送上了慰问金。

王锋的妻子潘品，看到王锋入住解放军总医院后，身上的创面逐渐修复好转，对医护人员的感激之情无以言表。其实，这都是解放军总医院医护人员夜以继日守护的结果。

全国三八红旗手护士长王淑君说："王锋烧伤面积那么大，医护人员每次都小心翼翼为他换药。每次换药，不亚于一次手术，而这样的'手术'每天要进行4次以上。而每天所实施的常规检查、治疗、护理等常规操作达上百次。"

因为伤情严重，护士们每天为王锋翻身、吸痰、创面涂药、输液等，一干就是十几个小时……。后来，在采访中得知，这位护士长的母亲得了癌症，但是从王锋住院后，她自己也顾不上回家照顾母亲。

记者了解到，在治疗小组组长柴家科的领导下，每次都是组织各科室主任亲自会诊，手术期间，涉及到的麻醉科、输血科、呼吸科、心内科、肾内科主任亲自保障。几位主要医生还专门建立一个微信讨论群，深夜人们熟睡时刻，群里的医生依然关心询问王锋的病情。

王锋疼痛的深夜，也是医生们一个个难眠之夜，关心爱护英雄用爱汇聚的暖流驱赶了病痛的绝望。

为了每时每刻观察到病人病情的变化，刘伟医生以医院为家，连续战斗在病房已经好几周了，累了就在沙发上躺一躺。治疗这样危重的烧伤病人还有很漫长的路要走，他们就是守护王锋生命线的"救护神"。救死扶伤，大善大德。

自打王锋住院那天起，一个"学英雄，救英雄"的活动就在解放军总医院第一附属医院展开，院长黄少平、石青龙，政委杨清仁，从每早7点的查房开始，来到王锋床前，从病人的治疗到营养餐的调整供应，无不挂在心上。多少医务人员加班加点，只为英雄早日站起来。

医护人员的精心照抚，社会各界的爱心相助，让王锋的妻子潘品还在朋友圈发文感谢大家的关心，并写道："我相信爱心的力量是百万雄师，无所不能。"

崇仁厚德的黄土，滋养出心比金坚的平民英雄

王锋转院后，已经进行了七次植皮手术。每次手术长达五六个小时，疲惫不堪的申传安主任从手术台下来后，第一个隔窗相见的就是王锋的妻子潘品。

望着这个面庞消瘦、眼圈泛黑、眼睛布满血丝的女人，申传安一遍又一遍地安慰她："治疗目前采取国际上先进的MEEK植皮技术，可以反复取皮。将王锋身上仅有2%的皮移植到98%的无皮处，好比是沙漠上种小草，不光医疗材质费用昂贵，而且技术难度很大，治疗周期漫长，同时还要防止肺心病等并发症出现。但是我们有信心，学习英雄、抢救英雄，让英雄重新站起来！"

英雄妻子潘品，为了能让丈夫得到最好的救治，自己主动向医生请缨，捐献自己的头皮为丈夫治病，毫不犹豫的剃发捐皮。她的行为感动了亲友，在她的带领下多位亲友克服恐惧，捐献出自己的头皮。

王锋的老家，南阳方城县广阳镇，距王锋和潘品生活的南阳市不远。在这之前，妻子潘品对王锋的印象是："心地善良，平平凡凡，人好，爱妻子，爱孩子，他咋就成了英雄呢？"

"火海里你冲进去三次救人，哪怕少进去一次，也不至于这样啊！"潘品不敢这样想下去，她钦佩自己的丈夫，但也有一丝后悔，待他养好伤一定要问问他，"你咋那么勇敢，你就不怕死，你就没想想，你烧坏了，俺娘仨谁管！"

每天，她都在病房前漫长地等待，她不止一次产生幻觉——王锋突然走出了病房："老婆，我们可以回家了！"她身子一阵颤抖，陪同她的县委时干事赶紧扶着她，潘品已是泪眼模糊……

时代先锋
——礼赞方城县三入火海救人英雄王锋

潘品在她的微信朋友圈写下:"以前你在外,我守着家里。现在你在病房里,我守在病房外。其实无论何时何地,我早已把你守在心里。"

潘品对记者说:"我们结婚十二年了,可在一起的时间只有一年多。王锋确实不容易,他的一家老小全都要靠他撑起来。"

王锋姊妹五个,上有两个姐姐,下有一弟一妹。母亲患有乳腺癌现已转移肺部,还有糖尿病,并伴有脑栓塞后遗症。父亲类风湿关节炎,几乎失去了劳动能力。弟弟患有癫痫,一家的吃穿用度,全部压在了排行老三的王锋身上。父母眼中,王锋少言寡语,但是从小极其懂事孝顺,很早就开始操持家里的农活,为父母分担。王锋进取心强,虽穷志坚,三更灯火五更鸡,仍读书修学,终于参加自考入郑州大学读书。

大学毕业后,王锋就一直在郑州打工,挣钱养家。王锋挣来的钱不仅要负担父母及姊妹的医药费,弟弟结婚也是他一手操办,为弟弟盖了新房,但是后来自己结婚却依旧住在破旧的老房子里。

2007年,为了一家人的生计,王锋撇下父母、临产的妻子和一岁多的女儿,远赴马来西亚务工,这一去便是六年。王锋每到一处,最为牵挂的就是父母的身体,每逢听说当地有可以治父母病效果好的药,都毫不吝啬地买回来给父母寄回家让他们试试。

一年前,王锋回国,妻子潘品终于结束了和王锋两地分居的生活,享受团聚的温馨。夫妻俩为了能让孩子接受更好的教育,来到南阳市21小学附近办起托教班。

谈起托教,妻子潘品说最初托教中心创办时,只有十几个学生,王锋和潘品两人完全可以教得过来,但王锋还是坚持再请了一个托教老师,而且还是"高薪"。"一般托教中心给老师的费用是每月1200元,王锋偏要给1500元。王锋说,'人人都想让孩子成才,我们哪怕贴钱,也不能误人子弟'。"

为了让孩子们学好英语,他花两千多元购买了一台投影仪;为了提高孩子们的成绩,他把他们不会做、学不好的知识点记下来,一遍遍不停地讲解、辅导;他还买了打印机,专门为孩子们打印针对性训练试题……。除了学习,王锋还注重孩子的健康,每天的午餐、晚餐基本都是四菜一汤，都由王锋亲自下厨，而且一周都不重样。无论付出多少，王锋都坚持分文不涨钱，每个孩子每个月只收350元。

妻子眼中的王锋，似乎并不起眼，他为人忠厚，少言寡语。她听王锋的同学们谈起往事，似乎件件平凡。同学的饭票丢了，他会默默地把自己的分给同学。值日生忘记值日了，他会悄悄把教室打扫干净……。上初中时，发小张延兵家里困难，王锋经常省下饭票塞给他。后来各自上大学，王锋听说他贷款上学，还托人捎给他三百块钱。另一个同学张浩阳，家里拿麦子到学校给他换的饭票丢了。王锋是副班长，带头给捐钱，才使她挨过了那个月……

村民王林说起王锋同多数人一样，很简单："他乐于助人，心肠可好。"村里小学校舍进行改扩建，孩子们上课一时教室紧张，王锋就主动腾出自家的房子，让学生在家中上课。

贫瘠打不垮，命运坎坷击不倒，王锋心存善良璞玉，他越平凡却透露出越发的不平凡，越简单越显得越发不简单。"邱少云还在，雷锋就在咱身边！"朴实的王锋就这么感天泣地，成了我们时代的英雄。

大火烧在儿身上，疼痛割在父母心。"即使治不好，我们也没有怨言。治好了，那他还可以再次帮助身边人。王锋烧得那样严重，如果他不进去救邻居，那烧的就不止王锋一人了。他是为救人才被火烧的，我为我儿骄傲，我们没有白生养他一场。"面对记者，王锋瘦弱的父亲王荣义强忍着泪水，坚持没让眼泪流下来。

看着身边泣不成声的妻子周文焕，他含泪轻拍妻子，劝慰着："别哭了，别哭了。"回忆一路为生活辛苦奔波的儿子，母亲痛哭道："孩子是在苦日子里泡大的，希望儿子早点回家。"

同学口中乐于助人的王锋、父母口中孝顺懂事的王锋、邻居口中忠厚淳朴的王锋，一路走来，他付出了无数艰辛，守住了一颗高贵的仁爱之心。王锋在烈火中三进三出，危难时刻舍我其谁的气魄，他根本不需要抉择，因为这瞬间的动作源自于他内心最本真的品质。

时代先锋
——礼赞方城县三入火海救人英雄王锋

激情燃烧的身影，让雷锋精神穿越常青

记者在解放军总医院第一附属医院听到这样一个细节：为了分散王锋对病痛的注意力，在手术前，政委杨清仁和医生不断地鼓励王锋说："你是英雄，我们都向你学习！"

"我……不……是……英……雄，谁……碰……见，都……会……这……样……做……"王锋艰难地回答，喉咙里传出微弱的声音。

英雄没有豪言壮语，王锋微弱之音却震撼人心，令人潸然泪下。

于无声处响惊雷。如果说以前的王锋是平凡的好人，那么以后的王锋注定不再平凡。他的真诚无畏，在那场烈火中，叩响邻居生命之门，叩响人间大爱的心灵之门。

回忆王锋过去坎坷的成长经历，和现在全社会对他的崇敬爱戴热度，这一切似乎将54年前人们对于那位年轻的小战士雷锋身上情景再现。

雷锋精神倡导的核心是奉献和为人民服务，而平民英雄王锋的成长史，与此高度吻合。这样一个平凡的生命绽放出人性的光辉如此之璀璨。王锋就是活着的雷锋，雷锋的脉搏再一次跳动。

习近平总书记说："积小善为大善，善莫大焉。"致敬王锋，就是向身边真善美的榜样敬礼，就是向身边大无畏的精神敬礼，就是向活着的雷锋敬礼！

（感谢中共南阳市委宣传部、中共方城县委宣传部、解放军总医院第一附属医院对本次采访给予的帮助和支持。）

（原载《好人雷锋》第282期）

【河南日报】

英雄火海救人全身烧伤爱心款 3 天捐 27 万

张磊生　俊东

5月18日，南阳市卧龙区西华村一栋三层居民楼突发大火，浓烟迅速吞噬了整幢楼房。租住在一楼的方城男子王锋发现险情后及时奔走呼救，在救出妻儿后，他又冒着危险先后两次返回火海救出两名小学生和一名托教教师。由于王锋的及时示警，居住二楼、三楼内的居民纷纷自救或者等待施救。最终消防队员扑灭大火，其他居民均安然无恙，但王锋却被严重烧伤。网友说："他舍己救人的精神让人感动，为他祈福，希望他能平安。"

现场：他三入火海救人

38岁的王锋是方城县广阳镇人，一名托教教师。去年七月，他带着妻子和一双儿女租住在西华村一栋三层民宅中。王锋妻子潘品回忆，5月18日凌晨1时20分左右，正在熟睡中的她突然被王锋推醒，发现卧室外间大厅里浓烟滚滚，大厅存放十多辆电动车、摩托车正熊熊燃烧。

顾不上穿衣，王锋一边打开楼房大门大声呼救，一边保护着妻儿从室内转移到楼外安全地带。被丈夫救出来后，潘品眼看着王锋又两次冲进火海救人，她赶紧拿起手机报警。

再出来时，王锋已快被烧成了"炭人"，浑身都是黑的。就是这样，他还在外面跑着喊着，"快救人啊，快救人啊，失火了"，一路留下了他带血的脚印。大约1点35分左右，两辆消防车到来，迅速扑灭了大火。

"把王锋弄上救护车时，他还不肯上车，一个劲儿地说，'楼上还有很多人，先救他们'。"附近居民卢先生告诉记者，那会儿王锋已经处于半昏迷状态，脑子里就记着"救人"这一件事了。

时代先锋
——礼赞方城县三入火海救人英雄王锋

结果：王锋重度烧伤，居民全脱险

由于王锋的及时示警，消防队员扑灭大火后，除王锋自己被严重烧伤外，这座小楼内的其他人均安全脱险。当天凌晨，王锋被送往南石医院救治。据主治医生介绍，他的烧伤总面积达到98%，属于特重度烧伤。潘品告诉记者，现在花的钱都是亲戚朋友凑的，大家都是农村的，没有多少积蓄，以后的治疗费用怎么办，她也不知道。

温情：爱心款3天捐27万元

据统计，截至22日19时，王锋家属共收到政府部门、老乡同学、热心市民、爱心企业等捐助现金64292.1元，微信红包捐助49030.17元，来自全国好心人银行转账18111元，微信朋友圈轻松筹141860.7元，爱心善款共计27.3万元。同时，记者从主治医生处获悉，王锋已安全渡过休克期，生命体征基本稳定，如无意外，下周可以安排第一次植皮手术。

网友：用带血的脚印书写英勇

——大河网网友"江南虫虫"：在大火面前，他没有只顾自己，而是心系他人安危。这种舍己救人的精神是杠杠的正能量，你一定要好起来。国家应该建立相应机制，不要让英雄因为费用而影响治疗。

——@WLF武林风：有没有捐赠方式？一个月两千块工资的我，想尽下绵薄之力！每次看到一个家庭的顶梁柱倒下的时候，心里都酸酸的。忍受剧痛，挽救他人生命，高尚，敬佩！

——大河网网友"十年一刻"：他是一位朴实的托教老师、暖心的父亲、贴心的丈夫，三入火海救人，用带血的脚印书写英勇。希望更多人能伸出援助之手，帮助他们一家人渡过难关。

（原载2016年5月24日《河南日报》）

浴火真英雄

全身烧焦还不肯上救护车,王锋大声喊着,"上面还有人,快救人!"

《河南日报》记者 李 铮 通讯员 陈新刚 王嵩林

如今回忆起来,现场目击者仍被感动得热泪盈眶:"我还以为他穿着衣服,谁知道走近一看,他光着身子,全身都烧焦了,像黑炭似的。"

"他赤着脚,两脚都是血,一路走去踩了几十米的血脚印。"

"他不肯上救护车,全身烧焦了还大声喊着,'上面还有人,快救人'。"

那一刻,三次进出火海救人的王锋,这个质朴平凡的河南南阳人,诠释着人性的光辉。

超凡的勇气

5月17日晚,王锋一家的生活像往常一样平静。然而次日凌晨1点多,王锋被一股焦煳味呛醒,一开门发现着火了。

王锋的妻子潘品回忆说,他把我和孩子叫醒,带着我们冲了出去。一楼大厅里都是火,到处是浓烟。带着我和孩子出来后,他立刻又冲了进去,身上只穿了一条内裤,连鞋子都没有穿。

王锋重进火海,把二楼的托教班老师和两个孩子救了出来,就又冲了进去。

等他第三次冲出来时,已是头发烧光,全身焦黑。

直到上了救护车,一直提着一股劲儿的王锋才昏迷了过去。18日凌晨1时50分,王锋被送往医院抢救。

因为王锋的奔走施救,楼里的其他居民无一人伤亡,而王锋全身烧伤面积达98%,属于特重度烧伤。

三出三进,每一次冲入火海,都是那样的毫不犹豫。一位现场的目击者说,他从骨子里就是个好人!

时代先锋
——礼赞方城县三入火海救人英雄王锋

如潮的感动

王锋的老家在方城县广阳镇古城村。父母都有重病,弟弟患有癫痫,一家老小全靠王锋一人支撑。

去年9月,王锋与妻子在南阳市一所小学旁办起了托教班。靠着爱心,"清华园"托教渐渐小有名气,但是这场火灾却让这个家庭的未来再次蒙上阴霾。

王锋火海救人的英勇壮举,在社会上引起强烈反响。南阳乃至全省、全国各地被王锋感动的群众,纷纷赶往医院探望王锋,或是通过各种方式奉献爱心。

绝不能让英雄流血又流泪。在王锋家乡方城县和广阳镇,当地党委、政府第一时间为王锋送去救助金。广阳镇党委、政府还迅速发出倡议书,动员当地干部群众为王锋捐款。南阳市及卧龙区、方城县党委和政府也派专人到医院及王锋家中看望,送去慰问金,并帮助解决困难。

"他是我们全村人的骄傲。"5月24日下午,古城村党支部书记姚金岭说,村里的党员干部已经帮王锋家收完小麦,全村乡亲为王锋捐款5000多元。

住院当天,房东到医院送来2万元救急,托教班学生家长也纷纷打电话慰问。"家长们也不容易,我们不能要他们的钱。"面对学生家长的捐款救助,王锋的妻子婉言谢绝。

北京的爱心人士不远千里送来10万元捐款,来自上海某公司的8位同事共同汇来爱心……。宁夏的一位爱心人士在网上看到王锋的英雄事迹后,向王锋账号捐款2000元,并向工作人员发来短信:"王锋是大爱无私的英雄,祝英雄早日康复,愿正气长存世间。"

截至5月25日晚,社会爱心人士累计为王锋捐款已逾200万元。王锋妻子通过记者向大家致谢:"谢谢好心人!王锋做手术的钱已经够了,大家别再捐了。"

同日,南石医院已为王锋做了第一次植皮手术,手术非常顺利。随后,还将多次植皮。

(原载 2016 年 5 月 26 日《河南日报》

三闯火海救人的王锋进京治疗
网友盼救火英雄挺过难关

张培君　宋向乐　生俊东

三闯火海救人,而他被烧成"炭人"。今年5月,南阳托教老师王锋用带血的脚印书写英勇,用火海救人的壮举感动了全国,引发社会爱心如潮,为"河南好人"群体形象增添了亮丽的光彩。英雄王锋的病情牵动着全国网友和河南人民的心。7月16日,大河网记者来到北京市中国人民解放军总医院第一附属医院(以下简称304医院),实地探望英雄王锋。

5月18日凌晨1时20分左右,南阳卧龙区西华村一栋三层居民楼突发大火,租住在一楼的方城男子王锋最早发现险情,三次冲进火海,救出两名托教学生和一名托教老师,并大声呼救示警帮助十余人脱离险境,现场留下了他一个个血的脚印。5月22日,大河网在省级媒体中率先报道此事,并持续跟踪报道,引发社会各界纷纷募捐,希望英雄平安。7月12日,经过55天的治疗后,王锋乘专机由南阳南石医院转院到304医院继续治疗。

新闻事实
王锋在京清创植皮手术顺利

7月16日,大河网记者从304医院了解到,7月14日,王锋进行了转院北京后的首次清创植皮手术。

据介绍,手术主要对王锋进行了全身清创,并取头皮、躯干部分自体皮及部分异种皮,对其双下肢、右上肢进行移植。手术共进行了三个半小时,整个过程顺利。术后,病人生命体征平稳,但仍处于危重病情阶段。

大河网记者还了解到,304医院是全军首批三级甲等医院,其烧伤研究所是全军重中之重的学科。术前,该院烧伤、呼吸、心内、麻醉、重症监护等科室的专家对王锋进行了会诊。手术时,医院集合各科室顶尖力量,对王锋实施了手术。

时 代 先 锋
——礼赞方城县三入火海救人英雄王锋

英雄妻子：刀划在你身，疼在我心

"这是一个心碎的过程。手术刀划在你的身上，疼在我的心里。"在王锋接受治疗的这59天，王峰的妻子潘品坚强地面对着这突如其来的灾难。

"他现在情况好多了，吃饭的时候脖子里没有了呼呼声，肚子也比前几天小了。而且能吃小块的东西，但不能多吃。"相比照片，生活中的潘品显得更加瘦弱。

潘品炖了鸡汤，等中午吃饭的时候就给王锋送去。潘品租住的地方在医院附近的一个小区内，一天130元。潘品对这里的医生很信任："我们早晚给王锋送饭的时候，无论多晚，总是能看到医生在忙碌，这让我对他病情的恢复很有信心。"目前，因为王锋的病情，潘品只能在每天的探视时间，透过窗户看一眼他。

"在北京打拼不容易，我会记住所有帮助我们的好心人。"潘品说，大家的关心，让她觉得有了"依靠"。

河南籍"北京好人"看望王锋妻子：都是你的"娘家哥"

"我们都是你的'娘家哥'，王锋出院后如果想留在北京工作，就来我们这个河南人在北京的家；孩子想留北京上学，就来咱河南人在北京办的私立学校，而且吃住全免费。"7月16日，被评为"北京好人"的河南人李高峰、见义勇为英雄李守禄及河南籍在京爱心人士来到304医院，看望王锋。当天，李高峰还代表全国雷锋文化联盟组委会向王锋颁发了学雷锋"爱心推广之星"证书。

"妹子，你要坚强起来。在北京有南阳当地政府的支持，有我们这些河南籍的爱心志愿者，这里就是你的家。"李守禄也曾在北京入火海救人，他用自己的亲身经历安慰王锋妻子要调整好心态。

在医院走廊接受大河网记者采访时,"北京好人"李高峰透过玻璃看到王锋正在换药的情景:"我也有同样的经历,我知道有多痛苦,王锋是好样的!"

李高峰,河南省周口市扶沟县人,2007年,组织成立了河南在京人员志愿者服务队,发展志愿者八百多人,被誉为"北京好人"。

王锋入选"中国网事·感动2016"网络人物候选人

7月1日,在新华社主办的"中国网事·感动2016"第二季度网络人物评选活动中,37位(组)"草根英雄"候选人亮相,南阳救火英雄王锋成为候选人之一。

本次评选7月1日启动,7月20日11时30分截止,公众可通过以下四种方式参与投票:网民可登录新华网首页或新华论坛页面投票,可关注"新华善举公益"微信公众号投票,手机用户可下载"新华炫闻"客户端参与投票。评选结果将于21日公布。广大网友可继续为咱们的英雄王锋点赞!

网聚观点
这个世界有太多善良的人!

——@昵称不重复:做饭时被烫伤过,疼得都没法忍受!可以想象王锋被烧成这样有多痛苦!而他却是为了救人,实在是太可敬了!

——人民网网友"jacqlineno1yo":为什么大家会如此关注王锋的事迹,并纷纷伸出援手?他的故事让我们知道,世界上还存在这么多英雄,而我们是如此地渴望英雄。真心希望王锋挺过来,看看因这么多好人的存在而越来越美丽的世界!

——大河网网友"一棵葡萄树":那么多网友的评论让人感动。这个世界有太多善良的人,像王锋一样,都值得赞赏!有你们的关爱,王锋会好起来的,我替老乡谢谢大家!

时代先锋
——礼赞方城县三入火海救人英雄王锋

盼英雄挺过难关早日康复

——新华网网友"霸气谁都不怕":好善良的一家人,他们总是为别人着想,从来不想自己,英雄的壮举感动了无数人,愿他少点痛苦,平安渡过危险期。

——@追风筝的沈煊:在整天各种明星绯闻充斥的网络生活中,王锋的事迹,以及这么多爱心人士的实际行动,让人感觉暴风雨过后的第一缕阳光那么的温暖人心。只希望王锋早点好起来,平安健康!大善之人值得大家这样的祝福!

——大河网网友"糖吃多了牙疼":王锋的故事告诉我们:不要用有色眼镜地域黑,我们河南有数不尽的好人,有许许多多的英雄!他们都是侠肝义胆的河南人!

(原载 2016 年 7 月 19 日《河南日报》)

火之淬炼
——记三闯火海的南阳好人王锋(上)
《河南日报》记者 李铮 吴曼迪

编者按:

生活中,他北上南下,用自己的肩膀扛起一个男人对家的责任;火海中,他三进三出,用自己的身躯为他人开辟了生命的通道。一场烈火烧毁了南阳人王锋的平凡生活,却点燃了爱的火焰。

日前,本报记者与中央、省直三十多家新闻媒体组成采访团深入南阳、北京两地,探访了英雄背后的故事。

时隔两个半月,南阳市卧龙区西华村已经恢复了往日的平静。

被大火烧毁的屋子已被房东维修、粉刷,新的租户也已开始入住。然而,大门上漆黑的门框,楼梯上被烟熏的扶手,还是"记录"下了5月18日

第三章 见证壮举

凌晨惊心动魄的那一幕。

火海救人他全身98%烧伤

"凌晨1点多钟，我们正在睡觉，迷迷糊糊被噼里啪啦的声音惊醒，只听见外面有人敲门大喊'着火了，着火了'。"回忆当时的情景，房东王东峰心有余悸。

呼叫声来自一楼的租户王锋。去年7月，王锋和妻子潘品在这里开办了一家托教班。

5月18日凌晨1点多，熟睡中的潘品被丈夫推醒。"咋有股烧焦的煳味儿？"还未等她清醒过来，王锋已经打开了卧室门，正对卧室的一楼大厅里火光冲天，浓烟滚滚，大厅里时不时响起爆炸声。

"失火了！快救人！"王锋迅速将妻子和孩子转移到大门外的安全地带，急匆匆叮嘱一句"快报警"后，转身冲入火海去叫醒正在熟睡的邻居。

"浓烟太呛，门从里面已经打不开了，王老师从外面把门踹开，拉着我们就往外跑，当时他连鞋都没穿。"回忆当晚的情景，姚雪颤抖的声音里透着恐惧。住在一楼的她是王锋聘请的辅导老师，当晚她负责照顾两个留宿的学生。

将姚雪和两个学生救出后，王锋第三次冲入火海中，妻子潘品试图阻拦，却没拦住，没曾想，再次见到王锋时他被烧成了黑炭一般。

"刚碰到他的胳膊，一层皮就下来了，头发烧没了，全身上下都是黑的。"潘品回忆说，第三次王锋从楼里跑出来，神志已经不太清醒，一直喊着："楼上有人！快来救人啊！"

居住在二楼的王东峰说，被王锋叩门的声音惊醒后，她透过窗户能够看到从一楼大厅烧上来的火光，因为浓烟太呛，王东峰一家人堵上门窗，用湿毛巾捂住口鼻退回到比较靠里的房间等待救援。而王锋则在把所有住户的门都拍打一遍后，才从火海中跌跌撞撞地跑了出来。

1点35分，消防车和救护车赶到现场，火势得到了控制。在这座失火的三层小楼内，除王锋以外，其余二十多人无一人受伤，但王锋全身烧伤面

时代先锋
——礼赞方城县三入火海救人英雄王锋

积达98%,属于特重度烧伤,生命一度垂危。

7月12日,王锋从南阳市南石医院被转往北京解放军总医院第一附属医院接受治疗,目前已成功进行了四次植皮手术。

孝子严父他用爱撑起苦难生活

今年38岁的王锋是南阳市方城县广阳镇古城村人,村东头第一户便是他家。如今,这里偌大的院子里显得格外冷清。

"他是个孝顺子,是家里的顶梁柱,这个家就指着他生活。"7月29日,记者见到王锋的母亲周文焕老人时,胰腺癌转移肺癌的她,因为儿子的事,看起来更加憔悴。

王锋排行老三,上面两个姐姐,大姐因小儿麻痹丧失了劳动能力,下面还有弟弟妹妹,患有癫痫症,照顾家人的重担早早就落在了他的身上。

为了能让家里日子好过些,高中毕业后,王锋自考了计算机,毕业后先后到郑州、马来西亚打工。直到去年7月,他才和妻子在南阳办起了托教班。

"结婚十二年,我们天天在一起的时间只有一年多。"潘品说,能和丈夫在一起挣钱、养家的日子,就是她最幸福的时光。

不爱多说话的王锋把爱都藏在了心里:对患病的母亲,他每到一处总要打听药物,第一时间寄回家;弟弟要结婚了,他给添置了所有的家电……

而在10岁的女儿眼中,爸爸有点严厉。

"每次打工回来都会给我和弟弟带礼物;爸爸不爱说话,能做一手好菜;我有些怕他……"说起爸爸王锋,王婷告诉记者的信息显得有些支离破碎。她关于爸爸的记忆确实不多,因为在她8岁之前,每年只能在春节见到爸爸一次。

在古城村走访,乡亲们眼中的王锋"话不多","是个热心肠的人"。村里小学改造,教室不够用,王锋主动腾出自家一楼的三间房子做临时教室。发小家里有困难,他让人捎回300元以解燃眉之急。上学时,同班的同学饭票丢了，他把自己仅有的饭票分给同学……

"我们说的这些事情很小，但正是有这些小事，才会有他后来三入火场救人的壮举。英雄从来都不是一时的冲动！"王锋高三时的班主任王爱民说。

英雄背后"我们没有白生养他一场"

"即使治不好，我们也没有怨言。他是为救人烧伤的，我们没有白生养他一场。"面对镜头，瘦弱的王荣义语气坚定，早已泛红的眼眶，他却坚持没让眼泪流下来，看着一直哭泣的妻子，他轻轻地劝慰着："别哭了，别哭了。"在这个67岁老人的身上，仿佛能看到儿子王锋的影子，话不多却坚韧有力。

早已泪流满面的周文焕，不停地重复着："我就想看看俺孩子，跟他说说话，问问他还疼不疼……"因为怕感染，两个半月了，周文焕没能和儿子见上一面，想儿子时，她只能站在屋顶朝着北京的方向，呆呆地望着。

两个半月来，同样煎熬的还有王锋的妻子潘品。

"以前你在外，我守着家里。现在你在病房里，我守在病房外。其实无论何时何地，我早已把你守在心里。可是这73个日夜的守候，让我焦灼，让我心痛。心里急得像热锅里的蚂蚁，四处寻找生的出口！"这是潘品写下的微信日记《守》，因为是重症病房，大部分的时间里，潘品能做的，只是在窗外默默地等待。隔着探视窗，她默默地盯着，并在心里为丈夫祈祷着。

在王锋的背后，就是这样朴实、坚强的一家人，他们在默默等待，等待着英雄归来。

（原载2016年8月3日《河南日报》）

时代先锋
——礼赞方城县三入火海救人英雄王锋

爱的回响
——记三闯火海的南阳好人王锋（下）

《河南日报》记者 李铮 吴曼迪

隔着探视窗的玻璃，潘品静静地盯着丈夫，想要看清楚他的每一次呼吸。

时间倒回到70多天前，5月18日，王锋一家租住的楼房意外起火，他三次闯入火海中救下20余名邻居，自己却被大火烧成重伤，烧伤面积98%。70多天来，妻子潘品每天都有几个小时以这样的方式陪着王锋。

70多天来，他们之间曾经几乎要隔着世界上最远的距离——生与死。

"王锋能够坚持到今天，是大家爱心的召唤，我相信爱心的力量无所不能。"在潘品看来，是社会各界的爱心唤回了丈夫，是大家的温暖让她能够勇敢前行。

妻子朋友圈发求救信息

5月20日，潘品平日里充满正能量的朋友圈里发出了求救信息：王锋因抢救同楼的邻居而严重烧伤，恳求大家挽救他的生命！

事故发生后，王锋被送往南阳南石医院进行抢救，潘品告诉记者，直到医生说因为呼吸道呛入大量粉末需要切开气管，她才意识到了问题的严重性。

潘品说："这是一个心碎的过程，我每天只能眼睁睁看着他被病痛折磨。"手术刀划在王锋的身上，疼在潘品的心里。因为是无菌病房，潘品每天只能从医生和护士的进出中，感知丈夫的情况。

结婚十二年，丈夫常年在外打工，从去年7月开始夫妻俩到南阳办托教，一起奋斗的日子是最幸福的。一场大火不仅烧毁了他们平淡的幸福日子，高昂的医疗费用也让这个家庭难以承受。

第三章 见证壮举

专机送病人赴京

事故发生后,救护车第一时间将王锋送入南石医院,接诊后医院立即启动绿色救助通道。

7月13日,王锋被送往解放军总医院第一附属医院进行治疗。考虑到王锋病情严重,转院路途遥远,南阳市包专机送王锋直达北京继续治疗,这在南阳尚属首次。

"乘专机离开南阳的时候,他掉泪了。"潘品说,这是受伤后,丈夫除了见到孩子之外,唯一一次流泪。虽然不能言语,但是社会各界的爱心和情谊,他记在了心里。

记者从潘品那里得知,截至7月30日,王锋接受了在京的第四次手术,手术一切顺利。解放军总医院第一附属医院柴家科教授介绍说,目前王锋仍处于危重期,但病情相对平稳,还需要三到四次大的手术才能完成创面封闭。

她有了无数"娘家人"

转院到北京后,潘品和王锋的妹妹王平租住在离医院最近的一个小区中,七平方米大小的房间里摆满了家乡人带来的慰问品,还有好心人为她们送来的崭新的冰箱。

"房子是县政府来的人帮忙找的,这些鸭蛋和甲鱼都是家乡人送来的,还特意找了厨师来教我们怎么做。"潘品告诉记者,刚转院到这里,在北京的家乡人就到医院看望王锋,并为她解决了不少生活上的困难。

不仅在北京,在家乡,潘品也得到了更多"娘家人"的支持。

王锋在北京的第一次手术,需要一种消毒药品,担心对北京陌生的潘品找不到,得知消息后,王锋的同学第一时间将药品从深圳送往北京。手术费用不够,方城县在短短一周的时间里募捐近100万元,这其中有医院清洁工人攒下的一个月的工资,有低保户攒下的生活费。在北京工作的南阳

时代先锋
——礼赞方城县三入火海救人英雄王锋

人王军,得知王锋救人受伤、住进南石医院后,凌晨3点驱车从北京赶回家乡给潘品送上10万元钱,表达对英雄的敬意……。王锋舍己救人的大爱感动了南阳,也点燃了这座城市的倾城之爱。

点赞侠肝义胆河南人

"王锋与雷锋,名字仅仅相差一个字,两人的精神境界不分一二。王锋在火海救人中,用大爱和鲜血彰显出无私奉献的伟大。他用真实的行动告诉人们,雷锋就在我们身边。"《雷锋》杂志社主编夏一萌赞叹。

"王锋是好样的,他是侠肝义胆的河南人!是河南人的骄傲!"李高峰说。

两个多月来,京宛两地各级党委政府、企事业单位和爱心人士的关爱一直在持续,在京宛两地治疗期间,社会各界先后捐款近三百万元,王锋先后被授予河南省"见义勇为好青年"、南阳市"见义勇为先进个人"等称号,并入选7月中国好人榜。

(原载2016年8月4日《河南日报》)

【大河报】

怕感染没能摸摸他却是母子连心的疼
《大河报》记者 蔡君彦

编者按:

5月18日凌晨1时20分左右,河南南阳市方城县一栋居民楼火光冲天,浓烟滚滚,河南南阳市方城县38岁男子王锋,三入火海救人,当晚他们所在的三层居民楼上,老老少少共有24人都安全脱险,唯有他被特重度烧伤,烧伤总面积达98%。

王锋的举动,感动无数人,时隔两个月,大河报记者实地回访,再现一场火灾背后的平民英雄本色。

第三章 见证壮举

核心提示:

一想到被烧成"炭人"一般、抢救近两个月仍未脱离生命危险的丈夫王锋,潘品的心里就五味杂陈。这些天,这位淳朴善良的农家女子,渐渐理解了"老好人"丈夫一次次冲入火海的举动,也更加理解了丈夫倒下之后,缘何成为引起无数国人伸出援手、赞叹致敬的"火海救人英雄"。

如今,距离那场火灾已过去两个月,而社会各界对这位平民英雄的关注仍在升温。昨天,大河报记者实地回访,重温这位平民英雄"三入火海"救人的感人点滴。

【现状】失火楼房已翻新,三楼仍有火灾痕迹

7月17日下午4点多,南阳市卧龙区西华村一条胡同里,聊起发生在5月18日凌晨的那场火灾,房东王女士心有余悸:"那天在这儿烧毁的电动车就有11辆,一楼大厅的大梁水泥都烧碎脱落。"时隔多日之后,一家人已经把房子重新加固、粉刷,买了新空调,也来了新租户。

这里,就是王锋三入火海救人的事发地。屋内三楼墙壁上还有被熏黑的痕迹。

这栋三层居民楼上,每层都有两套两室一厅。如今,在一楼的房间墙壁上,还有王锋和妻子潘品张贴装饰的绿树、小花、大象、栅栏,墙壁中间是几个大字:我最棒!

墙上贴的彩纸上,还写有此前在这里托教的孩子们的名字。据房东介绍,火灾发生前,这里托教的孩子有三四十个。

"这儿离小学很近,周围办托教的不少,王锋夫妇俩话虽不多,可为人厚道,口碑特别好。"王女士说,去年7月份,王锋夫妇俩来租房办托教,白天管吃饭、辅导作业,个别孩子晚上也住在这里。这位房东从诸多细节感受到夫妇俩的用心:吃饭时时常给孩子们准备四个菜,还备有点心;用心辅导其他孩子后,才辅导自己的女儿和儿子……"他俩很朴实节俭,对孩子们很舍得,也很有责任心。"

这个地方,王锋的同乡、同学张思虎之前也常来。他说:"失火前一

时代先锋
——礼赞方城县三入火海救人英雄王锋

天还有家长带俩孩子,说打听后知道这里办得好,想让孩子来托教。没想到一场大火把一切都改变了。"

【回忆】三入火海救人后,他留下一串血脚印

"我被王锋叫醒时,门外火势已经很大,黑烟滚滚,把我和俩孩子吓坏了。"昨日,在北京中国人民解放军总医院第一附属医院病房外等候丈夫消息的潘品,忆起那场火灾,仍心有余悸——

5月18日凌晨1时20分左右,在一楼北间卧室熟睡中的潘品,被丈夫急切地推醒问:"咋恁大烟?恁大煳味儿?"说罢,她见丈夫打开卧室门,正对着卧室的一楼大厅内浓烟滚滚,停放的十多辆电动车等正熊熊燃烧。

"失火了,救人呢!"王锋赶忙呼救,回屋先把10岁多的女儿护送到楼外的安全地带,又冲回房间,护送出妻子、儿子,然后要妻子报警,自己又冲进火海。

这次,王锋救出来的是当晚睡在一楼东间的两名托教学生、一名托教老师。出来时,他还没有被烧伤。

火势更大了,烈焰的灼热和噼里啪啦的爆炸声中,只穿着一条短裤的王锋再次冲入火海。这次,他跑上二楼、三楼,敲打着房门使劲儿喊着:"着火了,着火了!"

几分钟后,王锋冲出火海,此时,听到呼救陆续赶来帮忙灭火的民众发现,他浑身上下黑乎乎的,几乎被烧成了"炭人"。

"快救人呢!失火了!"浑身都是黑色的王锋,赤脚从三层小楼跑到近百米外的张衡路口,一路上,他留下带血的脚印。当地记者时隔一天去采访时,地上的血脚印仍依稀可见。

不久后,几近昏迷的王锋被赶来的救护车接走,当时,王锋已经半昏迷状态,还不肯上救护车,一个劲儿地说:"楼上还有人,先救他们……"

第三章 见证壮举

【感恩】脱险的人把他当作救命恩人

5月18日上午，王女士去医院看过王锋，看到对方被烧得惨不忍睹，赶忙回到家凑了两万元钱送去。她从心底里感谢王锋，对方在救出妻儿、托教老师和学生后，再次冲入火海呼救，唤醒楼上沉睡的其他人，使得大家不至于在熟睡中窒息丧命，能够及时应对，安全脱险。

王女士说，当晚，二楼、三楼住着四户人家，加上一楼王锋一家人和托教学生、老师，楼里当晚老老少少共有25人。这次火灾中，除了王锋，其他人都安然无恙。王女士感叹："他太忘我了！只想着别人。"

租住在三楼的王海东，就是听到敲门声和呼叫声醒的，打开房门，火焰将他的头发烧焦，他赶忙关上门，情急之下找出工具拆掉防盗网，跳到隔壁一家的二楼凉台上逃生。已经搬到其他地方租住的王海东，把王锋当"救命恩人"："我最想对他说一声：'谢谢'！"

【心声】"火烧那么大，咱能眼睁睁见死不救？"

火灾发生后，王锋被救护车送往南阳一家医院救治。第一时间接到潘品电话的张思虎，火速赶到医院。一路上，他想起这位好兄弟的一点一滴，比如读初中时，王锋家困难，张思虎家更困难，他们曾一起吃腌菜下饭。他的手机里，至今仍存着多张照片，好兄弟王锋被烧得让他不忍看、不敢认。

"王锋，你咋了？能听见不？"5月18日凌晨两点半，张思虎赶到医院后，在这家医院10楼烧伤整形科抢救室里，他看到变成"炭人"的王锋，心揪着疼。他下意识地推一下好兄弟的左肩膀，顿时吓蒙了：一块皮脱落，露出刺眼的白色皮肉。

当时，王锋眼睛紧闭，似乎已陷入昏迷，嘴里嘟囔着："快救火！快救人！"张思虎顿时热泪盈眶。据该院主治医生介绍，王锋的烧伤总面积达到98%，属于特重度烧伤，情况非常危重。

时代先锋
——礼赞方城县三入火海救人英雄王锋

王锋在南阳住院治疗期间，张思虎和多位同学前往医院照看，他更是白天黑夜守在医院里，在治疗一周能再次开口说话之后，病床上的王锋曾和这位好兄弟含泪念叨："家里俩孩儿小着哩，家里老的小的……"

"当时火那么大，为啥第三次又冲进去？"张思虎听了，忍不住问，他有时也想，如果王锋没有第三次冲进火海，伤情肯定不会这么严重。病床上忍受住无比痛苦的王锋，口气里透着义无反顾："火烧那么大，楼上恁多人，咱能眼睁睁见死不救，不管？"

在王锋要转院去北京那天，王锋的母亲周文焕赶到南阳送孩子，怕感染，都没能碰碰孩子，只能默默看着他被抬上飞机，印象中只记得孩子头部的轮廓，每每想来，仍是母子连心的疼。

（原载 2016 年 7 月 18 日《大河报》）

见不了你我就在三米外守着你
《大河报》记者 侯梦菲

核心提示：

他们的直线距离，最近的时候只有3米，他在病房的里间，她在病房外间的玻璃窗外，中间隔着厚厚的探望窗；他们的直线距离，最远的时候也只有300米，他还是在那间病房，她在医院隔壁租住的小屋，张罗着他的病号饭，透过厨房的窗户就看得见病房的窗户。

从7月12日转院到北京，潘品已经三天没有见到丈夫王锋了。对丈夫病情的担心，独在异乡的孤独和无助，差点成为压垮她的最后一根稻草。然而，这个特殊的周末，丈夫病情的减轻和河南"老家人"的支持，又让她对未来充满了爱和信心。

【照料】一日四餐，他和家人靠饭菜"交流"

7月12日，为了更好接受治疗，王锋被专机送往北京中国人民解放军总医院第一附属医院治疗，潘品和王锋的妹妹王平，一起到北京来照顾王锋，姑嫂两人租住在医院隔壁的一个小区。

一套三居室，住了三户，都是前来照顾病号的家属。她们住在其中一间7平方米左右的隔间，一张床占了屋子的三分之二，一个月3900元的房租。但房子离医院近，方便照顾。

按照王锋的一日四餐要求，姑嫂两人的24小时也被分割为"早餐""午餐""晚餐""夜宵"四部分。两人分工简单明确，王平做饭，潘品送饭。

昨日上午10点多，记者见到潘品时，她刚从医院给丈夫送早餐回来，王平正坐在床上熬着鸡汤，那是哥哥的午餐。

"现在最发愁的是给哥哥做什么饭，我们见不到他，也不知道他想吃点什么。"王平说，她们每天早上5点多就要起床，做好后嫂子会送到医院，她稍微收拾一下，又要继续准备中午饭。医生说多吃含有胶原蛋白的食物，王平就炖猪蹄汤、甲鱼汤。"希望哥哥吃得好点，帮助他快点恢复。"

【爱心】北京好心人，让她觉得有了"依靠"

在房间走道里，堆放着几箱鸭蛋，客厅里放着一箱甲鱼。这些都是南阳的老乡专门从老家运来的。

潘品说，知道王锋来北京治疗了，这几天北京的朋友和河南老乡有不少人来探望。7月16日，河南籍"北京好人"李高峰、李守禄来看望王锋，给潘品打气："我们以后都是你的'娘家哥'，你在北京有事情，只管跟我们联系"。

昨日，记者在潘品的出租屋里刚刚坐下，没聊几句。潘品的电话就响个不停：王锋在北京工作的同学们到医院了，来看王锋。"你在北京不熟悉，缺什么了就打电话，别见外，我们都是王锋的兄弟姐妹。"王锋的高中同学谢先生说。

在北京开餐馆的宋荣耀是王锋的同乡，一直关注着王锋的病情。昨天下午，他还送来了一辆自行车，给潘品她们买菜用，临走前，硬塞给潘品3000块钱。

时 代 先 锋
——礼赞方城县三入火海救人英雄王锋

"在北京打拼不容易,我会记住所有帮助我们的好心人。"潘品说,同学和老乡们的关心,让她觉得有了"依靠"。

【探望】同学的鼓励,让他多一份信心

下午2点,终于等到每天的探望时间。探望通道的一侧,每一个病房的窗户都是打开的,只有王锋病房的窗户,紧紧闭着,里面拉着窗帘。

因为现在王锋还处于感染期,他的病房不能开放,潘品到北京后,也很少能见到丈夫。"7月14日,王锋到北京做第一次手术,我和医生一起把他从病房送到手术室。"潘品说,那是她最近一次见到丈夫,两人没有言语的交流,只能靠眼神交流。

为了不打扰王锋休息,同学们轻轻地趴在探望窗上,踮着脚尖,努力往里面看。

潘品拿出一张小卡片,希望同学们把想说的话写出来。"这几天王锋的情绪不太稳定,我想他如果知道大家牵挂着他,肯定特别开心。"

"兄弟,同心!""祝王锋老同学早日康复!""早日康复,信心满满!"……潘品将写满祝福和鼓励话语的心形卡片,交给护士,请护士转交给王锋。"知道这么多人关注他、来看望他,王锋肯定又多了一份信心。"

潘品还曾在朋友圈发文感谢大家的关心,并写道:"我相信爱心的力量是百万雄师,无所不能。"

【未来】"等他好了,我们还回老家办托教班"

昨天下午,拿饭盒的时候潘品趴在病房隔壁工作间的探视窗上,看到丈夫正在换药。王锋每一点康复的迹象,都逃不过潘品的眼睛。

"我看到王锋的脚了,感觉比上次见的时候状况好了一点。"每天,潘品无数次往返于医院和租住的房子之间,并不是每一次到医院都能看到丈夫。"来得勤一点,看到的几率就大一点。"

有时候不是探望时间,见不到丈夫。潘品就在医院看主治医生的简介。"我看很多医生都是哈佛大学、牛津大学毕业的,也听说一些患者比王锋的烧伤还严重,都治好了,真的对医院充满了信心。"

据了解,现在医院有两名医生、两名护士、一名护工,全天24小时照顾王锋,潘品说,医护人员都特别敬业。"有一次,我碰到了王锋的一位主治医生,一看就是好久没有休息好,胡须也没来得及收拾,他们对王锋这么用心照顾,特别感动。"

"我盼望着王锋早日康复,转到普通病房后,能天天见到他、守着他、照顾他。"潘品说,"等他病好了,还回老家办托教班。"

(原载2016年7月18日《大河报》)

我们把孩子的爱捎给你

《大河报》记者 蔡君彦 侯梦菲

"我不管你烧成什么样,你都是我爸爸"

王锋在南阳入住的医院附近,一栋居民楼二楼,如今成了王锋女儿、儿子的新家。如今来照看他们的,是孩子们57岁的姥姥张雪敏。女婿被烧伤后,接到女儿的电话,原本在郑州打工的老人,带着近两万元积蓄,来到南阳帮忙照看俩外孙。王锋虽然被烧伤,老人从内心里觉得女婿做得对!

采访时,两个孩子在大河报记者采访本上写下对爸爸想说的话,希望通过大河报特派北京记者,转给病房里的爸爸听,给爸爸加油!

王锋儿子:王玉金,8岁半

"爸爸我想你了,我希忘(应为望)你能像以前一样,给我买烤鸭,我不管你烧成什么样,你都是我爸爸,你都要和我们在一起美好生活。"

王玉金说,有一次自己特别想吃烤鸭,他对爸爸说了,爸爸掏钱让别人捎了一只,他至今记得,那次吃烤鸭的感觉幸福极了。现如今,小男

时 代 先 锋
——礼赞方城县三入火海救人英雄王锋

孩只想爸爸早点儿回来，调皮的他跟着姐姐自觉学习，希望自己学习棒棒的，让爸爸高兴。

王锋女儿：王婷，10岁半

"爸爸我想你了，我现在已经会做菜了，婆婆说我做得很好吃，你回来我做给你吃。

妈妈，我现在听婆婆的话了，你早点儿回来看我，我希望我们还像已（应为以）前一样快快乐乐地生活。"

王婷说，爸爸平时对他们比较严厉，也很疼爱，可爸爸不爱笑。这次爸爸转院去北京治疗前，她主动提出在妈妈的手机里录一段话，这段话是她讲的一个笑话。

为啥想到给爸爸讲笑话？王婷说，爸爸病情严重，医护人员难得让见，这是她第一次给爸爸讲笑话，希望爸爸能笑。之后，讲罢笑话，她说：爸爸加油，你一定会好起来的，等你好了，我们一家人还在一起！

王锋母亲：周文焕，65岁
王锋父亲：王如意，67岁

"孩儿，坚持住，坚强点儿！"

周文焕说，家里有五个孩子，王锋排行老三，她和老伴常年体弱多病，王锋的一位姐姐有糖尿病，弟弟有癫痫病，王锋是一家人的顶梁柱。王锋火海救人被烧伤，对一家人来说，几乎是"天都塌了"。

多年来，王锋没少操心带母亲看病，给她买药。如今，儿子火海救人，做母亲的看到孩子烧得那么重，心疼得整夜整夜睡不着。

王如意也是体弱多病，相比之下，他知道被烧伤的儿子，承受的痛苦要比自己多得多，得到儿子烧伤的消息后，这位老父亲借了三户人家，筹到四五千元带到医院。如今，得知社会各界都踊跃给孩子捐款，老人感叹说："感谢各级政府部门和社会各界对儿子的关心。"

第三章　见证壮举

"老公，你要加油，我跟孩子等你早日康复"

王锋受伤的这两个月，潘品"度日如年"，只能将对丈夫的关心和担忧，诉诸笔端。昨日，在北京中国人民解放军总医院第一附属医院旁边的租住房里，大河报特派记者，第一时间将孩子们写给王锋的信，传递给潘品。孩子们的懂事，让潘品瞬间热泪盈眶。潘品的坚强，又何曾不让人感动。

王锋妻子：潘品，34岁

"老公，你要加油，我跟孩子等你早日康复。"

昨日下午，潘品在医院隔着窗户看到丈夫状态转好，脸上终于露出了一丝笑容。祝福卡片上，潘品写道："老公，你要加油，我跟孩子等你早日康复。"尽管不能见到丈夫，潘品说希望这些鼓励的话语，能够让丈夫明白家人始终都在身边陪着他一起战斗。

潘品说，孩子们每天都要打电话，问问爸爸的病情。孩子们还将对爸爸的思念和关心，写成了信。

为了让王锋第一时间看到孩子们的信件，大河报南阳特派记者将信件"电子版"传给了北京的记者后，最终传到潘品的手机上。看到孩子们的信件，潘品瞬间眼泪涌出眼眶："孩子们都懂事了。"昨日，这封充满爱的信件已经通过医院，传给了王锋，给他爱的鼓励。

一路走来，妻子写下鼓励日记……

7月9日

"我相信爱心的力量是百万雄师，无所不能"

王锋能坚持到今日，是大家爱心的召唤，他虽躺在病床上与病魔斗争，他虽不能言语、行动，但大家的深厚情谊他都记在心中。

"我相信爱心的力量是百万雄师，无所不能，我再次代王锋感激大家一直以来的关心支持。"

时代先锋
——礼赞方城县三入火海救人英雄王锋

7月3日

"这是一个心碎的过程"

这是一个度日如年的过程,这是一个心碎的过程。手术刀划在你的身上,疼在我的心里,你身体的每个部分牵扯着我的每一根神经。你肺部的感染都四十多天了,何时才能正常呢?多少个日夜,劝说自己心急是没用的,好好配合医生,但是心呀,并不听我的使唤。

6月20日

"一丝希望也不放弃"

王锋的肺部发生感染,正在用呼吸机辅助治疗。医院请来了知名呼吸道专家,对用药和治疗做出了调整,病情已得到控制,明天或者后天做CT看看肺部的具体情况。

王锋的生命就如一棵仙人掌,一丝希望也不放弃,虽然他现在又不能说话了,但他的眼神告诉了我一切。

6月14日

"我每天只能眼睁睁看到他被病痛折磨"

"王锋今天做了第三次植皮手术,是前胸的上半部分,医生说手术还算成功。看到他脸上的血,我的心很痛,如果我能替他承受一半的痛苦也好呀。我多希望他能早日脱离生命危险期,一家人能在一起,孩子可以拉着他的手喊爸爸!"

5月20日

"救救王锋!"

2016年5月18日凌晨,因为抢救同楼内居住的邻居被大火严重烧伤,直至昏迷休克!

(原载2016年7月18日《大河报》)

【东方今报】

男子三入火海救人严重烧伤社会各界捐170余万

《东方今报》记者 张定有 通讯员 程海舟

凌晨，居民楼突发大火。他发现险情后及时奔走呼救，在救出妻儿后，又冒着危险先后两次返回火海，救出两名小学生和一名托教教师。由于他的及时示警，其他居民均脱离危险，而他却被严重烧伤达80%。

他就是"方城英雄"王锋，他的英雄事迹感动了社会各界，几天来，收到捐款达170余万元。

【火情】凌晨突发大火三入火海救人

5月18日凌晨1时20分左右，南阳市卧龙区西华村一栋三层居民楼突发大火，浓烟迅速吞噬了整幢楼房。租住在一楼的方城男子王锋最早发现险情，他将妻儿送至安全地带后，又迅速转身冲进火海，救出了住在一楼东间的两名学生和一名托教老师。

"这时候，王锋还没有被烧伤。如果不再进去，他也就不会被烧伤了。"王锋的妻子潘品哭着说，当时火光冲天，楼内不时响起噼噼啪啪的爆炸声，她没想到，王锋再次冲进了小楼，出来时，王锋已快被烧成了"炭人"，浑身都是黑的，神志也不清醒。

潘品说，这样的情况下，他还在外面跑着喊着："快救人啊，快救人啊，失火了！"向四周邻居紧急呼救示警。从住处到工业路与张衡路交叉口，有五六十米的距离，一路上都留下了王锋带血的脚印。最终，他被妻子拦在路边等待消防车。

由于火光冲天，不时响起的爆炸声，加上王锋大声呼救示警，附近居民纷纷从睡梦中惊醒，加入到救火的队伍中。"由于火势大，门口又没有水源，大家都要回家端水再过来，可一盆水泼上去根本就没啥效果。"附

时代先锋
——礼赞方城县三入火海救人英雄王锋

近居民卢先生告诉记者,凌晨1时35分左右,来了两辆消防车,迅速扑灭了大火。

"把王锋弄上救护车时,他还不肯上车,一个劲儿地说,'楼上还有很多人,先救他们'。"卢先生叹息说,那会儿王锋已经处于半昏迷状态了,脑子就记着"救人"这一件事了。

【伤情】王锋特重度烧伤其他居民安全脱险

据了解,在这座失火小楼内,除王锋一家外,一楼住着两名10岁左右的托教学生和一名托教老师,而在二楼、三楼,带上房东一家,共住着三户,有十多人。由于王锋的及时示警,待消防队员扑灭大火后,除王锋自己被严重烧伤外,其他人均安全脱离险境。

当天凌晨1时50分左右,王锋被紧急送往附近南石医院救治。据主治医生介绍,他的烧伤总面积达到80%,属于特重度烧伤,情况非常危急,目前尚未脱离生命危险,医院正在全力抢救。

救人英雄倒下了,摆在他家人面前的,是巨额的医疗费。医院初步估算,王锋第一次植皮费用需30万~50万元,预计需要10次左右,后期还会有一大笔医疗费用。

据了解,38岁的王锋是方城县广阳镇人,去年7月,他带着妻子和一双儿女租住在南阳市卧龙区西华村这栋三层民宅中。由于住处邻近南阳市第21小学,夫妻俩就办了所托教,每天忙忙碌碌地招呼着二三十名小学生,但也只是赚到些辛苦钱。

潘品告诉记者,现在花的钱都是亲戚朋友凑的,可大家都是农村的,没有多少积蓄。以后的治疗费用怎么办,她也不知道。

【温情】社会爱心救助不让流血英雄再流泪

昨天,是英雄王锋重伤住院的第七天。七天来,在本报及众多媒体的持续关注下,王锋火海救人被烧重伤的感人事迹在网上网下迅速扩散,在全市乃至全国引起了巨大的社会反响。昨天，南阳市、卧龙区、方城县等各级领导先后到医院看望慰问王锋家人，来自全国各地的众多爱心人士为英雄争献爱心，将捐助活动推向了一个新高潮。

上海、宁夏中卫、陕西西安、山西长治、湖北武汉、浙江杭州……，来自全国各地的电话打来询问王锋的情况。为了救助王锋，街头环卫工送来了10元，卖豆腐的大哥送来了100元，在医院打工的保洁阿姨送来了刚发的1000元工资，学校送来师生的爱心款，街道办事处送来了辖区居民捐款，众多不留名的好心人代表家人、同事为王锋送来爱心款和祝福。

"不用谢，天下多一些王锋这样的英雄比啥都强。""共同努力，我们一定要把英雄救回来。"来自社会大家庭的关爱温暖着王锋家人的心。

5月23日，演员黄晓明了解到王锋的事迹后，从其在中华思源工程扶贫基金会芭莎公益慈善基金捐资设立的"黄晓明真心英雄公益项目"中拨付20万元救助王锋，致敬救火英雄。

而本报也在第一时间与阿里公益天天正能量项目组取得联系。经协商，决定联合助力英雄王锋一万元正能量金，并呼吁更多社会爱心力量，一起来帮帮他。

记者了解到，截至24日晚，王锋家属收到社会各界爱心人士现金捐款、银行转账、微信红包及轻松筹平台捐款共计170余万元。

"感谢大家，我会坚持的，我不想失去丈夫，也不想让我的孩子失去父亲。"面对好心人的捐助，王锋的妻子潘品哽咽着说道。

同时，潘品请记者转告社会各界好心人，王锋已脱离生命危险，5月25日将进行第一次植皮手术，也希望大家停止捐款。"王锋的治疗费用够了！谢谢大家！"

（原载2016年5月25日《东方今报》）

时代先锋
——礼赞方城县三入火海救人英雄王锋

【河南法制报】

三闯火海彰显出人间大义

《河南法制报》记者 王海锋

■目前,英雄王锋在京已接受四次手术,病情危重中相对平稳
■王锋一直说:我不是英雄,不管是谁,遇到这样的事,都会这么做的

时代需要英雄。南阳市方城县广阳镇青年王锋,用侠肝义胆和至善壮举再次诠释了"大美南阳好人多"的美誉。7月26日至30日,根据中央领导批示精神,中央、省直、市直主要媒体及所属新媒体等组成采访团深入南阳、方城、北京,深度聚焦时代先锋,挖掘英雄背后的故事,合力倡树文明风尚。

聚焦时代先锋 至善壮举 再现雷锋精神

7月的南阳骄阳似火,然而被英雄王锋所感动的媒体人的热情,比盛夏的温度更为炙热。7月26日上午,由省委宣传部带队,来自《人民日报》、《新华社》、《光明日报》、《经济日报》、中央人民广播电台、中央电视台、《中国青年报》、《河南日报》、河南人民广播电台、河南电视台、《河南法制报》、《大河报》及南阳市媒体的31位记者,开启了聚焦英雄王锋的采访之程。

作为采访活动的第一站,南阳南石医院以视频短片的形式,生动再现了王锋于5月18日受伤入院至7月12日乘专机转院至北京解放军总医院第一附属医院期间那55天的感人时光。当画面中,党和政府不惜代价救治英雄,为英雄及其家人提供坚强保障,医护人员竭尽全力守护英雄生命,社会各界纷纷捐款献爱心,共同唱响崇尚英雄、传递爱心的正能量之歌等出现时,座谈会现场响起了热烈掌声。

解放军报社《雷锋》杂志社记者夏一萌说:"王锋与雷锋,名字仅仅相差一个字,二人的精神境界也是不分一二的。雷锋精神倡导的是'为人民服务',雷锋也用毕生践行着这五个字。而王锋在救火时,用自己的大爱和鲜血同样为人们活灵活现地呈现出这五个字的伟大。他用真实的自己告诉人们,雷锋就在我们身边。热情、乐观、忘我的王锋让人潸然泪下。事发当日,王锋有很多次机会可以轻而易举地逃生,但他都放弃了,直到自己被送往救护车的途中,他嘴里念叨的仍是两个字'救人'。他用鲜血诠释着见义勇为、奉献他人的人间大义!"

重温感人时刻 三入火海 舍己救人好青年

7月26日下午,带着心中的敬意,采访团一行来到5月18日凌晨,王锋舍己救人的事发地——南阳市卧龙区西华村三层居民楼。

虽然距离事发已经两月有余,但王锋那些救人时踏出的血脚印,依然依稀可见。面对采访,附近居民难以抑制心中的感动与伤悲:"多好的一个人啊!"在他们的动情描述中,那些震撼人心、涤荡心灵的大爱义举生动重现。

事发当日凌晨1时20分左右,王锋租住的居民楼发生了火灾险情,浓烟迅速蔓延至整栋楼。从睡梦中惊醒的王锋接连3次闯入熊熊燃烧的大火中,帮助妻子儿女、两名小学生、一名老师、十多名居民脱险,但他自己却被特重度烧伤,烧伤总面积达到98%。

"直到把人都救出后,已经全身烧成黑色,像炭人一样的王锋还在居民区不停地奔跑着,边跑边喊:'着火了!快救人啊!'"说起这些,邻居们眼中泪光闪烁,采访团成员们无不为之动容。

中央电视台《焦点访谈》记者曲长缨告诉记者:"我觉得这种精神特别可贵,特别值得我们所有人学习,我在现场看了他救人时跑的路线,听了邻居和被救人员的介绍,我觉得他尽到了一名教师的职责,不光用自己的知识来教育学生,而且用行动给我们树立了一名教师的榜样、一个普通公民的榜样。他这种精神在当前特别值得弘扬。"

时代先锋
——礼赞方城县三入火海救人英雄王锋

中国青年报记者潘志贤说："我觉得，王锋一入火海，体现的是对家庭的责任；二入火海，体现的是心中的大爱；三入火海，则体现出人性的光芒。作为一名记者，我们有责任、有义务宣传好王锋这样的好青年。南阳市委授予他'雷锋式好青年'等荣誉称号，我想这是党委政府对他个人的一种褒奖。我们将力争在接下来的采访中，挖掘更多新闻事实，报道好、宣传好王锋这个好青年典型，去感染和影响更多的人。"

探寻英雄家乡　乡亲们赞其好心肠

7月27日，采访团赶赴王锋老家方城县广阳镇古城村，采访了他的父母、邻居、老师、同学等。他们用自己的亲身经历，以不同的视角给我们还原了一个质朴、真实的平民英雄。王锋善良孝顺、乐于助人、吃苦耐劳的优秀品质以及他爱家人、爱家乡的质朴情怀，深深感动了现场的每一个人。

在王锋位于方城县广阳镇古城村的家中，王锋年迈的父母、年幼的子女一语未出泪先流。许久之后，王锋的父亲才哽咽道："我们为他感到自豪，为了救别人，他连自己的命都不要了。虽然我们心疼得很，但是我们觉得他应该这么做。"

"王锋这孩子，话不多却是个热心肠！"古城村党支部书记姚金岭告诉记者，2013年4月，古城村小学改造房屋，教室不够用，有一个班三十多个学生没地方上课。王锋知道这一情况后，主动腾出自家一楼的三间房子做临时教室，学生上课的时候，他还义务为师生提供开水。

"王锋很有爱心，上学时积极参与班里的集体活动，和同学们相处也特别好。当时班上一个同学的哥哥残疾，家庭困难，他就把从自己生活费里节省出来的钱给同学用。与三入火海救人相比，我们说的这些事情可能很小，但正是因为有这些小事，才会有火灾来临时王锋的英勇壮举。英雄从来都不是一时的冲动。"方城县委党校高级讲师、王锋高三时的班主任王爱民说。

第三章　见证壮举

医治英雄　用英雄的精神救治英雄

"我们将用英雄的精神救助英雄，并号召全院学习王锋精神。"新中国阅兵史上首位女将军领队田鸥少将表示，王锋对生命的执着感动着每一个人，解放军总医院不会让英雄流血再流泪，将全力以赴、不惜代价救治王锋。

在7月29日召开的王锋救治情况媒体通气会上，院方介绍了王锋自7月12日转院到解放军总医院第一附属医院后的救治情况。为挽救王锋的生命，医院迅速成立了由全军烧伤研究所所长柴家科教授领衔的专家救治团队，第一时间对王锋进行全方位会诊，制订最佳的治疗方案，集全院专家的智慧全力抢救英雄。

据全军烧伤研究所所长柴家科介绍，王锋入院后已经进行了三次手术，病情有些改善和好转，他们于7月30日对王锋进行了第四次手术。之后，再经过三到四次手术，王锋的病情将有望趋于稳定。接下来，需要做的就是后期的康复治疗工作。"目前王锋的病情危重，但危重之中又相对平稳。相信在我们的精准治疗之下，王锋会一天比一天好。"柴家科说。

"为了及时科学有效地调整王锋的治疗方案，医院经常组织各科室主任进行会诊。手术采取了国际领先的植皮术，术前、术中和术后抗生素的使用，都会根据病情及时调整。同时为了及时了解王锋病情的发展，医院主要负责人还专门成立了一个微信讨论群，随时关注王锋的身体状况和医护落实情况。"全国"三八红旗手"、医院烧伤整形科护士长王淑君说。

真情英雄　大爱精神感动中国

沿着英雄的足迹一路踏访，感人的事迹、感人的言语、感人的行动不断冲击和震撼着记者们的心灵。"英雄"这个词，是新闻媒体、医护人员、社会各界所有人对王锋不约而同的称呼，大家把心中的感动与敬佩深深融入到这两个字中。可至今仍躺在北京解放军总医院第一附属医院ICU病

时代先锋
——礼赞方城县三入火海救人英雄王锋

房中的王锋,开口对医生说的第一句话却是:"我不是英雄,不管是谁,遇到这样的事,都会这么做的。"听到这些,医护人员对英雄的敬意更为深刻。

本次采访团领队、省委宣传部新闻处副处长侯红路说:"王锋的事迹再次感动了我,感动着各位记者,我们采访团力争在本次采访中,细致了解、深入挖掘、好好总结,把王锋的感人故事呈现给全国人民,激励每个人,传递真善美。"

王锋见义勇为的英雄壮举,受到各级领导、新闻媒体和社会各界的高度关注。王锋的家乡方城县成立了王锋救治工作领导小组,全县党员干部纷纷慷慨解囊捐款相助。王锋先后被授予"河南省见义勇为好青年"、"南阳市雷锋式好青年"、"南阳市见义勇为先进个人"等荣誉称号,被全国雷锋文化联盟组委会授予学雷锋"爱心推广之星"称号,被评为由新华社主办的"中国网事·感动2016"第二季度网络人物。

方城县委书记褚清黎表示,将大力宣传和弘扬王锋的英雄事迹和精神,让英雄精神在方城蔚然成风,将英雄精神转化为全县干部群众立足岗位干好本职工作、建设富强和谐美丽方城的实际行动;让见义勇为、胸怀大爱、勇于担当的英雄精神在方城大地落地生根、开花结果,激励全县干部群众为全面建成方城小康社会而努力奋斗。

(原载 2016 年 8 月日《河南法制报》)

【河南日报农村版】

方城农民王锋三入火海救人

《河南日报农村版》记者 曹国宏 通讯员 张中坡 谭 天

5月18日凌晨1时20分左右,南阳市卧龙区西华村一栋三层居民楼突发大火,浓烟迅速吞噬了整幢楼房。租住在一楼的方城男子王锋发现险情后及时奔走呼救,在救出妻儿后,他又冒着危险先后两次返回火海救出两名小学生和一名托教教师。由于王锋的及时示警,居住二楼、三楼内的居民纷纷自救或者等待施救。最终消防扑灭大火，其他居民均安然无恙，但王锋却被严重烧伤。

三闯火海　一心救人

"王锋当时什么也没想，只是看到大火从一楼向二楼蔓延，就一次次地冲进火海救人去了。"5月20日，王锋妻子潘品向记者回忆当时的危急情景，依然心有余悸。

5月18日凌晨1时刚过，正在熟睡中的潘品被丈夫推醒。"咋有股烧焦的糊味？"王锋说着打开位于一楼北侧的卧室门，此时紧挨着的一楼大厅已是火光冲天、浓烟滚滚，大厅内存放的十余辆电动车、摩托车正在熊熊燃烧，并传来"嘣，嘣"的爆炸声。"失火了，快救人！快救人！"见此情景，王锋顾不上穿衣服，一边迅速打开楼房的大门，一边大声呼救。由于他们一家居住的房间离大门口最近，王锋折回身冲进火海，先将潘品与两个孩子转移到安全地带。

浓烟迅速吞噬了整栋楼。"赶紧报警！一楼还有学生！"王锋又冲进火海中，救出了困在一楼的两名学生和一名托教老师。"这时候，王锋还没有被烧伤。如果不再进去了，他就不会被烧伤了。"潘品说，那时候，已是火光冲天，楼内不时响起噼噼啪啪的爆炸声，她也没想到，王锋又冲进了小楼。

过了七八分钟的样子，王锋从火海中跌跌撞撞地跑了出来。此时的王锋头发已全部烧焦，全身像"黑炭"一样，神志已不清醒，嘴里一直重复喊着："楼上有人，快来救人啊！"他沿着小巷向外边跑边喊，身后是一串清晰的血脚印。

听到王锋的呼救声，周围邻居纷纷起床加入到救火队伍之中。潘品告诉记者："由于火势太大，门口没有水源，邻居们回家端水灭火，一盆盆水泼上去，但根本没有效果。"此时被王锋呼叫醒的二楼、三楼的居民也纷纷采取自救措施，为专业救援人员的到来施救赢得了宝贵的时间。

当天凌晨1时35分，消防队员和救护车赶到现场，大火被迅速扑灭。

时 代 先 锋
——礼赞方城县三入火海救人英雄王锋

"把王锋抬上救护车时,他还一个劲儿地说'楼上有人,先救他们'。"邻居卢先生叹息道,那时王锋已处于半昏迷状,但他唯一惦记的就是救人。

据了解,在这座失火小楼内,除王锋一家外,一楼住着两名10岁左右的托教学生和一名托教老师,而在二楼、三楼,带上房东一家,共住着3户十多人。由于王锋的及时示警,待消防队员扑灭大火后,除王锋自己被严重烧伤外,其他人均安全脱离险境。

八方援手　齐救英雄

当天凌晨1时50分,王锋被送往南石医院抢救。据主治医师孙羽飞介绍,王锋全身烧伤面积达到98%,其中90%三度烧伤,8%二度烧伤,属于特重度烧伤。

据初步估算,王锋第一次植人造皮费用在50万元左右,后期还会有高额的医治费用。

"18号当天花了3.2万元,19号医疗费用也是3万多。"潘品告诉记者,现在花的钱都是亲戚朋友家凑的,可大家都是农村的,都没有多少积蓄,以后的治疗费用怎么办,她也不知道。

38岁的王锋是方城广阳镇人,其母亲是癌症和糖尿病患者,同时还伴有脑梗塞后遗症,常年吃药;父亲患有类风湿关节炎,手指变形,失去劳动能力,经常依赖药物;兄弟患有癫痫病。一家人的吃穿用度,全靠王锋一个人苦苦支撑。去年7月,王锋带着妻子和一双儿女租住在西华村一栋三层民宅中。由于住处邻近市21小,夫妻俩就办了所托教,每天忙忙碌碌招呼二三十名小学生,赚些辛苦钱。

王锋是个实在人,也是个热心人,他孝敬父母,关心妻儿和兄弟;面对乡亲们的求助,只要是力所能及的,他从来都是有求必应,不求回报。他那诚实、诚信、助人的优秀品质,在乡亲们中赢得了良好的口碑。

古城村支书姚金岭这样评价王锋:他为人处世稳重实在,村里不管哪个邻居或是村民叫他一声,他都会热心帮助。

王锋英勇救人的事迹和严重烧伤的病情传开后,在社会上引起热烈反响，包括王锋的亲友、同学甚至来自全国各地的众多相识不相识的人，纷纷自发赶往医院探望、陪护，或是通过各种渠道慷慨解囊。

住院当天，房东到医院送来2万元救急，托教学生家长也纷纷打电话慰问。"家长们也不容易，我怎能要他们的钱？"面对学生家长的捐款救助，潘品婉言谢绝。

5月21日上午，王锋家乡广阳镇党委书记郭鹏、镇长陈万萍给王锋送去了慰问金。当看到王锋受伤的惨状时，二人不禁放声大哭。

社会各界纷纷主动施以援手，献出自己的爱心。截至5月21日下午6时，王锋家属共收到来自老乡同学、热心市民、爱心企业等捐助现金43800元，微信红包捐助40735元，好心人银行转账14620元，朋友圈轻松筹101971.86元。爱心善款共计201126.86元。

(原载2016年5月24日《河南日报农村版》)

【南阳日报】

三闯火海救人英雄身负重伤
方城男子王锋带血脚印书写感人壮举

《南阳日报》记者 柏伴雪　通讯员 张中坡　谭天

一场突如其来的大火，打破了卧龙区光武街道西华村居民小区宁静的夜晚——

5月18日凌晨1点20分左右，租住在该小区一栋三层民房一楼的方城县广阳镇男子王锋最先发现火情后，连衣服都来不及穿就赤脚投入火海，往返三次救出妻儿、两名小学生和一名托教老师。他的奔走呼救，为众人安全施救赢得了宝贵时间，居民无一伤亡，而王锋却重度烧伤，生命垂危，目前，正在南石医院烧伤科二病区抢救室抢救。

5月20日下午，记者来到南石医院，深入采访并感受救火英雄的感人壮举和无疆大爱。

时代先锋
——礼赞方城县三入火海救人英雄王锋

生死之间，三闯火海勇救人

5月18日凌晨1点20分左右，正在熟睡中的潘品被丈夫推醒："咋有股烧焦的糊味？"王锋说着打开位于一楼北侧的卧室门，此时紧挨着的一楼大厅已是火光冲天、浓烟滚滚，大厅内存放的十余辆电动车、摩托车正在熊熊燃烧，并传来"咚""咚"的爆炸声。"失火了，快救人！"见此情景，王锋顾不上穿衣服，一边迅速打开楼房大门，一边大声呼救。由于他们一家居住的房间离大门口最近，王锋折回身冲进火海，先将潘品与两个孩子转移到安全地带。

浓烟迅速吞噬了整栋楼。"赶紧报警！一楼还有学生！"说着王锋又冲进火海中，救出了困在一楼的两名学生和一名托教老师。此时王锋还没被大火烧伤，他完全可以保命外逃，等待外援。但人命关天、时间紧迫，王锋毫不犹豫地第三次冲进了正在燃烧的居民楼。因为，二楼、三楼还有几家住户啊！

大约过了七八分钟的样子，王锋从火海中跌跌撞撞地跑了出来。此时的王锋头发已全部烧焦，全身像黑炭一样，神志已不清醒，嘴里一直重复喊着："楼上有人，快来救人啊！"并且一直沿着小巷边跑边喊，身后留下一串带血的脚印。

听到王锋的呼救声，周围邻居纷纷起床加入到救火队伍之中。被王锋叫醒的二楼、三楼居民也纷纷采取自救措施，为专业救援人员到来施救赢得了宝贵时间。

当晚1点35分，消防队员和救护车赶到现场，大火被迅速扑灭。

舍己救人，身负重伤不言悔

38岁的王锋是方城县广阳镇古城村人，其母亲是癌症和糖尿病患者，同时还伴有脑梗死后遗症，常年吃药；父亲患有类风湿关节炎，手指变形，失去劳动能力，经常依赖药物；兄弟患有癫痫病。一家人的吃穿用度，全靠王锋一个人苦苦支撑。

王锋是个实在人，也是个热心人，他孝敬父母，关心妻儿和兄弟；面对乡亲们的求助，只要是力所能及的，他从来都是有求必应，不求回报。他那老实、诚信、助人的优秀品质，在乡邻中赢得了良好口碑。

生活的压力让王锋更加坚强。依托夫妻二人都从事过教育工作的优势，在亲戚的帮助下，去年9月，王锋在市二十一学校附近办起了托教。提及王锋创办的"清华园"托教，附近居民和家长无不称赞："这里虽说是托教，但教学设备齐全。为了提高30名托教生学英语的兴趣，王锋购置了投影仪、打印机，从不额外加钱。"

"在这座失火的小楼里，除王锋一家，还住着3户10多人，由于王锋及时发现、示警火情，除自己严重烧伤外，其他人均安全脱离险境。"回忆当时的情形，房东王女士仍然惊魂未定。

当天凌晨1点50分，王锋被送往南石医院抢救。据主治医师孙羽飞介绍，王锋全身烧伤面积达到98%，其中90%三度烧伤，8%二度烧伤，属于特重度烧伤，目前尚未脱离生命危险，医院正全力救治。

据初步估算，王锋第一次植人造皮费用在50万元左右，后期还会有高额的医治费用。

呼吁社会，献份爱心救英雄

英雄援手救人，亦需他人援手相救。

"不能让命悬一线、痛苦呻吟的救人英雄王锋孤苦无援，身伤再添心伤。"王锋英勇救人的事迹和严重烧伤的病情传开后，在社会上引起热烈反响，包括王锋的亲友、同学在内的众多相识及不相识的群众，纷纷自发赶往医院探望或陪护，不少人还慷慨解囊。

爱是相互的，这不仅包括王锋及我们身边的好人，更包括行走于社会中形形色色的人们。一人有难，众人相帮；一方有难，八方支援。这是中华民族的传统美德，也是我们社会中人与人之间交往应遵循的互助合作原则。

时代先锋
——礼赞方城县三入火海救人英雄王锋

我们了解到，住院当天，房东到医院送来两万元救急，托教学生家长也纷纷打电话慰问。

王锋的义举受到全社会的广泛关注。5月21日上午，王锋家乡广阳镇党委书记郭鹏、镇长陈万萍给王锋送去了慰问金，当看到王锋受伤的惨状时，二人不禁放声大哭。社会各界纷纷主动施以援手，多少不等地献出自己的爱心。截至21日下午6点，王锋家属共收到老乡、同学、热心居民、爱心企业捐助及微信红包捐助、全国好心人转账和朋友圈轻松筹等方式汇集而来的爱心善款201126.86元。省市媒体也在第一时间予以关注，呼吁更多的爱心人士加入到救助英雄王锋的行列。目前，随着社会各界采取更多的方式筹集善款，捐助数字正在不断被刷新。

凡人王锋用他的英勇壮举，点燃了许多人内心深处依然保存的对舍生取义、救人之急、见义勇为等传统美德的信仰，也激起了身边人甚至陌生人对救人英雄的感慨与崇拜。一位网友说，英雄本是平民，心存善念，常思助人，我们每个人都能抵达美德的高度，释放人性的芬芳。

让我们以英雄王锋为明镜，弘扬美德，传递正能量，铸造和谐、美好的精神家园。

（原载2016年5月24日《南阳日报》）

至善大爱感动中国爱心接力点亮南阳

《南阳日报》记者 柏伴雪　通讯员 张中坡　特约记者 陈新刚

英雄王锋用他的义举大爱感动并感召着越来越多的人，截至昨日发稿时，全国各地的爱心人士共为王锋捐助治疗善款179万余元。榜样的力量持续发酵，形成崇德向善的正向效应，为大美南阳、幸福南阳、活力南阳注入积极向上、至美和谐的精神能量。

壮举感人至深
救火英雄广受关注

5月18日的那一幕成为王锋和他的家人心中永难磨灭的回忆。凌晨1点

20分左右，王锋租住卧龙区光武街道西华村的居民楼突发火灾。王锋三次冲入火海舍己救人，换得了居民楼十多人的安然无恙。而他自己却特重度烧伤，全身烧伤面积达到98%，时刻面临生命危险。

英雄的壮举感天动地，本报以《三闯火海救人英雄身负重伤》为题，对王锋的事迹进行了报道，社会各界在为王锋点赞的同时，更以捐款、开展志愿行动等形式，表达着内心的崇敬。

5月24日，省委宣传部、市委宣传部纷纷发出通知，要求省直、省会各媒体进行深入采访报道，进行广泛宣传，传递好声音，弘扬正能量。

善款纷至沓来
用爱托起生命希望

事发当晚，严重烧伤的王锋被送往南石医院接受抢救。面对高昂的医疗费用，王锋及其家人无力承担。在媒体和社会各界的共同呼吁下，一场爱心行动火热展开，大家用实际行动表达着对英雄的崇敬和对英雄精神的弘扬。

从郑州闻讯赶来的广阳老乡栗晓，送去了大家捐献的10900元爱心款，并赋诗《英雄赞歌》，表达广阳在外人士的敬意。

方城县委、县政府有关领导专程赶往医院，送去了来自家乡的关怀；市司法局有关负责人为他送去了慰问品，并表示如果王锋需要相关的法律援助，将为他开通绿色通道，提供全方位的法律援助服务；市文明办、市卫计委等有关部门负责人也纷纷前往，为王锋及其家人带去了温暖与帮助……

截至昨日发稿时，王锋共收到善款179万余元。这笔见证爱、传递善、表达情的善款不仅为王锋撑起了生命的希望，更生动诠释着大美南阳好人多的美誉，成为文明南阳的精神高地。

形成正向效应
崇德向善风行南阳

每天每时每刻，感动不断发生。一位名叫李宾的女士赶到医院，找到

时代先锋
——礼赞方城县三入火海救人英雄王锋

素不相识的潘品,主动承担起照顾王锋一对儿子女的任务;南石医院一位保洁工将自己刚刚领到的1000元工资全部捐给王锋,不留姓名悄悄离去;手机尾号为6136的一位上海女士看到王峰火海救人的报道后,与8位同事共同捐款7900元;宁夏中卫一位爱心人士在网上看到王锋的英雄事迹后,向王锋账号捐款2000元,发来短信:"王锋是大爱无私的英雄,祝英雄早日康复、正气长存!"

凡人王锋用他的壮举点燃了人们对传统美德的信仰、崇敬与传承。"冲进火海,舍己救人需要多大的勇气啊!向英雄致敬!""潘品,一定要坚强和勇敢,用你的爱,帮助王锋尽快康复!"……或到现场,或在网络上,大家为王锋和他的妻子潘品送去最真挚的祝福和力量。

深受感动的潘品泣不成声:"真心感谢所有人的爱心支持,王锋肯定会好起来!目前,前期治疗费用已基本筹够,再次谢谢大家!等他好起来了,我们一定尽已所能,用实际行动回报大家的爱和支持。"

据王锋的主治医师孙羽飞介绍,王锋将接受首次切痂植皮手术,对两个胳膊和一条腿进行植皮。我们共同祝愿,手术一切顺利!英雄早日康复!

(原载2016年5月25日《南阳日报》)

弘扬大爱善举 共筑精神高地
《南阳日报》记者 柏伴雪 特约记者 陈新刚 通讯员 张中坡

连日来,本报对火海救人英雄王锋的连续报道反响强烈。各界人士纷纷表示,社会需要英雄,英雄的典型示范、精神引领有助于推动全社会形成见贤思齐、崇德向善、积极向上的良好风尚,从而为地方的建设与发展集聚精神动力,营造良好氛围。

表敬意
各界捐款221.6万元

5月25日,一笔来自北京的20万元捐款尤为引人瞩目。5月24日影视演员黄晓明在看到王锋的报道后,深情感慨:"不能让英雄孤独,不能让英雄流血再流泪!"在他的委托下,芭莎公益慈善基金"黄晓明真心英雄公益项目"有关工作人员赶来南阳,将10万元"真心英雄"最高奖金作为抚慰金拨付至王锋个人账户,10万元医药费作为治疗费用拨付至王锋所在医院南石医院的账户,优先用于王锋的治疗。

王锋的事迹刊发后,社会各界高度关注,积极参与到传递爱、践行爱的爱心接力中,在短时间内汇聚善款221.6万元,开创了我市为个人捐款的最高额。"我只是想做些力所能及的事情,来表达对英雄的敬意!"专程前往医院的张晓静深情地说。面对一笔笔带着敬意和善意的爱心款,王锋的妻子潘品婉拒了许多爱心人士和爱心企业的捐款:"谢谢!谢谢大家!根据医院估算,善款已经够手术费用了,我们一家非常感谢大家的大恩大德,请不要再为王锋捐款了,还有更多更需要帮助的人。"

学精神
精神坐标熠熠生辉

市文明委副调研员包万赋说,王锋的事迹非常突出,非常典型,他的行为和精神对社会产生了积极的示范引领作用。近年来,我们通过挖掘推介身边好人、道德模范,在潜移默化中为广大公民树立了正确的道德取向和价值观,在全社会形成了良好的风尚。全社会应该把更多关注的目光对准王锋,向他致敬,向他学习,使这种积极向上的正能量成为精神的坐标。

见行动
信仰的力量励前行

共青团南阳市委书记孙红鑫说,救火英雄王锋,三闯火海舍己为人的壮举感人至深,他以实际行动践行了社会主义核心价值观,弘扬了正能量,值得全市广大青年学习。下一步团市委将组织开展向英雄学习的宣传教育活动,引导、鼓励广大青年树立正确的世界观、人生观、价值观,胸

时代先锋
——礼赞方城县三入火海救人英雄王锋

怀大爱,乐于助人,崇义友善,充分发挥青年的先锋队、生力军作用,为大美南阳、活力南阳、幸福南阳建设积极地建功立业。

全国劳动模范、全国慈善楷模李相岑说,王锋的感人事迹应该大力弘扬,他是南阳的骄傲和自豪,社会需要这种舍己为人的精神。人人为我,我为人人,如果我们都能有这种意识,并自觉行动,世界一定会变得更美好。

(原载2016年5月26日《南阳日报》)

三入火海勇救人舍生忘死感天地
王锋获市见义勇为先进个人称号

《南阳日报》记者 黄伟 柏伴雪

5月26日,受市委常委、政法委书记张生起委托,市委政法委常务副书记郭建国到南石医院,代表市委政法委、市综治委看望慰问火海救人英雄王锋及家属,授予王锋"南阳市见义勇为先进个人"荣誉称号,并发放一万元奖金。

5月18日凌晨1点20分左右,卧龙区光武街道西华村一栋三层居民楼突发火灾。租住在一楼的王锋发现火情后,义无反顾三次冲入火海救人,居民楼十多人最终安然无恙,而王锋因救人严重烧伤,目前正在医院救治。王锋奋不顾身、舍己救人的英雄壮举,充分体现了中华民族见义勇为、舍己为人的大爱精神。为进一步弘扬社会正气,经市社会治安综合治理委员会研究,决定授予王锋"南阳市见义勇为先进个人"荣誉称号,并颁发证书,奖励现金一万元。

慰问中,郭建国高度评价了王锋不顾个人安危、舍己救人的高尚品质,详细询问了解王锋病情及治疗情况、生活中需要解决的实际困难。郭建国表示,王锋是中华民族一方有难、八方支援优良传统美德的弘扬者,是南阳"全民思进、人心向善"精神的践行者,市委政法委、市综治委将号召全市人民向王锋学习,倡树南阳人良好形象,凝聚起南阳跨越转型、绿色崛起正能量,努力为建设大美南阳、活力南阳、幸福南阳创造和谐稳定的社会环境。

弘扬英雄精神　展示青春风采

5月26日，团省委相关负责人专程赶到南阳，看望慰问王锋及其家人并送来一万元慰问金。

在病房前，该负责人关心地询问了王锋的病情，并安慰和鼓励其妻子潘品，一定要坚定信心，保持乐观态度，在照顾好英雄的同时照顾好自己。

该负责人说，王锋的英雄壮举震撼人心，感人至深，被社会各界广为称颂。在面临生死抉择的危难时刻，他将个人安危置之度外，挺身而出，三闯火海，舍己救人，以实际行动展示了南阳青年崇高的道德品质，至善大爱感动全国，值得大家尊敬和学习。

一同前往看望的团市委相关负责人表示，为深入推进"两学一做"学习教育，大力践行社会主义核心价值观，团市委将通过组织开展多种形式的学习活动，宣传王锋同志的英雄事迹和崇高精神，带领全市广大团员青年为建设"大美南阳、活力南阳、幸福南阳"做出积极贡献。

王锋术后生命体征平稳
预计两周后可进行第二次手术

连日来，王锋的医治情况牵动着无数人的心。昨日，在对王锋进行会诊后，南石医院院长赵俊祥向记者介绍了英雄接受首次切痂植皮手术后的身体状况。

"王锋很坚强，求生欲望非常强烈，昨日的手术做得很成功。目前，他的各项生命体征都比较平稳。如果顺利的话，大约两周后，就可以进行第二次切痂植皮手术。"赵俊祥说。

针对大家都比较关注的治疗阶段和治疗措施等问题，赵俊祥进行了详细介绍。他说，王锋属于特重度烧伤，全身烧伤面积达到98%；其中，90%三度烧伤，8%二度烧伤，仅在腹部幸存2%的完好皮肤。因为可控皮源少，

时代先锋
——礼赞方城县三入火海救人英雄王锋

患者的治疗时间比较长。烧伤治疗分为三个阶段,休克期、感染期和恢复期。王锋的治疗及时有效,已经安全渡过了休克期,目前正处于感染期。如果一切能够按照医院设想的治疗计划完全成功,在接下来的2~3个月的前期治疗阶段,王锋还将接受8~10次切痂植皮手术,大概需要200万元左右。而后期的康复治疗费,要根据患者的实际情况再做定夺,尚无法估算。

赵俊祥说,医院将组成专家领导小组,认真研讨论证每一步的治疗方案,不惜一切代价,全力以赴救治英雄。

面对躺在病床上,体无完肤、痛苦不堪的丈夫,潘品痛彻心扉,这个老实、善良、本分、话语不多的传统女性,用她的坚强和乐观默默承受着、期盼着、感激着。这些天来,她说的最多的一句话就是:"谢谢!"见到每一位前来捐款的爱心人士,她都用那句诚挚的感谢和深深的鞠躬表达着自己的情感。"真的觉得特别过意不去,让这么多人来帮助我们,我觉得忐忑不安,无以为报。"连日来,她婉言相拒了多笔捐款,少则数百元,多则上万元。"截至5月25日,王锋共花费医疗费39万余元。是来自政府和社会的关爱,为王锋带来了生命的希望,真的非常非常感谢!我一定照顾好他,鼓励他争取早日康复,回报大家的爱。"

学英雄 献爱心

5月26日下午,冠华·名门国际为三入火海救人英雄王锋举行爱心捐款活动,受到社会各界爱心人士的关注和支持。

听说王锋不顾个人安危,火海救人被烧伤的情况后,冠华·名门国际董事长常海深深感动,立即组织员工进行爱心募捐。当天的捐款现场,常海代表公司向王锋捐款20万元,同时,公司员工纷纷献上爱心。他们的爱心举动感动了众多爱心人士,很多人也参与到捐款活动中。

20元、50元、100元……,点滴爱心汇聚在一起,当天活动筹集爱心款共计224170元。捐款活动结束后,该公司相关负责人赶到南石医院,将善款交到王锋家人手中。

第三章 见证壮举

生命的奔跑

生命是最宝贵的。有人对自己的生命珍惜，有人对别人的生命珍惜，有人对凡是有生命的东西都无比珍惜。当你以奔跑的姿势拯救别人生命的时候，你奔跑的姿势就上升到了一座城市的高度，你的生命也就升华成为南阳的精神之光。

那个夏日的午夜，你赤身赤脚在奔跑，在烈火中奔跑三个来回，在居民区的小巷里奔跑，用尽全身力气在奔跑，用尽整个生命在奔跑，直到居民楼上的十多名男女老少全部被救出，被烧成"炭人"的你才瘫坐在路旁。

奔跑中，你一心想的就是救人，你一直大声呼喊的一句话就是："着火了，快来救人！"当你面目全非、被抬上救护车的那一刻，嘴里喃喃说的还是"快救人"！

你与妻子和一双儿女居住在离门口最近的地方，不过几步路的距离。当你打开大门，你可以自己独自逃生，但你没有。你爱妻子，爱一双儿女，他们是你生命的一部分，你不能失去他们。你第一次毫不犹豫地回头冲进了火海，救出了妻子和一双儿女。此时，你可以一家四口逃生，但你没有。你爱托教的学生、爱托教老师，他们也是你生命的一部分。你第二次毫不犹豫地回头冲进了火海，救出了两名学生和一名老师。此时，你还可以安全逃生，但面对越烧越旺的大火，你没有。你爱这些熟悉的或陌生的邻居，你们在城市的同一屋檐下简单租住、艰难讨生活，他们也被你视作了生命的一部分。你第三次毫不犹豫地回头冲进了火海，冲上了二楼，冲上了三楼，用嘶哑的声音、用激烈的敲门声，喊醒了这些午夜酣眠的邻居，留给了他们生命的希望。

小巷里那一串带血的脚印，是你奔跑时留下的脚印。它们像一个个鲜红的心字形状，烙印在夏天的水泥路上，洋溢着你对生命的无比热爱。你不是"赤脚大仙"，也不是在炼丹炉炼过的孙悟空，但你却赤身赤脚在火海里决绝地穿行。火是灼热的，火也是可以摧毁一切的。我不知道火在烧烤你的肉体时，你是怎样的疼痛，但我知道，那时你是怎样的焦灼，你满

时代先锋
——礼赞方城县三入火海救人英雄王锋

心焦灼的都是别人生命的安全！你哪里还顾得上自己的疼痛！

你来自南阳盆地一个古朴的村庄，你带着妻子和一双儿女到南阳打工讨生活。在城市里你依然像乡村的一株庄稼一样朴实无华，城市的五光十色和灯红酒绿繁华没有影响你的品质和本色。从不抱怨家庭的贫困，从不抱怨命运的不公，你用爱心和生命一直在呵护、温暖着家人。关键时刻，你又用爱心和生命呵护、温暖了十多条鲜活的生命。

此时，家乡大片大片金黄的小麦已在收割，而你却静静地躺在病床上接受漫长的治疗。你火海救人的消息感动了南阳盆地，感动了大江南北，你的亲朋好友参与了救援你的行动，你在南阳的左邻右舍参与了救援你的行动，你的家乡参与了救援你的行动，南阳全城参与了救援你的行动，全国各地的无数网友、无数好心人参与了救援你的行动，就连明星黄晓明也参与了救援你的行动……。这么多好心人参与救援，本身就是对你火海救人行为的点赞、敬佩与回馈！尊重别人生命的人，必定也会得到别人的尊重，这就是人世间最至简至朴的道理！

作为老乡，我为你骄傲，我为你自豪。在家乡父老乡亲和天南海北无数爱心人士的热切期盼中，衷心祝愿你早日康复，重新与家人步入安宁幸福的生活。

烈火救人英雄王锋，好人一生平安！

（原载2016年5月27日《南阳日报》）

我市使用专机护送英雄王锋转院
全力救治英雄弘扬社会正气

《南阳日报》记者 段平

火海救人英雄王锋的伤情备受社会各界关注。为了使英雄得到更好的治疗，7月12日，我市首次使用专机护送王锋转至解放军总医院第一附属医院，接受进一步治疗。市委常委、宣传部长王新会代表市委、市政府前往送行。

当日12时许，护送王锋转院的急救专机抵达南阳机场。北京市红十字会999急救中心、中国航空医疗救援队的3名医护人员下飞机后第一时间赶赴南石医院。经过救援队现场评估,王锋各项指标符合转运条件。16时,王锋乘坐的医疗专机从南阳出发,17时25分抵达北京首都国际机场。在机场等候的另一组救援人员第一时间将王锋送往解放军总医院第一附属医院烧伤科,接受治疗。

在南石医院治疗的55天中,王锋进行了四次植皮手术。专家评估,眼下王锋神志比较清醒,生命体征相对稳定,是转院的最佳时机。南石医院院长赵俊祥介绍,转院治疗一直是王锋治疗计划的一部分。为了顺利实施,医院先后两次和国内顶尖烧伤专家会诊,还对王锋身体的各项指标做出充分的评估,最终确定转院时间。

虽然经历了四次植皮手术,但王锋大部分创面并未修复,仍然处于感染期,一个多小时的空中颠簸对他的身心也是一次考验。为了应对转院途中的突发情况,随行医疗队做了充分的准备,确保病人途中安全。

英雄王锋以三入火海勇敢救人的实际行动谱写了一曲令人感动的英雄赞歌。王锋住院期间,各级领导前往医院看望慰问,帮助王锋解决困难;社会各界踊跃捐款,期盼英雄早日康复。

在王锋转院当天,王新会前往南石医院、南阳机场送行。王新会说,使用专机护送英雄转院,这在南阳历史上是第一次。英雄王锋的感人事迹引起了全社会的广泛关注和赞誉,树立了南阳人的良好形象。为全力救治英雄,市委、市政府高度重视,立即召开会议研究王锋转院事宜,方城县委、县政府也积极配合。从形成决议到实施仅一天时间,充分体现了南阳崇拜、关心英雄的良好社会氛围。

(原载2016年7月13日《南阳日报》)

弘扬英雄精神力践"两学一做"

褚清黎

一方水土养育一方人民,一方人民创造一方文化,一方文化铸就一方文明。大美南阳,德善高地,南都帝乡特有的地缘文化和久久为功的精神

时代先锋
——礼赞方城县三入火海救人英雄王锋

文明建设,滋养了方城这块英模辈出的热土,锻造出方城人吃苦耐劳、坚韧顽强的性格,孕育了方城人乐善好施、见义勇为的特质。王锋作为方城县继郭春鹏、徐运芝、于松昌之后的又一个英模人物,集中体现了中华民族的传统美德和方城人的优秀品质,充分展示了"美丽河南英雄地、大美南阳好人多、方城好人多善举"的形象品牌,是践行社会主义核心价值观和"两学一做"的生动教材,是雷锋精神的再现,是方城英模群体井喷式涌现的最好注脚。

弘扬社会主义核心价值观,就要学习王锋见义勇为、临危不惧的浩然正气。王锋是南阳又一位感动神州的英雄,在人民群众生命财产和公共安全遭受严重威胁的危急时刻,在生与死的紧要关头,在血与火考验的关键一瞬挺身而出,在熊熊燃烧的烈火中左冲右突,二十多条鲜活的生命得以保全;在人们最绝望、最期盼的时候冲在最前头,无惧烈焰的炙烤,用灵与肉在救人现场水泥地上书写下一长串饱蘸血浆的辉煌脚印,以三入火海勇敢救人的实际行动谱写了一曲令人感动的英雄赞歌,充分体现出心系群众、舍生忘死、勇敢无畏的牺牲精神,充分展现出热血男儿的英雄本色,集中展示了当代青年临危不惧、舍生取义的精神风貌。学习王锋同志,就要让社会主义核心价值观走进内心深处,并升华为一种坚定的价值追求,时刻把人民群众的利益放在第一位,在保卫人民生命财产安全的危急时刻能挺身而出的英雄气概和大无畏精神。

践行市委作风建设"四句话"要求,就要学习王锋忠诚担当、敢于拼搏的顽强意志。平常时刻看得出、关键时刻冲得上、危难时刻显身手,王锋同志用铮铮铁骨和一腔热血,在千钧一发之际做出异于常人的壮举,谱就了一曲震撼人心的大爱交响曲,这是对市委作风建设"四句话",特别是"忠诚担当事上见"的生动诠释,与"忠诚担当、大爱报国"的南水北调移民精神和"勇于担当、务实重干"的农运会精神,以及"李文祥式老英雄"王金山、最美奶奶柴小女、扎根基层无私奉献的周建奎、带领群众种植猕猴桃发家致富的好干部李华玲、优秀移民村支书陈廷江、全国岗位学雷锋标兵郭春鹏、桑蚕专家陆锡芳、最美村官徐运芝、优秀移民干部向晓丽、舍己救人的"托举三兄弟"等一大批先进典型和凡人善举一脉相承。学习王锋同志，就要学习他侠肝义胆、勇于担当、敢于拼搏的顽强意志，学习他英勇无畏、性格豁达、积极乐观的生活态度，学习他崇德向善、忠于人民、大爱无疆的精神境界，立足本职岗位，紧紧围绕"四一二"工作大局，积极投身全国高效生态经济示范市建设的伟大实践，在火热的青春中放飞人生梦想，在拼搏的青春中书写事业华章。

积极投身"两学一做"学习教育，就要学习王锋心系他人、忘我奉献的大爱情怀。方城县是一个英雄辈出的地方，空军战斗英雄杜凤瑞、开国少将栗在山等都出生在这里。华夏文明根的养分输送和源的文化浸润，使仁勇忠义融进王锋的骨子里、渗透进他的血脉里，成为支撑他英勇救人的精神动力。王锋蹈火的英雄壮举，闪耀着华夏历史文明传承创新裂变出的时代精神，必将内化为新时期青年人的行为自觉，散发出无尽的正能量。学习王锋同志，就要躬身践行"两学一做"，像他那样，想群众之所想，急群众之所急，帮群众之所需，努力为人民群众解忧救难；像他那样真正从感情上尊重群众、为了群众、帮助群众，始终本着"为民、便民、利民"的原则，让广大人民群众时刻切身感受到社会主义制度的优越性，从细微处增强群众的幸福指数和获得感；像他那样牢记历史使命，志存高远，奋发有为，为加快南阳转型跨越、绿色崛起加油助力、增砖添瓦。

（原载 2016 年 8 月 10 日《南阳日报》）

【南阳晚报】

方城男子三入火海救人，重度烧伤、生命垂危
——他，用带血的脚印书写英勇

《南阳晚报》记者 于晓霞

核心提示：

5月18日凌晨1点20分左右，卧龙区西华村一栋三层居民楼突发大火，浓烟迅速吞噬了整幢楼房。租住在一楼的方城男子王锋发现险情后及时奔走呼救，在救出妻儿后，他又冒着危险先后两次返回火海救出两名小学生

时代先锋
——礼赞方城县三入火海救人英雄王锋

和一名托教教师。由于王锋的及时示警,居住二楼、三楼内的居民纷纷自救或者等待施救。最终消防扑灭大火,其他居民均安然无恙,但王锋却被严重烧伤。目前火灾原因正在调查中。

38岁的王锋是方城广阳镇人,去年七月,他带着妻子和一双儿女租住在西华村一栋三层民宅中。由于住处邻近市21小学,夫妻俩就办了所托教,每天忙忙碌碌招呼二三十名小学生,赚些辛苦钱。

"火是从一楼大厅燃起的,我们住在一楼北间,房门正对着大厅,所以发现得最早。"据王锋妻子潘品回忆,5月18日凌晨1时20分左右,正在熟睡中的她突然被丈夫王锋推醒。"咋恁大烟呢?"王锋说着打开了卧室房门,发现外间大厅里浓烟滚滚,大厅存放的十多辆车电动车、摩托车正熊熊燃烧着。"失火了,救人啊,救人啊!"顾不上穿衣,王锋一边打开楼房大门大声呼救,一边保护着妻儿从室内转移到楼外安全地带。

被丈夫救出来后,当时潘品和孩子都吓蒙了,就听王锋说:"你打电话报警,招呼好孩子,我得去救人,楼里还有很多人。"潘品眼看着王锋冲进火海,赶紧拿起手机报警。

三入火海救人,重伤昏迷不忘救人

冲进火海的王锋,又迅速救出了住在一楼东间的两名托教学生和一名托教老师。"这时候,王锋还没有被烧伤。如果不再进去了,他就不会被烧伤了。"潘品哭着说,那时候,已是火光冲天,楼内不时响起噼噼啪啪的爆炸声,她也没想到,王锋又冲进了小楼。

再出来时,王锋已快被烧成了"炭人",浑身都是黑的,神智已不清醒。就是这样,他还在外面跑着喊着"快救人啊,快救人啊,失火了",向四周邻居呼救示警。从住处到张衡路口,大约五六十米的距离,一路都留下了他带血的脚印,最终被妻子拦在路边等消防车。直到昨天中午记者采访时,还能依稀看到,他当晚留下的一个个血脚印。

火光冲天,再加上王锋大声呼救示警,四周邻居也纷纷从睡梦中惊醒,纷纷加入到救火的队伍中。"由于火势大,门口又没有水源,大家都要回家端水过来,一盆水泼上去根本就没啥效果。"附近居民卢先生告诉记者,大约1点35分左右,来了两辆消防车,迅速扑灭了大火。

"把王锋弄上救护车时,他还不肯上车,一个劲儿地说,'楼上还有很多人,先救他们'。"卢先生叹息说,"那会儿王锋已经处于半昏迷状态了,脑子里就记着'救人'这一件事了。"

王锋重度烧伤,其他居民安全脱险

房东王女士告诉记者,他们一家住在二楼,是被噼噼啪啪响声和王锋的呼救声惊醒的。打开房间,看到浓烟滚滚,她吓得不敢乱走,就抱着孩子站在二楼窗边,只把窗户开一条小缝透气。

据了解,在这座失火小楼内,除王锋一家外,一楼住着两名10岁左右的托教学生和一名托教老师,而在二楼、三楼,带上房东一家,共住着3户10多人。由于王锋的及时示警,待消防队员扑灭大火后,除王锋自己被严重烧伤外,其他人均安全脱离险境。

当天凌晨1时50分左右,王锋被送往南石医院救治。据主治医生介绍,他的烧伤总面积达到98%,属于特重度烧伤,情况非常危重,目前尚未脱离生命危险,医院正全力救治。初步估计,王锋第一次植皮费用大约在30至50万元之间,后期还会有一大笔医治费用。"18号一天花了3.2万多元,19号这天的医疗费还没出来。"潘品告诉记者,现在花的钱都是亲戚朋友凑的,可大家都是农村的,又能有多少积蓄?以后的治疗费用怎么办,她也不知道。

记者了解到,王锋住院后,房东当天到医院送来两万元钱救急。托教学生家长也纷纷打电话安慰潘品,表示愿意捐钱救助,但被潘品婉言谢绝了。"家长们也不容易,我哪能要他们的钱。"潘品说。

(原载 2016 年 5 月 20 日《南阳晚报》)

时代先锋
——礼赞方城县三入火海救人英雄王锋

爱心拯救在继续：一切为了王锋

《南阳晚报》记者 于晓霞

核心提示：

昨天，在本报的持续关注及众多媒体的跟进报道下，王锋这个普通的名字被越来越多人铭记。在人们都为王锋喝彩点赞的同时，更是主动伸出援手捐款相助。在网络，几乎每一分钟，微信轻松筹上王锋的捐款金额都在增加；在医院，几乎每个小时，王锋妻子潘品都能收到一个个好心人送来的爱心款。一笔笔带着体温的善款，传递着社会正能量，温暖着病床上的王锋及家人。

关注：来自媒体的爱心扩散

随着本报对王锋事件的跟踪报道，舍己救人英雄王锋引起了更多媒体的关注。昨天，河南电视台-新闻频道、河南电视台-都市频道、南阳电视台-宛都播报等省市媒体先后到医院和火灾现场，采访报道王锋火海救人及社会各界爱心救助的感人事件。爱心的涟漪越扩越大，越来越多人自动加入到救助王锋的行列中来。

"这是一个好朋友转给我的，让我帮她表达一下心意，她是两个孩子的妈妈，真的很感动，王锋，加油加油！""再次冲进火海需要多么大的勇气，敬佩英雄，希望英雄康复，重新站起来"；"已泪奔，致我们最伟大的英雄，希望早日康复"；"英雄挺住！家属挺住！明天会更好"……

无数网友在轻松筹平台捐款献爱心后，纷纷留言鼓励王锋及家人。网友们的善意通过网络无声传递，超越空间的距离，一下子把两颗陌生的心拉得很近很近。

5元、10元、20元……，涓涓爱心汇聚成海，截至昨天19时，微信轻松筹平台已为王锋募捐善款168778.60元。

温暖：来自家乡的持续关怀

"你一定要坚强，照顾好自己的身体，千万不能累坏了。现在王锋受伤了，你就是家里的顶梁柱，是王锋和孩子们的依靠。"昨日上午10时，三四名女子围着面容憔悴的潘品耐心安慰着，你一言我一语地鼓励着她。

她们是代表方城赵河姜栋庄联中老同学到医院看望王锋及家人，并送来了8100元爱心款。他们中很多人以前并不认识王锋，在同学群里看到王锋火海救人的报道后，大伙都自发行动起来，主动为王锋捐款献爱心。"虽然不认识王锋，但作为方城人，我们为有王锋这样的老乡感到骄傲！"

16时许，方城广阳镇卫生院院长黄伟也带着部分职工给潘品送来了全院的爱心款5450元。"前天，广阳镇党委、政府发起了给王锋募捐倡议书，呼吁各界人士伸出援助之手，献出一份爱心，帮助英雄王锋战胜病魔！"

"王叔叔，加油！"在方城博望镇一初中，七七班学生在听班主任讲述了王锋火海救人的事迹后，该班全体学生自发组织了一个祈福仪式，祝愿王锋叔叔早日康复。

昨天，市司法局党委委员、副局长谢清波和司法救助中心负责人等来看望王锋时表示，司法部门愿意承担法律服务和法律援助，如符合条件，他们将对其提供无偿法律援助服务。

救治：医院正全力救治王锋

昨天上午，记者就王锋的救治情况与南石医院进行了沟通。该院院长表示，重度烧伤患者在前2个月均属危险期，王锋渡过休克期后，目前进入感染期，医院已制订了防治方案，全力以赴救治王锋。"烧伤面积太大了，如果能安全渡过危险期存活下来，王锋至少要进行六次植皮手术，治疗费用将超过100万元。"

时代先锋
——礼赞方城县三入火海救人英雄王锋

据了解，在广大爱心人士、各级领导的支持下，在众多媒体的共同关注下，截至昨天19:00，王锋家属共收到社会各界捐助现金、银行转账及微信红包22.5072万元，轻松筹募捐16.8778万元，爱心善款共计39.385万元。

为防止一些不法人员借机通过微信红包诈骗，本报受王锋妻子潘品委托特向社会公布救助王锋捐助渠道，希望各位爱心人士今后尽量不要再以微信红包的形式捐助，谢谢大家啦。

（原载2016年5月20日《南阳晚报》）

【南都晨报】

三闯火海真英雄雷锋精神新篇章

《南都晨报》特派记者 杨钧博

阅读提示

7月26至29日，《人民日报》、新华社、《光明日报》、《经济日报》、中央人民广播电台、中央电视台、《河南日报》、河南人民广播电台、《南阳日报》、《南阳晚报》、《南都晨报》等中央、省、市新闻媒体组成的采访团，前往曾经救治王锋的南石医院、救人现场、王锋家乡方城县和正在救治王锋的解放军总医院第一附属医院（原北京304医院）进行深入采访，还原英雄壮举，挖掘英雄背后的故事。

乡亲爱他热心肠

7月26日上午，南石医院举行媒体座谈会，来自中央、省、市媒体的记者通过采访参与救治王锋的医护人员，了解王锋在南石医院住院期间的治疗情况。当天下午，在救人现场，王锋的房东、邻居及被他救出的老师，向记者讲述了王锋火海救人的英勇事迹。

"他最先发现火情，衣服、鞋子都没有来得及穿，就不顾个人安危地想方设法救我们。要不是王锋，躺在医院的人可能就是我。"被王锋救出的老师姚雪说。

7月27日，在王锋的家乡方城县广阳镇古城村，王锋的家人、老师及邻居向记者们展现了一个心地善良、热心助人的真实王锋。

"当时，班上一个同学的哥哥残疾，家庭困难，他就省吃俭用来帮助这位同学。正是这种默默奉献的精神，铸就了他舍己为人的崇高品格。"王锋上高中时的班主任王爱民说。

"王锋这孩子，话不多，却是个热心肠！"古城村党支部书记姚金岭告诉记者，2013年4月，古城村小学改造房屋，教室不够用，有一个班三十多个学生没地方上课。王锋知道了，主动腾出自家一楼的三间房子当临时教室。学生上课的时候，他还义务为师生提供开水。

7月29日，解放军总医院第一附属医院召开英雄王锋救治情况媒体通气会。

医生敬他真英雄

7月29日上午，解放军总医院第一附属医院举行媒体通气会，向采访团通报王锋目前的救治情况。

据了解，王锋自7月12日转院到解放军总医院第一附属医院以来，已经进行了三次手术，病情有一些改善和好转，但仍处于危重状态。如果一切顺利，再经过三到四次手术，王锋的病情有望趋于稳定，接下来需要做的就是后期的康复治疗工作。"到目前为止，王锋接受了三次非常有效的封闭创面手术治疗，现在还有接近40%的创面裸露着。相信在我们的精准治疗之下，王锋会一天一天好起来。"解放军总医院第一附属医院全军烧伤研究所所长柴家科说。

"为了及时科学有效地调整王锋的治疗方案，医院组织各科室主任进行会诊。手术采取国际领先的植皮术，术前、术中和术后的抗生素使用，都根据病情及时调整。为了及时掌握王锋病情的发展，医院主要负责人专门成立了一个微信讨论群，随时关注王锋的身体状况和医护落实情况。"

时代先锋
——礼赞方城县三入火海救人英雄王锋

解放军总医院第一附属医院烧伤整形科护士长王淑君说。

"我们不仅会全力对王锋进行救治,而且还要达到最好的效果,未来能够让他在各个方面得到最好的康复,让他能够回归社会。我们将用英雄的精神救助英雄,并号召全院学习王锋精神。"解放军总医院政治部主任田鸥少将表示,王锋对生命的执着感动着每一个人,解放军总医院不会让英雄流血再流泪,将全力以赴救治王锋。

7月29日,王锋在解放军总医院接受治疗。

记者赞他活雷锋

省委宣传部新闻处副处长侯红路说:"王锋的事迹感动了我,感动了各位记者。我们采访团力争在本次采访中细致了解、深入挖掘、好好总结,把王锋的感人故事呈现给全国人民,激励每个人,传递真善美。"

中央电视台《焦点访谈》记者曲长缨告诉记者:"我觉得这种精神特别可贵,特别值得我们所有人学习。我在现场看了他救人时跑的路线,听了邻居和被救人员的介绍,我觉得他尽到了一个教师的职责,不仅用知识来教育学生,而且用行动给我们树立了一个教师的榜样,一个普通公民的榜样。他这种精神,在当前特别值得弘扬。"

《雷锋》杂志社记者夏一萌说,雷锋精神倡导"为人民服务",而王锋在救火时,用他的大爱和鲜血为人们活灵活现地彰显出这5个字的伟大。他用火海救人的壮举告诉人们,雷锋就在我们身边。

7月26日,南石医院王锋的主治医师王硕接受记者采访。

(原载 2016 年 8 月 1 日《南都晨报》)

第四篇章 全力救治

第四章　全力救治

【解放军报】

夜以继日，全力以赴救英雄
——解放军总医院第一附属医院精心救治救火英雄王锋纪实

■ 王　军　　向刚尔　　《解放军报》记者　林敬秋

三闯火海救人、现场二十余人在他的呼喊和施救下全部安全脱离险境，而他本人却被严重烧伤，烧伤总面积达98%……。河南省南阳市方城县青年王锋火海救人的英雄事迹经过全国多家媒体报道传遍大江南北，感动着整个中国，牵动着社会各界人士和群众的心。

经过当地医院55天的救治后，王锋于7月12日转到解放军总医院第一附属医院接受更为专业的治疗。该院医护团队在英雄精神的感召下，夜以继日全力救治、与死神抗争，用"允忠允诚、至精至爱"的救死扶伤精神，挽救英雄的生命。

与时间赛跑，为英雄搭建起"绿色生命通道"

7月12日18时20分，北京首都机场，运送英雄王锋的专机平安降落，全身缠满白色纱布的王锋被随行的医护人员抬出机舱，随即迅速抬上救护车，火速送往解放军总医院第一附属医院。

7月的北京，高温酷暑。随行的医护人员在疾驰的救护车上心急如焚，

时 代 先 锋
——礼赞方城县三入火海救人英雄王锋

希望快点、再快点……，他们深知对于空中转运像王锋这样的危重烧伤病人，休克、脏器衰竭等险情随时可能出现，每一个伤情的变化都可能产生难以想象的后果。

对于这种风险，解放军总医院第一附属医院的医疗专家更是了然于胸。接到救治王锋的任务后，医院及时成立了以烧伤研究所所长柴家科为组长、烧伤科主任申传安为副组长，由十余名专家组成的救治专家组，并安排好特护病房、启动一级护理，为英雄搭建起"绿色生命通道"。该医院院长黄少平、政委杨清仁要求救治专家组全力以赴，用最好的设备、最好的技术和最好的服务，保证最好的治疗效果。

全身98%烧伤，合并重度吸入性损伤，发烧38.8度，伤口很深……，特护病房内，柴家科检查完王锋的病情，不禁皱起了眉头："由于创面过大，病人身体消耗大，抵抗力弱，很容易出现各种并发症，随时都有生命危险。"

"烧伤的主要问题来自于创面，尽早封闭创面是挽救危重患者生命的关键环节。"入院当晚，他们组织烧伤整形科、心内科、ICU、呼吸科、输血科等多学科专家对伤员进行了联合会诊，救治专家组制订了翔实的治疗方案，在确保伤员各脏器功能良好、全身情况稳定的前提下，决定尽早实施清创和植皮手术。

随后，他们与时间赛跑，投入一场又一场弥漫着"硝烟味"的战斗中——

7月14日，对王锋的烧伤部位进行首次清创植皮手术，全身清创，取头皮、躯干部分自体皮及部分异种皮，对其双下肢、右上肢进行移植。

20日，第二次手术，重点对右下肢、双上肢进行清创植皮，同时对锁骨下区进行植皮。

26日，第三次手术，重点对后背和四肢进行清创。

据烧伤科副主任李峰介绍，3次手术植皮全部成活，双上肢创面基本愈合，植皮覆盖率达30%多，总体创面缩小到了40%以内，患者病情趋向平稳。

第四章 全力救治

用精湛技术和执着精神与死神对抗，把英雄从死亡的边缘拉回来

烧伤感染，如同一道蜿蜒漫长的山脉，始终横亘在伤员生存与死亡之间。

专家们用精湛技术和执着精神与死神对抗，把王锋从死亡的边缘一次次拉回来。

据主治医师刘伟介绍，由于没有人造皮肤，只能用病人残存的一点点健康自体皮修复创面。王锋烧伤面积达98%，残存皮肤只有2%，需要反复多次手术。由于大量创面无法短时间覆盖，极易发生感染和内脏功能不全等并发症，伤员随时可能出现不测。王锋在早期救治过程中就发生了严重的创面感染、肺部感染、心功能不全、电解质紊乱等多种危及生命的并发症。针对这种情况，专家组提出使用MEEK植皮修复供皮区，使得躯干的供皮区能够连续多次供皮，极大地提高了自体健康皮肤的利用效率。

"对于危重烧伤病人的救治，除了需要精湛的技术，很多时候取决于细微的床旁观察和临床经验，关键是随时发现并及时解决问题。"有关专家告诉记者，王锋曾出现高乳酸血症，血中乳酸水平一度升高至危及生命，却一时找不到原因。

经过专家组的认真分析和充分讨论，终于在三天后发现罪魁祸首竟是一种抗菌素。他们立即停药，对症施治，病人血乳酸水平逐渐下降，英雄又一次化险为夷。

看着丈夫的创面越来越少，病情一天天好转，王锋的妻子潘品激动得泪流满面，连声对医疗专家们说"谢谢"。

英雄的重生，是医护人员日夜守护出来的奇迹

王锋的英雄事迹，不仅打动了社会各界千千万万群众的心扉，更感动着为他治疗的解放军总医院第一附属医院医护人员的心。

"王锋在人民群众生命受到威胁的时刻不惜牺牲自己的生命，挺身而出，值得每一个人敬重。"主治医生刘伟动情地说，"作为一名医生，就应该把学习英雄的精神转化为救治英雄的实际行动。"

时代先锋
——礼赞方城县三入火海救人英雄王锋

这些天，年过六旬的柴家科教授坚持每天查房，指导调整王锋的治疗方案。申传安主任带领烧伤科医护人员吃住在医院，一天数次去病房探望，密切观察着王锋病情的变化，并进行细致的评估。护士长王淑君的母亲来京看病，她也难得陪上一回。重症科、心内科、呼吸科、输血科、麻醉科、营养科、消化科、血液科等专科的专家随叫随到，主动跟进关心病人。

为保持王锋创面的清洁，医护人员每次都精心为他换药。每次换药，不亚于一次手术，而这样的"手术"每天要进行四次以上。因为伤情严重，护士们每天为王锋翻身、吸痰、创面涂药、输液等，一干就是十几个小时。

医者的使命不仅要救人性命，还要医治伤者的精神创伤，通过自己的医术和爱心向患者传递关爱，强化患者求生的欲望，增强患者战胜病痛的信心。

烧伤所致的创面感染，换药翻身带来的痛苦，让王锋本能地产生抗拒。特别是刚来医院那几天，王锋情绪波动大，医护人员不时耐心地安慰他，给他以信心和力量。

"重症烧伤病人的重生，是医护人员日夜守护出来的奇迹！"王淑君说："护理烧伤病人虽然又苦又累，但当看到英雄垂危的生命在我们一分一秒的守护中出现转机，那是最大的欣慰。"

守候王锋的亲朋好友无不为战斗在一线医护人员的精神所感动，他们动情地说，救治组的每名医护人员都表现出无私的奉献精神和特别能吃苦、特别能战斗的团队精神，他们是用自己的汗水和爱心守护着王锋的生命！

（原载 2016 年 8 月 9 日《解放军报》）

第四章 全力救治

【南阳晚报】

政府包机救治平民英雄

《南阳晚报》记者 于晓霞 实习生 黄嘉巍

7月12日晚上7时30分，带着市、县政府领导的关怀与家乡人民的祝福，南阳救火英雄王锋乘坐专机被平安转至中国人民解放军总医院第一附属医院（以下称"北京304医院"），接受更专业的治疗。离开家乡前，南阳市委常委、宣传部长王新会等一路陪同到南阳飞机场，为王锋送行。

专家会诊建议王锋转诊北京 304 医院

南阳方城县38岁托教老师王锋三入火海救人自己被重度烧伤的壮举一直感动着全社会，他的伤情和治疗情况也一直被众人牵挂和关注。市委、市政府对王锋的救治工作高度重视，一再强调抢救英雄用最好的设备，最好的药物，要不惜一切代价挽救王锋的生命。

昨天，是王峰烧伤后入院救治的第55天。在这55天内，王锋先后经历了抗休克期、休克后的不稳定期以及四次切痂植皮手术，植皮创面达到60%。由于王锋的肺部呼吸道受损严重，属于重度呼吸道损伤，在第三次、第四次术后王锋都出现了肺部感染败血症，在医院的及时治疗下，目前感染败血症都纠正过来，病人生命体征暂时平稳。

为了更好地救治英雄，7月8日，我市邀请国内烧伤专家贾晓明教授为王锋会诊，经贾晓明和南石医院医疗团队集中会诊讨论后认为，医院对伤者的前期诊断治疗正确，虽然伤者目前病情危重，但生命体征相对平稳，具备转诊条件。考虑到北京304医院是全国烧伤治疗水平最高、力量最雄厚的医院之一，治疗设备更为先进，技术水平相对更高，更有能力治疗王锋后期可能出现的各种并发症，转诊后王锋的机会更多，希望更大。经反复权衡，南石医院向市领导请示，市领导、专家共同讨论后决定，为了王锋

时代先锋
——礼赞方城县三入火海救人英雄王锋

以后的安全，将王锋转入北京304医院治疗。

政府出资包机送平民英雄入京治疗

"包机救治平民英雄，这在南阳历史上是第一次。"就王锋的救治工作，南阳市委常委、宣传部长王新会说，从市委、市政府到方城县委、县政府都只有一个原则，就是全力以赴救人要紧。由于王锋病情严重，转院路途遥远，昨天确定王锋需要转院后，马上决定政府包机，送英雄坐专机直达北京继续治疗。

昨日一大早，得知王锋将包机转院到北京治疗的消息后，方城县县长段文汉，方城县委常委、宣传部长刘杰等来到医院看望并送行王锋及家属。

中午12时许，北京市红十字会999航空医疗救援队的专机到达南阳机场。飞机上医疗设备齐全，跟一个ICU病房的配备一样，完全可以满足中途的救治需求。

下午4时，在专业医护人员和妻子潘品的陪同下，王锋乘坐的专机起飞赶往北京。南阳市委常委、宣传部长王新会，副部长王光玲从医院一路陪同到飞机场，代表市委、市政府为英雄王锋送行，祝福英雄一路平安，早日康复回家。

下午5时25分，王锋乘坐的专机平安到达北京首都国际机场。晚上7时30分，王锋顺利入住北京304医院接受治疗。"县有关领导上午就先期到达北京，安排住院相关事宜，医院也为王锋开通了绿色通道，一下救护车，就及时为王锋办理了住院手续。"潘品告诉记者，一切都很顺利，谢谢家乡人的关怀，请大家不要牵挂。

（原载2016年7月13日《南阳晚报》）

第五篇章

魂归故里

第五章　魂归故里

【人民日报】

致敬英雄

彭 飞

　　四方捐助，八方祈福，仍然没能留住河南南阳救火英雄王锋的生命。在今年5月的一场大火中，他三入火场，救出多条生命，一路留下五六十米带血的脚印……。10月1日，这位英雄溘然而逝，令人痛惜。

　　他人有难，普通人王锋舍己相救，是真英雄；英雄伤重，不曾相识的群众纷纷捐款，是真感情……，这样的交响始终奏响在神州大地。从先驱烈士为万世开太平，到举国上下对英雄致哀思；从交警雨中为伤者撑伞20分钟，到陌生女孩为执勤民警撑伞挡雨……，感人的真情互动，碰撞出"英雄为人人，人人敬英雄"的动人旋律。

　　没有过往英雄的牺牲，就没有今日国家的强盛；没有人民对英雄的崇扬，民族将失去精神的支撑。我们致敬像王锋这样的英雄，我们见贤思齐，挺起民族与国家的脊梁。

（原载2016年10月5日《人民日报》）

时代先锋
——礼赞方城县三入火海救人英雄王锋

【光明日报】

三入火海的救人英雄王锋去世

日前从河南省委宣传部获悉，10月1日下午，河南南阳三入火海的救人英雄王锋因病情迅速恶化加重，经全力抢救无效，不幸于16时34分在北京304医院去世。

2016年5月18日凌晨1时20分左右，南阳市卧龙区西华村一栋三层居民楼突发大火，租住在一楼的方城县广阳镇古城村人王锋发现火情后，不顾个人安危义无反顾地三次冲入火海救人，在他多次呼喊施救下，居住在同楼的托教老师、学生、邻居等二十多人安全脱离险境，而王锋却被严重烧伤，烧伤面积达98%，被送往南阳南石医院抢救。因病情严重，于7月12日转院至北京解放军总医院第一附属医院（解放军304医院）继续救治。

在生与死的关键时刻，王锋舍生忘死，挺身而出，以三入火海勇敢救人的实际行动谱写了一曲令人感动的英雄赞歌，展示了当代青年临危不惧、勇于担当的精神风貌。本报曾在8月9日、10日的"时代先锋"栏目，对王锋的事迹进行了报道。

王锋火海救人见义勇为的英雄壮举经媒体报道后，引起中央、省、市领导同志的关注和批示。有关方面负责同志多次到医院或委托看望慰问王锋，积极组织医院全力救治，并对其家庭进行帮助，社会各界高度点赞踊跃捐款，形成了关爱英雄的良好氛围。同时，省市县有关部门也根据王锋三入火海见义勇为的事迹表现，授予王锋同志"河南见义勇为好青年"、南阳市"雷锋式好青年"等荣誉称号。

王锋经抢救无效去世后，河南省、南阳市迅速成立了善后领导小组，赶赴北京做好慰问、善后等工作。

（原载 2016 年 10 月 5 日《光明日报》）

第五章 魂归故里

三入火场救人英雄王锋骨灰16日返乡

"要好好保重身体啊!"10月16日上午10时40分,"三入火场"救人英雄王锋的骨灰抵达河南南阳姜营机场,南阳市委书记穆为民握着刚走下飞机的英雄遗孀潘品的手关切地叮嘱道。

今年5月18日凌晨,南阳市卧龙区西华村一栋民宅突发大火,浓烟迅速吞没了整栋楼房。租住在一楼的方城县青年王锋发现火情后,义无反顾地三次冲入火场救人,二十多位邻居无一伤亡,而王锋全身有98%的面积烧伤。7月12日,王锋被转送到北京解放军总医院第一附属医院救治。10月1日下午4时34分,王锋因多脏器衰竭,不幸在北京离世。

11时50分,在全场5000余名干部群众的注视下,王锋妻子将英雄的骨灰小心翼翼地放置在方城县城会场中央的方桌上,14名礼兵分列方桌两侧,家乡父老乡亲为王锋举行了骨灰返乡安放仪式。

仪式开始后,全体人员怀着十分沉痛的心情,向王锋遗像默哀。南阳市副市长刘树华宣读了南阳市人民政府为王锋同志追记二等功的决定。"王锋同志的一生,是忘我而利人的一生,是光荣而高尚的一生,是平凡而伟大的一生!"方城县委书记褚清黎在介绍王锋生平事迹时评价道。

(原载2016年10月18日《光明日报》)

【新京报】

河南"救火英雄"王锋遗体告别仪式在八宝山举行

今日(10月4日)上午9点,河南南阳"救火英雄"王锋的遗体告别仪式,在北京八宝山公墓东礼堂举行,包括亲友、医护人员及当地领导在内的约160人参加。

据新京报此前报道,今年5月18日凌晨,38岁的河南方城籍男子王锋家所在的单元楼着火,在安顿好妻儿后,王锋三入火海,救出多名邻居,自

时代先锋
——礼赞方城县三入火海救人英雄王锋

已被大面积烧伤，随后入院治疗。一周之内，社会各界共向其捐款超过22万元。面对从各地持续汇来的捐款，王锋的妻子潘品在接受新京报记者采访时喊停了捐款："钱已基本够用，拜托大家别再捐了。"潘品说，不愿意看到大家的爱心被浪费，希望善款可以救助更多需要帮助的人。

今年7月12日，王锋从南阳南石医院，转院至解放军总医院第一附属医院治疗。10月1日下午4时34分，由于多脏器衰竭，王锋在解放军总医院第一附属医院烧伤整形科一病区去世。

新京报记者获悉，经多方协调，今日上午9点，王锋的遗体告别仪式在北京八宝山公墓东礼堂举行。南阳市委常委宣传部长张富治代表中共南阳市委、市政府市委宣传部参加并主持仪式，方城县委书记褚清黎及方城当地领导，解放军总医院领导专家及医护人员，共160人参加。

（据2016年10月4日《新京报》）

【河南日报】

官方通报：南阳救人英雄王锋因肺部感染，病情恶化去世
河南日报报业集团全媒体记者 侯梦菲 蔡君彦

刚刚，大河报·大河客户端记者从南阳市宣传部得到王锋病逝的官方通报。通报称：王锋因严重感染，长期消耗，免疫力低下，脏器功能损伤明显，于9月30日中午突发呼吸困难，高度怀疑肺部栓塞合并肺部感染。经加强支持治疗后，病情一度趋于稳定。由于10月1日上午7时30分病情再次恶化加重，经全力抢救无效于10月1日下午4时34分去世。

南阳市宣传部发布的通报如下：

10月1日下午，从北京304医院传来噩耗，南阳三入火海救人英雄王锋因病情迅速恶化加重，经全力抢救无效，不幸于16时34分去世。

2016年5月18日凌晨1时20分左右，南阳市卧龙区西华村一栋三层居民

楼突发大火,租住在一楼的方城县广阳镇古城村人王锋发现火情后,不顾个人安危义无反顾地三次冲入火海救人,在他好多次呼喊施救下,居住在同楼的托教老师、学生、邻居等二十多人安全脱离险境,而王锋自己却被严重烧伤,烧伤面积达98%,后被送往南阳南石医院抢救。因病情严重,于7月12日转院至北京解放军总医院第一附属医院(解放军304医院)继续救治。

在生与死的关键时刻,王锋同志临危不惧,舍生忘死,挺身而出,以三入火海勇敢救人的实际行动谱写了一曲令人感动的英雄赞歌,展示了当代青年临危不惧、勇于担当的精神风貌。

王锋火海救人见义勇为的英雄壮举率先经南阳媒体报道后,引起上级宣传部门和中央、省主要媒体的广泛关注和持续报道。中央、省、市有关领导同志分别做出批示。8月份中央省市主要媒体又在"时代先锋"栏目刊发王锋英勇事迹报道。中央、省、市、县等各级领导高度关注,多次到医院或委托他人看望慰问王锋,积极组织医院全力救治,并对其家庭进行帮助,社会各界高度点赞踊跃捐款,在全社会形成了关爱英雄的良好氛围。同时,省市县有关部门也根据王锋三入火海见义勇为的事迹表现,授予王锋同志"河南见义勇为好青年"、南阳市"雷锋式好青年"等荣誉称号。

在前期55天的救治中,南阳南石医院全力以赴,以科学治疗方案,多次邀请国内专家会诊,精心救治,竭力封闭创面,经过四次大手术和抗休克治疗,最终达到耐受空中救援机转院。但由于王锋同志病程长、伤情重,并发症多,病情复杂,治疗难度极大。在解放军304医院全力抢救治疗的81天当中,医院成立最强的专家救治小组和最好的一线医护小组,为英雄筑起"生命通道",投入了大量人力物力,患者多次渡过险情,先后在全身麻醉下进行手术治疗十余次,烧伤创面得到有效修复,逐步缩小至不足5%。

王锋同志因严重感染,长期消耗,免疫力低下,脏器功能损伤明显,于9月30日中午突发呼吸困难,高度怀疑肺部栓塞合并肺部感染。病情发生后,医院立即再次多科会诊实施抢救,医院领导到场了解情况并组织协调。经支气管镜检查吸痰,抗凝溶栓、稳定呼吸、循环,加强支持治疗

时 代 先 锋
——礼赞方城县三入火海救人英雄王锋

后，9月30日当晚病情一度趋于稳定。至10月1日上午7时30分病情再次恶化加重，予以紧急进行血浆置换，并组织体外呼吸模肺支持等综合急救，但由于病情过于危重，经全力抢救无效，不幸于16时34分去世。

（原载《河南日报》）

王锋妻子作诗送别丈夫：不再流泪坚强生活

十月一日

这一天我们阴阳相隔，

在屋里再也找不到你的影子。

今生我们再也不能相见，

这会是一种怎样的感受？

我只能在梦里与你相见，

只能在脑海里浮想你的画面，

只能抱着你的衣物寻找你的味道，

这又会是怎样的一种感受？

亲爱的，

你在这个家里，

谁也替代不了！

你是孩子们的父亲，

谁也替代不了！

可为什么你不坚持？

可为什么你要走？

为什么从我们一结婚，

就是分离，分离，分离……

好不容易你不再远行，

我们一家人可以享受团聚的幸福！

可这次我们却要永远的分离！

为什么，你要走？

为什么，这么残忍？

亲爱的你不要走，

我们永远不要分离！

好吗？

（据河南日报金水河客户端）

记住王锋，为爱前行

刘 婵

英雄王锋，魂归故里，万人相送，荡气回肠。他将长眠于故乡方城县，带着那舍己救人的动人故事，供后人凭吊缅怀。

5月18日凌晨，南阳市一栋民宅突发大火，万分危急之中，王锋奋不顾身冲入火海，家人和邻居得救了，他却身负重伤、生命垂危。10月1日，这位救火英雄终因伤势过重，经抢救无效去世。

把生的希望给了别人，把死的选择留给自己，这绝不是一时的冲动。王锋的老师、同学、乡亲们动情地讲述着他们眼中的草根英雄：他是家里的顶梁柱，多少劳累和委屈都自己扛；他是孝顺的儿子，四处奔走为母亲治病；他舍不得为自己多花一分钱，一根皮带系了16年……。从人们的回忆中不难看出，王锋在烈火面前的壮举并非偶然，正是源于他在日常生活中勇于担当、乐于助人的点点滴滴。

当挺身而出的道德勇气遭遇得失利弊的考量，应该如何取舍？当不顾生死的道德自觉面对量力而为的技术建议，应该怎样权衡？王锋的抉择给出了最好的答案，正是"明知山有虎，偏向虎山行"的大无畏精神，成就了见义勇为者的崇高与伟大。或许不是每个人都会面临生与死的考验，但王锋大智大勇、侠肝义胆的浩然正气值得所有人学习。

有一种牺牲，叫英雄王锋；有一种奉献，叫河南好人。仅在2016年，就有数位河南籍英雄被广为传颂。其中，既有三入火海的王锋，也有维和英雄申亮亮，还有六跳坑塘连救六人的方志欣、徒手攀楼勇救女童的柳松领等。

这些优秀的中原儿女,一次次用勇气和担当谱写着震撼人心的生命壮歌。

每一位舍生取义的英雄都将被我们永远铭记,他们把大爱播洒在广袤的中原大地上,让我们一起见证、一起感受、一起学习。只有当越来越多的人从自身做起、从点滴做起,英雄的精神才会长存人间,这份爱和感动才能转化为砥砺前行的磅礴正能量!

(原载《河南日报》)

救火英雄王锋骨灰安放家乡

10月16日10点35分,载着王锋骨灰的航班缓缓降落在南阳姜营机场,三入火海的救火英雄王锋"回家"了。

机舱门徐徐打开,王锋的妻子潘品在亲属的陪同下手捧骨灰盒走下舷梯。在宽阔的停机坪前,南阳市和方城县主要领导迎上前来,向潘品等英雄家人表示慰问。10点51分,载着王锋骨灰的灵车启程回方城县。

11点50分,灵车驶入方城县全民健身广场。在这里,王锋的家乡人为他举办了骨灰返乡仪式。早早等候在这里的万余名父老乡亲在搭建的灵台前肃立默哀。

挽幛丛立,哀乐低回。菊花簇拥的灵台上,书写着"三入火海勇救人大爱无疆,舍生取义留英名浩气长存"的挽联。潘品诉说了对丈夫最深的眷恋和不舍,并表达了对社会各界爱心人士深深的感谢。方城县青年代表表达了社会各界对王锋的崇高敬意。

仪式结束后,王锋的骨灰被安放在方城县十里庙公墓骨灰堂,长眠于家乡。

(原载《河南日报》)

【南阳日报】

缅怀救火英雄传递向善力量

《南阳日报》记者 柏伴雪

10月4日上午9时,南阳方城籍火海救人英雄王锋同志遗体送别仪式在北京八宝山殡仪馆举行。解放军原总后勤部政治部主任郭旭恒,解放军总医院政委袁安升,政治部警卫局局长李静,解放军总医院第一附属医院政委杨清仁,全军烧伤研究所所长柴家科,《解放军报》原副总编辑陶克,国务院国资委中国煤炭城市发展联合促进会党组书记高福朝等参加送别仪式。市委常委、宣传部部长张富治主持。

10月1日,王锋因病情恶化,经全力抢救无效,在北京304医院逝世。

张富治对王锋的家属进行了深切慰问。他说,王锋是南阳涌现出来的英雄群体中最新、也最耀眼的一位,他的英雄事迹深刻体现了社会主义核心价值观。我们要进一步挖掘王锋的精神内涵,让王锋的精神在更大范围内发扬光大。

(原载《南阳日报》)

三闯火海舍己救人的英雄王锋走了,
他的感人壮举擎起新的精神坐标——烈火永生铸英魂

《南阳日报》记者 柏伴雪

在与伤痛顽强抗争136天后,10月1日16时34分,不惧烈火、三入火海,先后救出20余人,自己却特重度烧伤的英雄王锋,在北京解放军总医院第一附属医院(304医院),因病情迅速恶化加重,经全力抢救无效,与世长辞,享年38岁。

10月4日上午9时,王锋同志遗体送别仪式在北京八宝山殡仪馆东礼堂

时代先锋
——礼赞方城县三入火海救人英雄王锋

举办。当日的北京,秋风瑟瑟,苍天垂泪,空气中,弥漫着无尽的忧伤。王锋,静静躺在花丛中。

160余位社会各界人士胸佩白花,眼含热泪,和这位南阳草根英雄做最后的告别,以寄托对英雄的无上崇敬、深切哀思和永久怀念。

英雄虽远行,精神永留存!王锋,用他的至真、至善、至美,擎起精神的坐标,令人仰望并追寻……

此情可待成追忆——
"烈火金刚"的几度泪流

挥泪送英雄!现场,哀乐凄凄,哭声阵阵,在场者无人不动容。

在亲人们的搀扶下,王锋的父亲王荣义走到灵柩前,深情望着紧闭双眼的儿子,忍不住泪如雨下。没听到儿子最后一句话,没见到儿子最后一面,成为老人心中永远的痛与遗憾。

然而,面对白发人送黑发人这种世间最悲怆的伤痛,这位面朝黄土背朝天的庄稼人却用最质朴的语言诉说着最高尚的情操:"我们没有遗憾了,我们知道,党和政府、社会各界的爱心人士已经尽了全力救他的命。如果没有大家的帮助,这娃儿早就没了。虽然王锋走了,但我和族人为他骄傲,他这么做,不是为了自己,是为了别人。我和他娘,也算没白养活他。"

搀扶着老人,王锋的妹妹王平泣不成声地说:"俺妈身体不好,俺们至今没敢告诉她俺哥去世的消息。"

自哥哥火海救人重伤入院以来,王平一直和嫂子潘品一起守在医院,守着王锋。在她的动情描述中,我们共同追忆着英雄在最后人生旅程中的苦与乐,爱与痛,情怀与理想,执着与坚守。

从5月18日凌晨1时20分卧龙区西华村失火的三层民宅处,我们见证了王锋的坚强与刚毅,熊熊大火,滚滚浓烟中,他三进三出,直至救出火场中所有人。他最先发现火情,离出口最近,却特重度烧伤,烧伤面积达到98%,是现场唯一受伤者。"当时,我吓呆了,当他第二次从火场出来时,我伸手去拦,一拉,他的手臂上掉下巴掌大的一块皮,可他还是冲了

第五章 魂归故里

进去。我知道，那一刻，他心里只有别人，唯独没有自己，是谁也拦不住的。"丈夫在生死时刻做出的选择，潘品至今历历在目。

"疼不疼？疼！后悔过吗？不后悔！"这是王锋受伤后，许多人与他的对话。他心甘情愿承受着痛苦，坚强得令人心酸。然而，鲜有人知的是，在接受治疗的136天中，王锋曾经5次洒下英雄泪！

5月26日，躺在病房中的王锋，看到前来慰问的家乡方城县委书记褚清黎的那一刻，泪水夺眶而出："谢谢！"这个承受着烧伤剧痛都未掉泪的刚强汉子，把来自党和政府的感动、温暖与感谢化作两行热泪。

7月12日，南阳决定首次启用专机，将英雄转至解放军总医院第一附属医院（304医院）接受更好治疗的时候，妻子潘品在病房中告诉王锋："各级政府、领导非常关心你，表示将不惜代价，全力以赴救治。"王锋一句话未说，热泪滚滚。直至转院304医院许久后，才喃喃道："我给党和政府添麻烦了。"

7月16日清晨7时，304医院政委杨清仁像往常一样，到病房看望王锋："王锋，你真是个英雄。""我不是英雄，遇到这样的事，无论是谁，都会这么做！""你就是英雄！值得我们所有人学习！我们医院已号召全体医务人员向你学习，并以'英雄的精神救治英雄'。"简短的对话后，王锋哭了。

在北京治疗期间，王锋问得最多的就是老人和孩子。9月26日，潘品对丈夫说："我让哥订了10月1日的火车票，趁着放假，带咱闺女来北京看看你。"王锋笑着流泪，满脸的幸福与满足。悲哉长眠，这个期盼已久的"小团圆"成了英雄和家人永远的遗憾。

9月30日晚，王锋生前吃的最后一顿饭是羊肉串。羊肉串中蕴含着夫妻俩结婚6年中最快乐、最甜蜜的时光。2007年，两人结婚后，潘品辞掉了在老家代课的工作，陪着王锋到郑州打工。周日的晚上，王锋会带着她，去吃她最爱的大餐：羊肉串。

为了避免副作用，争取早日康复，在京治疗期间，王锋坚持不用麻药，每天咬着牙齿，忍受着清除腐肉、盐水泡澡的彻骨之痛，疼到瑟瑟发

时代先锋
——礼赞方城县三入火海救人英雄王锋

抖都一声不吭;先后接受十余次大手术,王锋没叫过一声苦,未喊过一声痛。可是,面对来自党和政府、社会各界、亲朋好友的关心、温暖与期盼,他却泪如雨下,一如既往地心中想的总是别人,唯独,没有他自己!

至善壮举感天地——
大爱中国的深切哀悼

人心向善。三闯火海,舍己救人的王锋成为时代的楷模,感动了南阳,感动了河南,感动了全中国。在2016年的国庆节,有关他去世的消息在全国广为传播,各大媒体、社会各界深度聚焦,关注、热议、致敬、转发,以各种各样的方式缅怀英雄,寄托哀思,弘扬精神。

送别,王锋!解放军总医院第一附属医院政委杨清仁深情致辞:"7月12日,王锋转入我院治疗以来,军委后勤保障部和解放军总医院首长非常重视,指示我们一定要竭尽全力、精心救治。我们专门成立了王锋救治领导小组、专家组、特医特护组,坚持用最好的设备、最好的药品、最好的技术、最强的专家阵容,全力救治英雄,并在生活上为他的家人提供最大限度的照顾和便利。我们真实感受到了家乡人民对英雄的无比牵挂,感受到了社会各界对英雄的无比关爱,更感受到王锋家人的深明大义,是英雄的家庭培养了王锋这样的英雄,是英雄的品格铸就了这样的壮举,他更是故乡热土成长起来的英雄。"

致敬,英雄!在场人士集体为英雄三鞠躬,默哀悼念,寄托哀思。拭去泪水,强忍悲痛,王锋的妻子潘品说:"感谢中央、省、市各级政府和领导以及社会各界人士对王锋和我们的莫大安慰和支持。我的丈夫永远地走了,我会尽快走出伤痛,坚强起来,孝敬好双亲,教育好子女,尽我最大的努力,回报社会,多做好事,把王锋的精神传承下去,以此报答党和政府、社会各界对我们的关爱和帮扶。"

原总后勤部政治部主任郭旭恒赶往送别仪式现场,为英雄王锋送行;《焦点访谈》资深记者曲长缨专程从外地赶回北京,并敬挽"感动人心浩气长存";304医院烧伤研究所所长柴家科泪水倾盆;雷锋辅导过的学生、烈士女儿、抚顺档案局长张雅琴千方百计联系到潘品，深情道："潘品，你是当代女性的楷模，是一位受人尊敬的贤妻、良母、孝星。你的丈夫在烈火中永生，永远活在人们的心中！"

…………

精神坐标熠生辉——
向善力量的汇聚升腾

在生命最后的81天中，王锋的主治医师李锋，是和他朝夕相处、接触时间最长的人。追忆英雄，李锋一语未出泪先流："他的高尚情操、博大胸怀、崇高理想足以让人仰望！他是真汉子！真英雄！"

王锋说，我不是英雄，救人于生死之中，是每个人的应有之义。

王锋说，这些年，在外打拼，很多人帮助过我，使我和我家人生活得越来越好，我很感恩，感恩大家的帮助，感恩社会，感恩祖国！

王锋，曾经是我们这个城市中最平凡、最普通的一分子，但在关键时刻，他舍生取义，挺身而出，用他的勇敢、无私与奉献，擎起一座城市、一个时代的精神坐标，足以让人仰望生敬、追寻传承。

四个多月来，王锋的名字不断出现在全国各大媒体上，他侠肝义胆、见义勇为、临危不惧的浩然正气，忠诚担当、敢于拼搏的顽强意志，心系他人、忘我奉献的大爱情怀是社会主义核心价值观的生动诠释和体现。随着这份正能量的持续发酵，全社会形成了见贤思齐、崇德向善的正向效应，谱写着践行社会主义核心价值观的美好乐章。

10月5日，《人民日报》刊发评论，向王锋致敬，文章写道：没有过往英雄的牺牲，就没有今日国家的强盛；没有人民对英雄的崇扬，民族将失去精神的支撑。我们致敬像王锋这样的英雄，我们见贤思齐，挺起民族与国家的脊梁。

市委常委、宣传部部长张富治慰问王锋家属时说：王锋是我们南阳涌现出来的英雄群体中的最新也最耀眼的一位英雄，我们要进一步挖掘王锋同志的精神内涵，在全市掀起向他学习的高潮。同时，给予你们无微不至

时 代 先 锋
——礼赞方城县三入火海救人英雄王锋

的关怀,实施全方位的救助,落实相关政策,积极推进申报模范人物,让王锋同志的精神在更大范围发扬光大。

倡树典型成风化人,示范引领凝心聚力。王锋,犹如天空中最美的一颗星,照亮了时代的天空,感动、感染并感召着更多的人奉献大爱,汇聚力量,奋然向前。

(原载《南阳日报》)

让崇敬英雄成为社会价值共识
——访解放军报社原副总编辑陶克

《南阳日报》记者 柏伴雪

10月8日,始终牵挂、关怀并帮助火海救人英雄王锋的南阳老乡——《雷锋》杂志总编辑、解放军报社原副总编辑陶克,在接受记者采访时,深情表达了对英雄的崇敬之情和深切哀悼,以及对传承、弘扬英雄精神的殷切希望。

陶克说,火海救人英雄王锋应该是"2016年感动中国"的最壮烈的一位。然而,救治英雄的一幕幕也同样是感人的,令人不能忘怀的。在王锋家乡,党委、政府包专机将英雄送往北京治疗,社会各界慷慨解囊,亲友们大义救亲削发献皮,感动京城!在北京,解放军总医院第一附属医院的专家团队连续几个月,24小时救治英雄,一位医生81天没有回家一次,多位共和国部长、将军不留姓名为王锋捐款;在雷锋的第二故乡抚顺,许多雷锋辅导过的学生自发为王锋捐款,并在广场上宣传英雄事迹;在福建,一位村党支部书记替刚刚去世的女儿为王锋捐款;在宁夏,一位乡亲把准备进城看儿子的钱拿出来,捐给了王锋。这是爱的蔓延,这是崇敬英雄的热潮,一浪高过一浪。

"一个民族,没有英雄是可悲的,但更可悲的是,有了英雄,却不懂得珍爱和崇敬。"言至此处,陶克语重心长。他说,英雄王锋的出现,以及在全国出现的救助、崇敬英雄王锋的热潮,使中华大地这片英雄的沃土更加肥沃。一个英雄倒下去,千万个英雄站起来,我们为王锋而感动,我们为王锋而自豪，这种感动和自豪必然唤起更多人，尤其是青少年对英雄的崇敬之心。

天地心，家国情，是弥足珍贵的赤子情怀。精神坐标励征程，在陶克"沿着学英雄，见行动的光明之路，中华民族就会大有希望"的讲述中，振兴中华的伟大爱国主义之情油然而生，催人奋进。

（原载《南阳日报》）

社会各界迎接王锋骨灰回家——
好男儿魂归故里真英雄浩气长存

南阳报业传媒集团全媒体记者　陈琰炜

长空肃穆，山河悲泣。10月16日上午，方城籍火海救人英雄王锋同志骨灰回到家乡。市党政军领导穆为民、霍好胜、王智慧、刘朝瑞、史安平、张富治、谢先锋、刘树华、吴冬焕等在南阳机场迎接并慰问亲属。

上午10时左右，南阳机场道路两侧聚集了约5000名社会各界群众，胸戴白花，静静地站着，迎接英雄魂归故里。白底黑字的横幅"好男儿魂归故里，真英雄浩气长存"格外醒目，现场气氛庄严而凝重。

今年5月18日凌晨，卧龙区光武街道西华村一栋三层民房突发大火，租住在一楼的王锋三度勇闯火海，先后救出妻子、一双儿女、两名小学生和一名托教老师，并呼叫、敲门示警，最终使二十多名住户全部脱离险境。王锋全身98%的面积烧伤，创造了除自己被重度烧伤外无一人伤亡的奇迹。10月1日下午，因病情恶化，王锋在北京去世。

英雄，归来！10时35分，运送王锋同志骨灰的飞机缓缓降落在南阳机场。舱门徐徐打开，王锋妻子潘品捧着王锋的骨灰盒，一步一步走下飞机。

市委书记穆为民代表市四大班子和军分区对王锋牺牲表示哀悼，对王锋家属进行慰问。他说，王锋是南阳人民的骄傲，他的英雄事迹体现了社会主义核心价值观。我们要认真组织好宣传学习王锋同志的活动，学习他奋不顾身、舍己救人的英雄壮举，学习他心系他人安危、无私奉献的高尚品质，学习他在关键时刻挺身而出、舍生忘我的担当精神，学习他敢于拼

时代先锋
——礼赞方城县三入火海救人英雄王锋

搏、勇闯火海的顽强意志和舍身为民、不计得失的大爱情怀,为南阳转型跨越、绿色崛起凝聚精神力量。

在礼兵的护送下,骨灰被缓缓放上灵车,灵车缓缓启动向英雄的故乡方城驶去。人们悲痛的目光一路追随着灵车,直到在视野中消失。

本报讯(南阳报业传媒集团全媒体记者 曾庆芳)赴汤蹈火勇捐躯,英雄壮举天地泣。10月16日,方城县举行迎接火海救人英雄王锋骨灰返乡仪式。市党政军领导王智慧、史安平、张富治、谢先锋、刘树华、吴冬焕出席。

当天上午,万余名乡亲自发前来,胸佩白花,眼含泪水,排成道道人墙,翘首等待英雄魂归故里。道路两旁,"英雄远去,精神长存"、"王锋,我们永远怀念你"、"浩气长存,天人同悲"……一幅幅挽幛表达了方城人民对这位好儿子的深深哀思。11时50分,仪式开始。现场哀乐低回,气氛悲壮。王锋的妻子潘品手捧英雄的骨灰盒走下灵车,人群中瞬间哽咽声四起。"慢些,再慢些,让我们多看英雄一眼吧!"……声声呼唤,饱含着家乡人民的悲痛、敬仰与不舍,令人动容不已。

仪式上,市委副书记王智慧说,王锋是新时期南阳优秀青年的杰出代表,是新时代的雷锋,是新时期青年的楷模,让中华民族的英雄情结绵延不绝,英雄精神薪火相传。英雄已逝,精神长存!全市广大干部群众要化悲痛为力量,积极学习王锋的英雄壮举、牺牲精神、顽强意志和大爱情怀,努力做中华民族传统美德的传承者、践行者,在各自岗位上做出应有的贡献。

副市长刘树华宣读了《南阳市人民政府关于给王锋追记二等功的决定》。

仪式结束后,王锋的骨灰被安放在方城县十里庙公墓。

(原载《南阳日报》)

英雄虽去 精神永存
《南阳日报》评论员

天地英雄气,千秋尚凛然。

他人有难,优秀青年王锋舍己相救,是真英雄;英雄伤重,不曾相识的群众纷纷捐款，是真感情……灾难面前，英雄有壮举，凡人有善举。无需豪言壮语，不必惊天动地，无意间的真情流露已然感人至深，博爱与善念，在那一刻得到了最生动的诠释。英雄虽离去，精神永长存。全市广大党员干部群众要充分认识学习王锋同志见义勇为先进事迹的重要意义，努力为建设大美南阳、活力南阳、幸福南阳做出新的更大贡献。

学习英雄，就要像王锋那样，在危难之际敢于挺身而出。在今天和平建设时期，见义勇为、助人为乐就是当之无愧的英雄。伸出你的手、我的手，在别人最需要的时候，扶一把、救救急。只要人人参与、人人支持，见义勇为、扶危济困就一定能在全社会蔚然成风。

学习英雄，就要像王锋那样，自觉践行社会主义核心价值观。全国社区志愿者先进个人李相岑、舍己救人的"托举三兄弟"……他们用平凡和义举践行着社会主义核心价值观，凝聚了南阳正能量，提振了社会精气神。

学习英雄，就要像王锋那样，争做"雷锋式好青年"。当前，南阳正处于转型跨越、绿色崛起和全面建成小康社会的关键期、攻坚期。要牢记历史使命，奋发有为，为加快南阳转型跨越、绿色崛起加油助力、增砖添瓦。

（原载《南阳日报》）

舍生取义铸丰碑故土深情拥英魂
——王锋骨灰回归故里侧记

南阳报业传媒集团全媒体记者 柏伴雪

总有一种精神，能够直抵心灵，洗礼精神，在全社会形成价值的原点，感召着无数人以此为坐标，仰望崇高、砥砺精神！

10月16日的南阳，全城垂泪。为英雄王锋魂归故里，更为仰望、铭记并传承这位时代楷模的至善壮举与崇高精神。

回家的路，布满了温情。市四大班子及南阳军分区领导、数千群众、全国各级媒体记者在南阳机场深情等待；家乡方城，父老乡亲伫立在道路

时代先锋
——礼赞方城县三入火海救人英雄王锋

两侧,守候在返乡仪式会场。

英雄家乡的千万人民用最深切的情思,致敬和守望着英雄以生命和鲜血铸就的城市精神天际线。

英雄无悔
舍生取义铸丰碑

"我不后悔!在那样的时刻,不管是谁,都会选择那么做的。"这是王锋说的最朴素、最真挚、最感人肺腑的一句话。从5月18日凌晨1时20分在卧龙区西华村三闯火海救出24人,全身烧伤面积达98%起,王锋再也没能走出病房。

136天,特重度烧伤的王锋与伤痛顽强抗争,10余次手术,每次都是生死考验;天天忍受着刀刮腐肉、盐水泡澡、创巨痛深的煎熬,他也哭过、怕过、脆弱过,然而,却自始至终从不言悔。

英雄无悔,哪怕,是以生命为代价!这种精神,撼人心魄,感天动地。事发四个多月来,社会各界广为关注,全国各级媒体深度聚焦,"南阳火海救人英雄王锋"用他侠肝义胆、守望相助、忘我奉献的生死抉择,擎起道德的标杆,点亮了时代的天空。

昨天,是王锋在京火化后回乡的日子。从清晨7时起,在南阳机场内外和附近道路的两侧,以及方城县英雄回家的途径之地,万余群众闻讯前往,迎接中国英雄、河南英雄、南阳英雄王锋回家。群众手举"王锋同志永垂不朽""好男儿魂归故里真英雄浩气长存""向英雄学习致敬英雄我们接您回家""英雄远去精神长存"的挽幛,深切悼念,寄托哀思。

10时35分,搭载着英雄骨灰的飞机徐徐降落。那一刻,现场鸦雀无声,庄严肃穆,大家用注目礼传递着对英雄的爱和敬仰。舱门打开,潘品手捧丈夫的骨灰盒从舷梯上缓缓走下,每一步,都能听到心碎的声音;每一步,都在追忆着英雄的往昔。

第五章　魂归故里

别梦依稀
哀思绵绵慰英魂

灵车驶出机场，向着方城，英雄朝思暮想的家的方向，一路奔驰。

家乡的父老乡亲们已聚集在迎接好儿郎王锋回家的路上。当看到灵车驶来，人群中传出悲不能抑的哭泣声，这种悲伤的情绪迅速蔓延，泪水洒满了英雄回家的路。

在方城县人民体育场，"方城县社会各界迎接火海救人英雄王锋同志骨灰返乡仪式"的现场，数千群众默哀、鞠躬、沉痛悼念，送英雄最后一程。

草木动容风萧瑟，苍天含悲祭英灵。在方城县委书记褚清黎的讲话中，大家共同回顾着英雄短暂而又永恒的一生。1978年12月9日出生于方城县广阳镇古城村的王锋，是亲朋好友心中实在得犯傻的热心人，是父母口中孝亲敬老的好儿子、好女婿，是妻子与子女心中最温暖的至亲，更是"方城好人"群体的又一优秀代表，河南、南阳又一位感动神州的英雄。王锋的一生，是忘我而利人的一生，是高尚而光荣的一生，是平凡而伟大的一生，他用高尚的人格和利他的精神，在全社会树立了光辉典范和不朽楷模。英雄虽逝，精神长存。他的音容笑貌、思想风范与世长存，他的高尚品格、善行义举永留心间，激励着全社会崇德向善、见贤思齐。

12时50分，灵车驶入方城十里庙公墓。"亲爱的，回家了。"紧紧地，紧紧地抱着骨灰盒，潘品闭上眼睛，印上最后一个深情之吻，她把对丈夫的爱与思念永久地铭刻在心中。空气中，弥漫着绵绵的哀伤。"从此以后，我会坚强起来。我相信，你永远在我身边。以前，是你支撑着我们这个家；现在，我要肩负起你的重担，好好地支撑这个家，在孝敬好老人、教育好孩子的同时，感恩社会，为社会奉献。"她用最深切的告白，告慰着那个曾经爱她、呵护她，为她和家人撑起整片天的至亲挚爱，弱小的身躯微微蜷起，嘶哑的声音中迸发出无尽地勇气和力量。

时代先锋
——礼赞方城县三入火海救人英雄王锋

仰望崇高
精神坐标启后人

自英雄重伤以来，敬仰英雄，接力爱心，弘扬正气的赞歌从南阳唱起，传遍全国，不断升华。

令大家痛惜不已的是，来自全社会的爱，依然没能挽留住他的生命；令家人无限悲伤而又略感安慰的是，中央、省、市、县各级领导，社会各界爱心人士，南石医院和北京解放军总医院第一附属医院不遗余力，全力救治，给了王锋接受最好的治疗的机会，作为家人，已然了无遗憾。

曾经为他制作专题的《焦点访谈》记者曲长缨由衷感叹："英雄远去，浩气长存。今天虽然不能直接来到现场为他送别，但是仍然记住这个日子，在北京为他送行。也希望他的家人能够得到社会更多的帮助，让孩子幸福成长，让王锋在九泉之下放心！"

解放军总医院第一附属医院政委杨清仁说："王锋是我们心中共同的英雄。我们医院将用英雄的精神，为广大伤病员服务，为改革强军贡献力量"。

送行的人群中，来自河南工业职业技术学院的王宝川说："我们学校300多名学生纷纷赶来，向英雄致敬！他胸怀大爱，舍身取义，是我们广大青年学习的榜样！"

"全国优秀志愿者"、市社区志愿者协会会长李相岑说："在生命迸发出光芒之前，王锋其实就是你我身边的普通人。但在生死攸关的抉择时刻，他毅然决然挺身而出，用生命和鲜血诠释出社会主义核心价值观的要义，值得我们敬仰、学习，并永远铭记！"

铭记，是对英雄最好的告慰；传承，才是对英雄最好的纪念。市委常委、宣传部部长张富治说，南阳，有着悠久的历史、厚重的文化和深入人心的社会主义核心价值观普及教育，孕育出盛名远播的南阳好人群体。王锋同志是南阳好人的杰出代表，也是社会主义核心价值观和时代精神的体现。我们向王锋同志学习，一定要学习他默默无闻、无私奉献的平民情方城县广阳镇卢店村的于明玉，一大早坐班车来到县全民健身广场，只为送老乡王锋最后一程："镇上来了很多人，都是自发过来的。大家都惦记他，说起他都惋惜，也都自豪。"广阳镇古城村的王西生，论辈分是王锋的爷爷，他不顾年迈之躯来送别远房孙子："全村爷们儿都说了，以后锋娃儿家的事儿，就是村里的事儿。"

12时50分，仪式结束，很多父老还不愿离去。他们聚在广场上，凝视着被菊花和松柏掩映的王锋遗照，就像希望他能笑眯眯地走来，和他们寒暄，与他们握手，就像上一个微凉的秋季。

下午1时20分，松柏掩映、虫鸟哀鸣的方城县十里庙公墓，迎来了等待已久的又一位方城英雄。潘品将王锋的骨灰，异常不舍又异常珍重地轻放到骨灰寄存处8805号柜。

此后，君安此处，妻在家中。此后，思念成殇，想念成泪。

骨灰存放处，一位又一位乡亲，走来，鞠躬，又离开。唯留下，遗照上的王锋，笑眯眯地注视着这片深情的土地，一往情深，岿然不动。

第六篇章 八方赞歌

第六章 八方赞歌

王锋,祖国为你骄傲

《解放军报》记者 陶 克

"英雄王锋,祖国的骄傲。一定要想尽一切办法拯救王锋,他就是邱少云,他就是活雷锋!"这条微信是由英国新经典出版社的华人总经理黄永军先生发来的。

黄先生致力于向国外传播中国的红色文化,他组织翻译出版的《中国共产党为什么能》在海外引起强烈反响。他在微信中写道:"看到王锋的事迹,我感动得掉眼泪了。网络上经常骂我们的民族英雄,今天说雷锋是假的,明天说邱少云是编造的,这些谣言简直要把我脑袋气炸了!王锋的图片和事迹说明我们昨天的英雄是真实的,今天的英雄就在眼前,中华民族就是伟大!"

解放军总医院第一附属医院(原304医院),是具有世界一流水平治疗烧伤专科的权威医院,自建院以来治疗烧伤病人无数,但还从没见过像王锋这样被烧成"炭人"的病员,全身百分之九十八被烧伤,局部被烧焦。医务人员说,我们从课本上知道有邱少云,从王锋身上看到了"现实版的邱少云",如果说一进火海救爱人孩子,是亲情;二进火海救邻居是担当;三进火海再救人,就是忘我的境界啊!

今年5月18日凌晨,王锋所居住的一座三层楼失火,被浓烟呛醒的王锋三入火海,用脸盆逐一敲打邻居房门,留下一串血脚印,救出二十多人(自己亲人三人,老师学生三人,邻居十多人),自己却被烧成黑人,抬上救护车还用嘶哑的嗓子大喊"救人救人",到南石医院后苏醒过来第一

时 代 先 锋
——礼赞方城县三入火海救人英雄王锋

句话就问妻子潘品:"老师、孩子有没有事?"在这个质疑英雄的年代,王锋的故事好像是一部电影;但这不是电影,而是用鲜血写就的事实,这个近乎烈火金刚的形象告诉我们,英雄没有走,英雄就在我们身边。

王锋是一位大学生,从小崇拜雷锋。雷锋、王锋一字之差,隐含着家长的追求,对孩子的期盼。他父母患大病,家里生活困难,但他自强不息,乐善好施,在马来西亚打工五年,回家乡办了托教中心,用当地最低的收费,办出一流的托教质量。在他烧伤住院后,许多群众流着眼泪到病房看望他,不到一周就捐款260万元。为了救治英雄,方城县政府出资包专机送他去北京医治,一个学英雄、救英雄、帮英雄的热潮在南阳和解放军总医院第一附属医院展开。目前,英雄王锋仍处危重状态,但生命状态相对平稳,在防止器官衰竭综合征出现的同时,主要是植皮,用百分之二的自体皮,移植到百分之九十八的创面上。

王锋的家乡方城县是空军战斗英雄杜凤瑞的故乡,全县出了108个飞行员。当年,红二十五军长征时在方城独树镇一役,面对十倍于我的敌人,英勇战斗,突出重围,2000多红军牺牲了500多人,最后到达陕北创造根据地,使中央红军有了落脚地。英雄血脉在王锋身上传承,他用一个个血脚印书写了"泰山压顶不弯腰,烈火烧身往前冲"的英雄壮举,而今英雄遇难,八方响应救援,人人伸出友爱之手,这一切,都再现中华民族英雄豪气和仁爱之心。今天我们崇尚英雄,就是为明天出现更多的英雄奠基。

(原载2016年8月8日《南阳日报》)

河南省直媒体集中挖掘报道王锋感人故事
——省媒老记，是这样讲咱河南英雄的

"我们没有白生养他一场"
刊发媒体：《河南日报》
原标题：《火之淬炼》《爱的回响》
刊发日期：8月3日、4日

生活中，他北上南下，用自己的肩膀扛起一个男人对家的责任；火海中，他三进三出，用自己的身躯为他人开辟了生命的通道。一场烈火烧毁了南阳人王锋的平凡生活，却点燃了爱的火焰。

"即使治不好，我们也没有怨言。他是为救人烧伤的，我们没有白生养他一场。"面对镜头，瘦弱的王荣义语气坚定，早已泛红的眼眶，他却坚持没让眼泪流下来，看着一直哭泣的妻子，他轻轻地劝慰着："别哭了，别哭了。"在这个67岁老人的身上，仿佛能看到儿子王锋的影子，话不多却坚韧有力。早已泪流满面的周文焕，不停地重复着："我就想看看俺孩子，跟他说说话，问问他还疼不疼……"因为怕感染，两个半月了，周文焕没能和儿子见上一面，想儿子时，她只能站在屋顶朝着北京的方向，呆呆地望着。两个半月来，同样煎熬的还有王锋的妻子潘品。

"以前你在外，我守着家里。现在你在病房里，我守在病房外。其实无论何时何地，我早已把你守在心里。可是这73个日夜的守候，让我焦灼，让我心痛。心里急得像热锅里的蚂蚁，四处寻找生的出口！"这是潘品写下的微信日记《守》，因为是重症病房，大部分的时间里，潘品能做的，只是在窗外默默地等待。隔着探视窗，她默默地盯着，并在心里为丈夫祈祷着。"王锋能够坚持到今天，是大家爱心的召唤，我相信爱心的力量无所不能。"在潘品看来，是社会各界的爱心唤回了丈夫，是大家的温暖让她能够勇敢前行。

时代先锋
——礼赞方城县三入火海救人英雄王锋

"他如何以血肉之躯穿过这一千多度的火场"
刊发媒体：《河南日报农村版》
原标题《王锋：中国新时代英雄》
刊发时间：8月2日

参与救火的消防员殷鹏辉告诉记者，当时火场内的温度有一千多度，大火被扑灭后，屋内的十几辆电动车被烧得只剩骨架，房顶的钢筋已烧得暴露在外。从一楼楼梯口到三楼，一共有41级楼梯。"我无法描述王锋是如何在烟熏火燎黑暗逼仄中来回走完这41级楼梯的，更无法知晓他如何以血肉之躯穿过这1000多度的火场。"南阳万和医院出诊医生张保贵告诉记者，当他们赶到现场时，王锋已从现场跑出蹲坐在路口，借着微弱的路灯能清晰地看到他踩在路上的一串串血脚印，被烧黑的身体散发出浓烈的气味，可王锋却固执地不肯上车，要让医生先去里边救人。戴着手套扶王锋上车时，张保贵医生才发现他身上的肉已经被烧硬，身体也只能保持坐着的姿势，右手被烧得萎缩粘连成一团，被高温烧灼的脚底在奔跑时接触地面皮肤被撕裂，毛细血管密布的双脚一直在出血，同时体表燃烧后的油也在渗出。

"手术中，我的心也悬了6个小时"
刊发媒体：《大河报》
原标题：《英雄王锋成功进行第四次手术》
刊发日期：8月3日

解放军总医院第一附属医院临床部专家柴家科教授告诉记者，王锋不光是体表的烧伤，内脏也有烧伤。此外，他的心脏、肺、免疫功能、凝血功能都不是特别好，容易受到感染。7月30日，上午9时进入手术室，妻子潘品一直守候在手术室门外。"麻醉加手术时间大约6个小时，植皮手术大约进行了3个小时，我的心也悬了6个小时。"潘品说。

下午3时，从手术室出来。医生告诉潘品："术前创面干燥，精神良好。整体过程顺利成功,术后生命体征平稳。"潘品说:"听了这话,我才松了一口气。"

"我想等他好了,一家四口照个合影"
刊发媒体:《东方今报》
原标题:《火海救人英雄王锋 我们会陪你一直走下去》
刊发日期:8月2日

王锋所在的特护病房门口,有一个低矮的塑料凳子,这是潘品每天在医院的落脚处。由于病房要求无菌,潘品不能随时进去探望、照料丈夫。每当听到门声响动,她都会立刻跑到门边,趁着医护人员开关门之际,往里面瞄上一眼。"其实什么也看不到,就是求个安心。"7月29日,潘品通过玻璃看到病房里医生正在为王锋治疗。"平时窗帘都是挡着的,看不到,今天终于见到他了"。每次手术前,王锋都要进装满盐水的无菌盆里"洗澡",里面放10袋食盐。潘品脑海中挥之不去丈夫第一次"泡盐水澡"时的情景:王锋的身体刚碰到盐水,就疼得全身直抖。而潘品的心,也跟着揪在一起,揪得直疼。王锋还不能讲话,手术结束后,也只能通过眼神和妻子交流。"我能感觉到,他这几天心里平静多了,也能感觉到他见到我很开心。"潘品说。"我很贪心,希望他能保住命,还能恢复健康。我想等他好了,一家四口照个合影。"潘品说。

"我不是英雄,谁遇到了都会这么做"
刊发媒体:《河南法制报》
原标题:《三闯火海彰显出人间大义》
刊发时间:8月4日

沿着英雄的足迹一路踏访,感人的事迹、感人的言语、感人的行动不断冲击和震撼着记者们的心灵。"英雄"这个词,是新闻媒体、医护人员、社会各界所有人对王锋不约而同的称呼,大家把心中的感动与敬佩深

时代先锋
——礼赞方城县三入火海救人英雄王锋

深融入到这两个字中。可至今仍躺在北京解放军总医院第一附属医院ICU病房中的王锋，开口对医生说的第一句话却是："我不是英雄，不管是谁，遇到这样的事，都会这么做的。"听到这些，医护人员对英雄的敬意更为深刻。本次采访团领队、省委宣传部新闻处副处长侯红路说："王锋的事迹再次感动了我，感动着各位记者，我们采访团力争在本次采访中，细致了解、深入挖掘、好好总结，把王锋的感人故事呈现给全国人民，激励每个人，传递真善美。"

"这串脚印，将成为传承华夏文明的钤印"
刊发媒体：《河南青年报》
原标题：《王锋，攀登道德高地的人》
刊发日期：8月8日

河南省委政策研究室工作人员王民选激情澎湃地说："当我读完王锋的报道，一位普罗米修斯般的英雄巨人巍然屹立在眼前。令我们敬仰之余，骄傲和自豪油然而生。河南又一位感动神州的英雄，在最危急、最凶险的时刻挺身而出，在熊熊燃烧的烈火中左冲右突，二十多条鲜活的生命得以保全；在人们最绝望、最期盼的时刻冲了上去，无惧烈焰的炙烤，用灵与肉，在救人现场水泥地上书写下一长串饱蘸血浆的辉煌脚印。

这串脚印将成为华夏历史文明传承的钤印。多年来，河南感动中国英模人物呈群体性涌现。'河南好人'群星闪烁，因为华夏文明根的养分输送和源的浸润，仁、勇、忠、义成为中原儿女的精神底蕴；南阳'四圣'的奉献精神和爱民情怀，成为这片热土子民精神的依归和行为的导引。"

（据南阳文明网）

生命之光

让所有的鲜花都牢记一个名字——王锋
　因为他是火海救人的英雄
　　让所有的诗歌唱出祈祷
　醒来吧快把重度昏迷的英雄唤醒
　　火光撕破宁静映照着夜空
　　火光发出呼唤是一道命令
　　在火海的左岸是一群生命
　　在火海的右岸是一名英雄
　　　因为学生们还在熟睡
　　　所以救火刻不容缓
　　　因为邻居们还在梦中
　　　所以救火挽救生命
　　王锋啊，驾驭着生命之舟
一次两次三次冲进风烟滚滚的火海
　　王锋啊，用烈火金刚般的意志
　　　一次次用鲜血书写忠诚
　护航学生们脱险邻居们脱险了
　　　他却訇然倒在死神的指缝
　　　鲜血的脚印布满了楼道
　　　那是大爱无疆的印证
　全身烧伤面积高达百分之九十八
　　　　昏迷的英雄王锋
　　精神比钻石的光芒更灿烂啊
　　我们向火海救人的英雄致敬
　　　　火光映照出的身影
　　　　　感动了大中国

时 代 先 锋
——礼赞方城县三入火海救人英雄王锋

> 媒体纷纷聚焦一个主题
> 正能量的赞歌响彻苍穹
> 饱含热泪的人们期待着
> 善良的心涌动着捐赠的洪峰
> 重症监护室的康乃馨宣告
> 英雄苏醒
> 这是一个英雄的时代
> 这是一个民族的光荣
> 让所有的鲜花都牢记一个名字吧——王锋
> 因为他是火海救人的英雄

（原载 2016 年 5 月 27 日《南阳日报》）

唱响英雄赞歌

田 巍

38岁的托教老师王锋三入火海救人，用带血的脚印书写英勇，重度烧伤后生命垂危。连日来，王锋的英勇事迹感动着神州大地，来自四面八方的爱心涌向王锋，捐款数额日日剧增。

见义勇为是中华民族的传统美德，是爱国主义、集体主义和无私奉献精神的具体体现，见义勇为的英雄不再流血又流泪，才能凝聚浩然正气、传递一腔大爱。

我们要为英雄唱响赞歌。要向英雄学习和致敬，英雄也是普通人，来自普通的家庭，有着普通的工作，我们不能让英雄身体承受巨大痛苦的同时，家庭陷入困顿，经济滑入窘境。要用全社会的力量帮助他们渡过难关，让他们感受到关爱和尊重，体味到礼遇和光荣。

我们要为英雄高唱赞歌。要爱护英雄，关心英雄，帮助英雄，更要通过大力开展宣传教育活动和见义勇为基金的募集等工作，夯实见义勇为的工作基础，切实帮助见义勇为英雄解决实际困难，在社会上营造一种见义勇为光荣的良好氛围,调动和保护人民群众见义勇为的积极性。

我们要为英雄再唱赞歌。那四面八方而来的善款,那前往医院看望和捐款不留名的身影,让我们看到了崇德向善的不竭力量。时代呼唤英雄,社会需要英雄。只有你、我、他的积极参与、热诚支持,为平民英雄点赞,向平民英雄致敬,尽己所能帮助英雄,见义勇为事业才能有所发展,社会才能和谐稳定,人民生活才能更加美满和幸福。

(据2016年5月25日《南阳日报》)

燃烧的旗帜(组诗)
——致河南方城三入火海救人英雄王锋

燃烧的旗帜(一)

武建华

我看见:在子夜三次冲入火海救人的王锋
全身皮肤燃烧成花朵的王锋,为了救人
用脚掌的血迹把50米长的道路染红的王锋
在生命垂危的昏迷中依然呼救的王锋
用燃烧的生命挽救他人生命不被燃烧的王锋
……………
我看见:他生命燃烧的烈焰
以洪水般的身姿,湮没火海
火海在他的搏斗中发抖、跌倒、退缩……
他用燃烧的血浆,把被困的生命推出海岸
他头顶上的烈火燃烧成旗帜
像黎明的鸟翼在扑打黑暗……
我看见:他用生命泯灭凶残
他燃烧的生命之花
成为永恒生命的烈焰

时代先锋
——礼赞方城县三入火海救人英雄王锋

> 点燃希望
> 永远照亮所有灾难中的黑暗……

燃烧的旗帜（二）
武建华

5月18日子夜，三入火海
你燃烧的烈焰，璀璨夺目
二十多人的生命，被你照亮
他们脱离火海，转危为安……
而你，却被燃烧成一截黑色木炭
躺在病床上，生命垂危……
南阳盆地在火海中闪烁的这道生命之光
招引举国千千万万个仰慕的目光
千万双援手伸向你，送给你新生的希望
对于你，植皮，就是在木炭和焦土上
种植生命，就是用你2%的生机
战胜98%的死寂，就是让黑炭一样的焦土
重返春枝葱郁……
千万颗爱心激动地对你说——
"你不能成为木炭
你应该属于充满生机的春天！"
7月12日，一截木炭，乘专机从南都飞至京都
这是万众想让你
更具有重生的可能和机遇
你现在依然在严冬里
但你离春天并不遥远
因为你躺在了由千万颗爱心搭建的温床上
春芽已经在你身上萌生……

当你满身春绿走进春天

你燃烧的大爱之光

已经照亮所有灾难中的心灵

（原载《南阳日报》）

守住木炭创造春天
——致火海救人英雄王锋之妻潘品（一）

你在窗外踱步，步履沉重

窗内，正在给王锋做清创植皮手术

从5月18日子夜开始，一截木炭

什么时候，都在你心中冒着青烟

你都能嗅到那股糊焦的味道，包括

在你的梦里——

然后起火，又一次燃烧

照亮你的梦境

你的夜晚，如同白昼

从那个子夜开始

你曾多次瘫倒在地

泪水是止不住的泉

后来，仿佛遇上大旱

泪腺已经干涸

是谁的声音在你耳边响起：

"已经倒下的王锋正需要你的站立！"

"是的，我不能也瘫倒在地

只有充满生机的肌体

才能支起一截木炭，重返新绿！"

然后，你从瘫倒中站起来

用信念支撑起一个伟大的希冀——

时代先锋
——礼赞方城县三入火海救人英雄王锋

"你不是魔鬼,王锋!

尽管你已烧成了黑炭,面目全非!"
但现在,你仍然不敢看一眼
王锋的脸

你多少次怀疑你的白天
你多少次怀疑你的夜晚
你多少次怀疑你的一切
包括你自己——
但你从不怀疑,这截黑木炭里的美丽
这是黑夜里的光芒
这是火海里的另一种闪光
你相信,至善的爱,会忘掉自我
至善的勇为,会拯救他人
会充满生机,会彰显美丽,会闪烁光辉!
守住黑夜,为着王锋已创造的光明
守住黑炭,为着王锋度过暮冬
守住苦难,为着英雄王锋的重生
你知道,一颗枯竭的心灵
是多么需要甘霖的挥洒,雨露的洗礼!
你就是他的甘霖
你就是他的雨露——
守住木炭,不为取暖
守住木炭,为了创造春天!

(原载《南阳日报》)

离别

潘品（王锋妻子）

你走了，
和病痛说告别。
尽管你一直勇敢，
从未向病魔低过头。
我知道你走得不甘心，
连眼都没闭上，
因为你放心不下孩子和我。
你走了，
躯体离开了孩子和我，
但我确信你的灵魂绝不会离去，
你就在我们的生活里。
我们吃饭时，
你像以往一样不让我减肥，
总给我夹肉吃。
走路时，
我挎着你的胳膊，
不用担心会迷失方向。
睡觉时，
你就在我的背后，
轻轻地抚摸我的头发。
这一次我们的灵魂可以永远在一起！
你走了，
不用再为家里奔波了，
不用那么累了，

时代先锋
——礼赞方城县三入火海救人英雄王锋

只用一心一意陪着我和孩子们就可以了，
一切都让我来承担吧！
从现在起我不会再流一滴泪，
因为我只有坚强才是对你最好的交代。
我只有照顾好孩子才能让你安心

（原载《南阳日报》）

心声
婷 婷

（原载《南阳日报》）

悼王锋
梁长洲

秋风瑟瑟万木肃，落叶纷纷祭英灵。
俟闻噩耗痛彻胸，秋雨淋沥泣王锋。
三冒烈焰救众生，捐躯堪比泰山重。
英雄壮举铸国魂，烈火永生千秋颂！

（原载《南阳日报》）

绽放在火海里的生命之花
——写在 2016 年 10 月 4 日北京八宝山革命公墓王锋遗体告别之际

武建华

是给你捐款的这双手
给你救治护理的这双手,以及
一直关怀你,服务你的这双手
今天上午,在北京八宝山革命公墓殡仪馆东礼堂
把结满花朵的花圈摆放在你的灵前
又捧起了一朵小白花,戴在各自的胸前
然后向你深深地鞠躬
然后,又把这朵小白花捧给你
这些花朵在阴沉的天空下绽放
在苍天垂泪的雨丝中绽放
在你的身边绽放
在哽咽哭泣中绽放
在依依难舍中绽放……
它们在你生命的顶巅绽放
它们绽放成我们对你的仰慕
它们绽放成我们对你的祝福
它们绽放成我们对你的心语……
它们在你生命的顶端灿烂辉煌!
我们想让这花朵的光辉照耀着你
让你一路走好,一路走好……
这不仅是我们的心愿
也是你父母以及妻子儿女的心愿……
我们用双手捧给你的那些花
以及花圈上怒放的那些花

时 代 先 锋
——礼赞方城县三入火海救人英雄王锋

  他们围拢着你，簇拥着你

  它们与你在 5 月 18 日子夜的燃烧

   共同勾勒出一种烈焰

    勾勒出一种火海

   你的生命就在其间

  燃烧成你的人性之光、生命之光

   永久在大地上闪耀

（原载《南阳日报》）

王锋，南阳人民接你回家
——写在 10 月 16 日南阳社会各界迎接火海救人英雄王锋骨灰返乡之际

武建华

  王锋，请睁开你永闭的眼睛看一眼

  今天，在南阳机场，在方城全民健身广场

   各界群众前来接你回家

  想把你的生命之花栽种到生你养你的故土里

  王锋，你一进火海，救出妻子和一双儿女

   你已尽到了一个丈夫和父亲的责任

  二进火海，救出一名教师和两名学生

   你已完成了一名英雄的壮举

  三进火海，你将二楼三楼所有的居民

  都从睡梦中唤醒，使他们全部转危为安

   你已达到了一个时代楷模的高度……

   王锋，留在巷道里的血脚印

   是你用大爱真情写进大地的诗行！

   是你用勇为担当锲入大地的印章！

  王锋，今天，到场的各界人士，胸佩白花

  他们向你诉说衷肠，他们向你含泪默哀

他们要把佩戴的白花捧给你,让它们永远
簇拥着你,在你身旁怒放
燃烧成火焰,与那天子夜的燃烧
共同勾勒成烈焰,勾勒成火海
燃烧成你的人性之光、生命之光
点燃希望,永远照亮所有灾难中的黑暗……

(原载《南阳日报》)

给王锋

一地雪

如果你有三次生命
你是神。而你只有一次生命却
完成三次飞蛾扑火。
若是我,是他,该如何?
五十米。你用五十米的血脚印
踩碎冷漠,自私,和丑。
而三十七岁,这金色葱郁
被执拗的念头——
"救人,救人,救人……"
一次次烧黑,几乎成一堆焦土。
咳,我不下地狱谁下?
你这伏牛山养大的汉子
血肉之躯宛如山脊,瞬间
火海里撑起一片至善、至爱,
美丽璀璨。
是的。那一刻,亲人是人,
邻居是人,孩子老人是人,
而你,更是一个真正的人!

时代先锋
——礼赞方城县三入火海救人英雄王锋

　　平凡得只剩下灵魂的圣洁,

　　可爱如炭的干净。

　　这是你构筑的乌托邦吗?

　　也许,你来不及知道。

　　但我知道,他知道,她知道。

（原载《南阳日报》）

与王锋告别在西去的路口
翟元斌

　　十月,几乎所有的生灵,都会用枫红穗黄展现成熟的辉煌。37岁的王锋,用血色的足印刻下了独特的墓志铭。

　　向东,时空机把生命的粒子推回孽火烧灼的暗夜,经历过了彻骨的痛楚,求生的挣扎,骨肉亲朋的眷恋……,你会不会做出新的选择?抑或依然像飞蛾扑向火,可以不计后果可以不要理由。

　　向西,生命完成一次轮回,人们总喜欢定义,而对于你,任何的定义都近乎浅白,你就是你,一粒中原土地的沙砾,喧嚣重回静寂,你默默堆砌着一个族群的图腾。

　　与王锋告别在西去的路口,不需要眼泪,也不用奢谈感动,他正赶乘下一个班车,开往又一个青春的站台。

　　向东,向西,你选择太阳落下后的再一次升起。

（原载《南阳日报》）

迎王锋
吕兆航

　　王锋回来了

　　他将长眠在英雄辈出的土地上

　　溢满大爱的故乡热土

滋养了英雄成长

生命的来去匆匆

奏响了时代的高尚之歌

精神的丰碑

屹立在人们心间

三入火海

那一刻

你心中只有他人

唯独没有你自己

那个瞬间

你的行为

使你的生命价值升华

（原载《南阳日报》）

《妻子的日记》（诗朗诵）

作者：肖 博

朗诵：王晓梅

今天

是你入院的第 47 天

我站在门外

和你只有 3 米的距离

你躺在盐水和消毒液里

每一刻都生不如死

每一天都度日如年

这是你第四次清创植皮

手术刀划在你的身上

颤抖在我揪着的心里

时代先锋
——礼赞方城县三入火海救人英雄王锋

王锋
你要活着呀
为我
为我们的一双儿女
您救过的24位邻居
都在祈祷生命的奇迹
王锋
你听到了吗
所有人都在传扬你的事迹
那是怎样的一个夜晚呢
大火吞没了整个楼房
你把我和孩子抱出火海
甩开我拉住你的手臂
发了疯地冲进烈火里
一次
两次
三次
三层楼
41级台阶
1000℃的高温
你拼了命地拍打每一户人家
拼了命地叫醒每一个人
直到你倒下
直到你用尽了所有的力气
一双血肉模糊的脚印
布满了50米的距离
王锋
你还记得吗
今天是我的生日

第六章 八方赞歌

是你入院的第 79 天
我剃光了头发
准备为你植皮
你的身躯
一次次染红了清洗液
空气中满是你血的气息
这是 9 岁的儿子
11 岁的女儿亲手画的心愿
为了他们
你要活下去呀
王锋
哭泣
到处都在哭泣
98% 的重创难倒了最好的医师
136 天
你走完了生与死的距离
那么多人的目光
没能拉住你的离去
王锋
你为什么这么不争气
王锋
我们回家了
成千上万的乡亲
都来接你
你再听听
女儿正在弹你最喜欢的曲子
你再看看
秋千上的儿子等你和他做游戏
我要亲手为你准备一桌饭菜

时代先锋
——礼赞方城县三入火海救人英雄王锋

我要你像往常一样

盛满一碗大米

我要挽着你的手臂

和你走过马路

我要躺在你的怀里安然睡去

我要我们一家人在一起

不离不弃

第七篇章
感动中国

第七章　感动中国

【河南日报】

王锋当选2016"感动中国"十大年度人物

2月7日，记者从省委宣传部获悉，我省救火英雄王锋当选2016"感动中国"十大年度人物。王锋的当选，是继胡佩兰、陇海大院、王宽家之后，河南人连续四年荣登"感动中国"领奖台。

作为中央电视台打造的精神品牌栏目，《感动中国》被誉为"中国人的年度精神史诗"，自2002年推出以来，共有150个个人或团体入选。在这份名单中，河南好人从来都是浓墨重彩的存在：张荣锁、任长霞、洪战辉、魏青刚、王百姓、李剑英、谢延信、武文斌、李隆、李灵、胡佩兰、陇海大院、王宽家、王锋……15年来，一个个"感动中国"的河南人展现出震撼心灵的精神力量，"河南好人"现象也在全国引起强烈反响。

据悉，2016"感动中国"十大年度人物颁奖晚会将于今日央视一套20:00首播，2月9日央视新闻频道重播。

（原载2017年2月8日《河南日报》）

英雄王锋　河南骄傲

"感动中国"评选委员会给予王锋的颁奖辞：

面对一千度的烈焰，没有犹豫，没有退缩，用生命助人火海逃生。小巷中带血的脚印，刻下你的无私和无畏，高贵的灵魂浴火涅槃，在人们的

时代先锋
——礼赞方城县三入火海救人英雄王锋

心中永生。

忠义感乾坤
王锋荣获2016"感动中国"十大年度人物

（原载2017年2月9日《河南日报》）

忠义感乾坤

《河南日报》记者　陈小平　吴曼迪　通讯员　张中坡　陈新刚

2月8日上午，在英雄王锋的家乡——方城县广阳镇古城村，村部里一派忙碌，村支书姚金岭正在准备村里晚上集体收看2016"感动中国"十大年度人物颁奖晚会的事宜。人们以这样的方式表达对王锋的怀念。

2016年5月18日，王锋三入火海救下20余名邻居，自己却被烧成重伤，当年10月1日，不幸在北京离世。英雄虽已离去，但他舍生取义的精神感动了中原大地、感动了全中国，王锋再次为"河南好人"书写下浓重的一笔。

侠肝义胆河南人再次感动中国

"面对一千度的烈焰，没有犹豫，没有退缩，用生命助人火海逃生。小巷中带血的脚印，刻下你的无私和无畏，高贵的灵魂浴火涅槃，在人们的心中永生。"这是"感动中国"给予救火英雄王锋的颁奖辞。晚会录制现场，王锋的遗孀潘品接过了丈夫的奖杯，并再次表达了对社会各界的感激之情。

"代替王锋站在'感动中国'的领奖台，我悲喜交加，但更多的是为我的丈夫感到自豪，他被评为'感动中国'十大年度人物是全社会对他的支持和认可。"坚强的潘品说。

尽管对王锋的事迹早已经耳熟能详，但录制现场再次播放的短片还是让在场的观众感慨不已。当潘品出现在领奖台上，观众用热烈的掌声给予她敬意。

"看到王锋烧伤的那一幕,我心里还是猛地咯噔一下。他用自己的生命诠释了人性中最大的善良,令人敬佩。"观众张艺貌说。

王锋此次当选,已是河南人连续四年荣登"感动中国"领奖台。自2002年"感动中国"推出以来,河南人已15次站上这个舞台,"河南好人"的品牌愈加响亮。

砥砺前行爱的力量照亮前路

再次见到潘品是在她新租住的家中,她和两个孩子正在整理书柜。新租住的房子虽显得有些简陋,但却井井有条。

"这里的世界名著都是这次'感动中国'十大年度人物中的物理学家、中科院院士潘建伟给孩子寄过来的。"潘品指着书柜告诉记者,在参加"感动中国"颁奖典礼前,女儿王婷给她布置了一项任务,要她和潘建伟院士一起合张影。

潘品不仅顺利完成了女儿的任务,潘院士还特意为两个孩子寄来了书籍,这让潘品又一次感受到了无限暖意。每次提起王锋,除了悲伤,潘品说得最多的就是感激。

春节前,县里特意为她的婆婆进行了全面体检,县里和乡里的领导定期会到家中看望,被救学生的家长在春节期间也专门打来电话关心他们现在的生活。在潘品心中,这些关怀都是她以后生活的希望和力量。

新的一年,潘品想继续从事教师的工作。"以前做过老师,有经验,而且做老师把知识传授给别人,也是对社会的一种回报。"同时,她已经申请加入了南阳市社区志愿者协会,希望能为需要帮助的人尽一份自己的力量。

(原载2017年2月9日《河南日报》)

时 代 先 锋
——礼赞方城县三入火海救人英雄王锋

【河南日报农村版】

南阳火海救人英雄王锋
当选2016"感动中国"十大年度人物

近日,记者从南阳市有关部门获悉,三入火海救人的方城籍青年王锋当选2016"感动中国"十大年度人物,这是我省继为群众健康而倾情奉献的医生胡佩兰、为救助高位截瘫邻居而洒满爱心的陇海大院、为养育孤儿而含辛茹苦的老艺术家王宽之后,第四位获此殊荣的先进典型。

2016年5月18日凌晨,南阳市卧龙区光武街道西华村一居民小区突发火灾,居住在一楼的方城籍青年王锋奋不顾身地冲入火海,救出20多名居民,而自己却被98%面积特重度烧伤,后被送往南阳南石医院和解放军总医院第一附属医院全力救治,但终因多脏器衰竭,于2016年10月1日在北京不幸牺牲。

本报先后以《烈火英雄》、《王锋:中国新时代英雄》为题,对其英雄事迹进行了报道,其本人先后被南阳市委授予"雷锋式好青年",被公安部授予"第三届全国119消防奖先进个人"等。

据悉,2016"感动中国"十大年度人物颁奖晚会将于2月8日(正月十二)央视一套20:00首播。

(原载2017年2月8日《河南日报农村版》)

【大河报】

带血的脚印，刻下你的无私无畏
英雄王锋获选央视2016年度"感动中国"人物
妻子潘品登台领奖

《大河报》记者　郭启朝　通讯员　时向征　文　孙宇摄影

核心提示|2017年2月8日，农历正月十二晚上八点，中央电视台2016年度"感动中国"人物颁奖典礼如期播出，大河报率先并持续不断报道的三入火海救人英雄王锋，被评选为2016年度"感动中国"人物，替王锋领奖的是他的妻子潘品。

参与报道的大河报记者此前已应邀走进了"感动中国"颁奖典礼的录制现场，为我们传回了王锋获奖的瞬间。

颁奖现场，随着音乐的响起，著名主持人白岩松、敬一丹登台亮相，2016年度"感动中国"人物颁奖典礼序幕由此拉开。第一位获得2016"感动中国"人物的是中科院院士、探月工程总设计师孙家栋，第二位就是王锋。

结识王锋

观看电视短片，观众落泪了

主持人白岩松说："大多数时候，我们的日子是平和、平静、平常的，因此，太多的人在这样的日子里也是平凡的，虽然我们喜欢这样平静的日子，但是生活却又并不总是平静的，总有一些突如其来的变化，这个时候，你会发现，一些看似平凡的人，展现出他不平凡的那一面。"

"结识王锋——"白岩松的话音一落，背景墙大屏幕上播放了王锋的电视短片：

2016年5月的一天，一个看似平常的日子，谁也不会预见，危险正一步

时代先锋
——礼赞方城县三入火海救人英雄王锋

步逼近这座楼里熟睡的人们。大约凌晨一点多，一楼大厅的电动车短路起火，火势迅速蔓延，睡在一层的王锋一家四口是最早被惊醒的人，王锋带着女儿第一时间跑出后又立刻折回头救出妻子和儿子。想到二楼住着的托教老师和两个学生，王锋毫不犹豫再次冲进火海，把他们安全送出。而楼上还有房东一家四口和十几个邻居，王锋在爆炸声中，第三次冲入火海，挨家挨户敲门示警。

楼里二十多个人得救了，而原本最容易逃生出去的王锋三进火海被烧成了一个炭人。王锋全身烧伤面积达92%，双眼烧伤，肺部呼吸道重度烧伤……

王锋火海救人的消息迅速传遍大街小巷，媒体通过走访调查发现了很多细节，其中就拍到了王锋最后一次出来呼救时，绵延50米的血脚印。

王锋的伤情牵动着千万人的心，短短6天时间收到社会各界捐款两百多万元，所有人都在祈祷，英雄王锋一定要坚强地活下来。

王锋是河南方城县古城村人，家境贫寒，郑州大学计算机专业毕业后，王锋成了家里的顶梁柱，为了挣钱给父母姐姐弟弟治病，王锋去了马来西亚打工6年。2015年，他和妻子决定在南阳办一个托教班，一家人快乐团圆的日子才刚刚开始。

妻子潘品最了解丈夫的脾气，她知道，王锋沉默的外表下，有着坚毅的力量。在南阳55天的抢救治疗，王锋度过了休克期，接受了4次大手术，仍徘徊在鬼门关，南阳市做出决定，要不惜一切代价包机送王锋进京治疗。

7月12日，飞机抵达首都，那里的医护人员做好了一切准备，一场与死神争夺英雄的战斗又打响了。从7月14日至30日，王锋进行了4次植皮手术，成活率接近百分之百，生命体征趋于平稳，在手术中，医院急需志愿者捐献头皮，妻子潘品等7位亲朋好友毫不犹豫地做了捐献。

为了救治王锋，全社会形成爱心接力，无数的电话，捐款，捐物，雪片般飞来。医生说，他们是用英雄的精神救治英雄。看着镜头里的王锋皮肤里渐渐长出嫩肉，大家松了一口气，谁承想，10月1日，王锋的病情突然恶化，下午4点34分，终因器官衰竭，在救治了136天之后，永远离开了。

电视短片中，王锋的妻子潘品说："我要用我的皮肤来守护我的丈夫，因为我要挽救他的生命，如果不够，我身上的皮也可以采。"

王锋的母亲周文焕也是泪流满面："妈妈生了一个好儿子，妈妈那时候那么穷，都坚持着养你，儿子，我教你坚强，你怎么不坚强啊……"

王锋一家揪心的哭诉让在场的不少观众流下了眼泪。

潘品讲述

王锋行善助人已成习惯

颁奖晚会现场，潘品一身素装，黑蓝上衣，黑裤子，头戴假发。王锋的妹妹王平告诉记者，因给王锋植皮潘品至今头发还未长出来。

站在舞台左侧的敬一丹让潘品落座。

敬一丹：大家的掌声其实有一种期待，期待你坚强。刚才在短片里，我听你说王锋有这样的举动你一点都不意外。他平常也会做出这样的举动吗？

潘品：从我们结婚到他去世，在我眼里，他感觉帮助别人就是他的职责。在别人遇到困难的时候，他去帮助别人就是他的任务。

敬一丹：王锋的骨灰回到老家的时候，你公公也去世了，就发生在同一天。原来大家说，王锋遇到了这样的事，这个家天都快塌了。老父亲，你的公公也去世了，现在这个家，大家都替你担忧的，现在你的婆婆怎么样了？

潘品：现在我婆婆身体挺好的，前一段时间，我婆婆身体不太舒服，当地的县政府帮着给我婆婆看了病，特别感谢他们。

敬一丹：但是一个家庭，忽然间遭遇这样的变故，肯定也有你自己解决不了的难题，大家能帮你，在哪方面需要帮助吗？

潘品：谢谢大家，我感觉从王锋受伤一直到王锋去世，到现在，我心里边满满的都是感激。虽然说这件事情发生在我们的家里，感到非常的不幸。但是就是各级党委、政府，还有社会中的爱心人士，一直在背后帮助着我们。我感觉我们走过的一条路，是一条用爱心铺成的道路。我们的背

时代先锋
——礼赞方城县三入火海救人英雄王锋

后有无数双手在支撑着我们帮助着我们,我感觉我们并不孤单。

敬一丹:王锋走了几个月了。孩子有没有直接地跟你提起爸爸?他们将来长大的时候,都会想知道,爸爸到底是一个怎样的人。你会怎么样告诉他们?

潘品:现在有的时候,孩子偶尔不听话,我就在那里抹眼泪。我就说起来他爸爸了,他就说:"我爸爸是为别人而牺牲的,我爸爸是个大英雄,我长大以后要像我爸爸一样多去帮助别人。"还有这个时候我心里感觉特别欣慰。

敬一丹:就是他们还没有长大,其实他们已经懂了爸爸是一个怎么样的人。你当老师的时候,喜欢写一些东西。王锋走了以后,你有没有专为他写下什么?

潘品:王锋以前是家里的顶梁柱,后来他生病了,我要把这个家担起来,而我又不能把心里的话,跟父母说、跟孩子说。那时候我会给他写一些心里话,那时候也会写一些诗。

敬一丹:给王锋写下了怎样的诗句呢?

潘品:我印象最深刻的就是《离别》——"你走了,在这个家里再也找不到你的影子,我只能在梦里与你相见。这会是怎样的一种感受,在家里,再也找不到你的气息,只能打开衣柜,抱着你的衣物,闻一闻你的气息……"

敬一丹:我们不忍再让潘品读下去了。确实在"感动中国",在这,我们分明还觉得,王锋还在我们心里。

推荐人语平民英雄是民族真正的脊梁

此时,白岩松再次发声,他说:"感动中国"推选委员胡果这样评价王锋:人们需要英雄,更需要王锋这样的平民英雄,他们是一个民族真正的脊梁。

白岩松说,"感动中国"评选委员会给予王锋的颁奖词是:"面对一千度的烈焰,没有犹豫,没有退缩,用生命助人火海逃生。小巷中带血的脚印,刻下你的无私和无畏。高贵的灵魂浴火涅槃,在人们的心中永生……"

此时,两个小学生走上前台,向潘品颁奖,献花。观众席上再次响起长时间掌声。

在颁奖现场的方城县委书记褚清黎再次被王锋的精神感动得热泪盈眶,褚清黎告诉记者:"第一次冲入火海救出了妻子和孩子,这是亲情使然,第二次冲入火海救出自己的学生和老师这是责任使然,第三次冒着生命危险,冲入火海救出邻居,这是人性的光辉。王锋精神感动中国,王锋精神永远是我们战胜困难、坚毅前行的不竭动力!"

(原载 2017 年 2 月 9 日《大河报》)

"感动中国"绘就河南人大爱群像

河南人能在平凡日子里真情相助,也能在危险时刻挺身而出

《大河报》记者 侯梦菲 蔡君彦 文 王亚鸽 赵龙翔 摄影

本报讯"面对一千度的烈焰,没有犹豫,没有退缩,用生命助人火海逃生……"昨晚,2016年度"感动中国"人物颁奖典礼在中央电视台一套首播,三入火海救人的河南南阳方城县广阳镇古城村青年王锋,荣膺2016"感动中国"十大年度人物。王锋的当选,是继胡佩兰、刘洋、陇海大院、王宽之后,河南人连续第四年登上"感动中国"领奖台。

昨日,大河报推出的《英雄还在》报道,引发强烈社会反响,从方城家中回到南阳租住处的潘品娘儿仨,细读报道后,含泪将这份特殊礼物珍藏。

温暖|感动中国的科学家,为王锋的女儿寄来 6 套图书

昨日中午,在南阳市卧龙区"幸福家园"小区的租住屋内,潘品接过记者带来的报道英雄王锋的大河报,感受丈夫带来的温情和力量。

9岁的王玉金依偎在妈妈身边,也抽出一份报纸捧着阅读。他一边读着,一边用手抚摸着报纸头版上爸爸的照片。潘品红着眼读完报道,将报纸珍藏。

时代先锋
——礼赞方城县三入火海救人英雄王锋

对英雄王锋家人的关注,仍从全国各地涌来。昨天,王锋的女儿王婷收到了特殊的"礼物"——"感动中国"的中国科学院院士潘建伟教授送的科普图书。

2016年8月16日,由我国科学家自主研制的世界首颗量子科学实验卫星"墨子号"在酒泉卫星发射中心成功发射,这个项目的首席科学家正是潘建伟。王婷被这位科学家身上的科研精神打动,以他为偶像。

1月15日,潘品到北京录制《感动中国》时见到潘建伟,和他聊起王婷的"科研梦想"。潘建伟听了十分感动,专门请助手给王婷寄来6套经典图书,昨天下午,6套图书全部寄到。收到图书后,王婷红扑扑的脸上充满兴奋和期待,她抚摸着新书说:"太开心了!我恨不得一下子把这些书都读完。"

追踪 | 他们感动中国后,大爱暖流仍在涌动

仁医胡佩兰、"爱的大院"陇海大院、"卖唱救孤"的王宽,加上火海救人英雄王锋,河南人已连续四年荣登"感动中国"领奖台。记者回访发现,他们感动中国后,大爱暖流仍在涌动。

河南郑州98岁高龄的女医生胡佩兰,荣获2013"感动中国"十大年度人物。2014年1月22日,98岁的胡佩兰在郑州去世。她走了,她的精神却在发扬光大。胡佩兰的长子、我国著名心血管病专家胡大一,继续传播胡佩兰精神,深入偏远地区参与多场义诊公益活动。

郑州市二七区一马路街道办事处陇海大院,在2014"感动中国"十大年度人物评选中荣获"感动中国"爱心集体称号。后来,陇海大院经历了拆迁,可围绕高位截瘫的高新海的暖流仍在继续,有更多爱心人士加入。

"年前,老邻居们到家里帮他打扫卫生,贴春联,大年初四大家又到高新海家聚餐,祝福新年。"一马路办事处陇海大院社区书记井勇说,这一惯例已经延续了20多年,今后还将继续下去。

高新海说,除了老邻居们真情陪伴,101中学、省红十字会的志愿者们也时常来探望帮忙,还有爱心人士赠送他一辆新电动车。

今年77岁的老艺术家王宽，在荣获2015"感动中国"十大年度人物后，比以往更忙了，能传递爱心，王宽一家觉得忙并快乐着。

去年5月8日，在郑州大石桥举行的大型义演中，王宽全家和助阵的名家大腕义演4小时，筹集善款用于救助困难尿毒症患者；去年6月21日"世界渐冻人日"，王宽一家在郑州市紫荆山公园领衔义演关爱"渐冻人"，现场为20位贫困"渐冻人"送上手机等爱心礼物……

声音｜感动中国背后，是河南人骨子里的"大爱基因"

昨日，本报刊发的《英雄还在》，让不少读者感动落泪，大家对河南人的"大爱基因"也有着各自的理解。

"我迄今忘不了，读高中时和同学一块看感动中国颁奖晚会，魏青刚给我心灵所带来的冲击。"郑州市民刘先生说，当时他不能理解这个河南汉子为何奋不顾身去救一个"毫不相关"的人，"后来我明白了，英雄往往其貌不扬，却能几十年如一日恪守自己的信条，在需要他们的时候，义不容辞地冲上去。"

"这么多河南人感动中国，离不开河南这片大爱土壤。"感动中国人物王宽说，他感受最深的河南大爱，是乐于助人、厚善厚德。

著名作家二月河说，河南历史悠久，文化底蕴深厚。沃土滋养的河南人不仅能在平凡日子里真情相助，而且总能在危险时刻挺身而出，这是河南人的传统美德。"河南人向来乐于助人、勇于担当、见义勇为，平凡之中富有责任心。"二月河说，大量涌现的河南好人，既是对历史的传承，也有鲜明的时代特征，一个个河南人身上异彩纷呈的大爱之举，绘就河南人的大爱群像。

15年来，除了英雄王锋还有这些河南人感动中国

2002年度：张荣锁

河南辉县上八里镇回龙村党支书，被誉为"新时代愚公"。他捐出百万家财，在悬崖上修了一条"救命路"。

2004年度：任长霞

时代先锋
——礼赞方城县三入火海救人英雄王锋

原登封市公安局长。连破积年大案，以一身正气镇住邪恶的河南"女神警"。2004年在侦破"1·30"案件过程中发生车祸，抢救无效因公殉职。

2005年度：魏青刚

信阳固始的小伙魏青刚，台风中三次跳入巨浪救落水者。

2005年度：洪战辉

河南省西华县人，现为中南大学教师。曾先后就读于湖南怀化学院，中南大学。他带着捡来的妹妹，艰难求学12年。

2006年度：王百姓

全国知名排爆专家，任河南省公安厅治安总队调研员，在爆破、防爆和排爆岗位上工作了37年，曾排除各类炸弹15000多枚、排除爆破装置和哑炮1100多个。

2007年度：谢延信

原名刘延信，河南省滑县半坡店乡车村人，焦煤集团员工。自1974年以来，谢延信坚持照顾亡妻的三位亲人。

2007年度：李剑英

2006年11月14日，河南郑州人李剑英驾驶某型歼击机，在训练结束下降途中，飞机撞鸟，在生死攸关的16秒里，他先后三次放弃跳伞求生机会，为了保护国家和人民群众的生命财产安全而不幸殉难。

2008年度：李隆

开封人，郑州市公安消防支队特勤大队副大队长。在2008年5月赴四川抗震救灾战斗中，他和战友们在废墟下先后救出57名群众。

2008年度：武文斌

河南省邓州市张村镇人，济南军区铁军某师炮指连士官学员。2002年入伍，2005年以全团第一的成绩考入解放军信息工程大学测绘学院，毕业前夕牺牲在抗震前线。

2009年度：李灵

周口东新区许湾乡希望小学校长，毕业后在家乡负债创办希望小学，蹬着破旧三轮车收购书籍，载回了孩子们的"精神食粮"。

2013年度：胡佩兰

解放军3519职工医院和郑州市建中街社区卫生服务中心坐诊医生，退休后20年坚持每天出诊。她拿出微薄的坐诊收入和退休金，捐建了50多个"希望书屋"。

2013年度：刘洋

（注：向中国航天人群体表达年度致敬）

刘洋2010年5月正式成为我国第二批航天员，2012年6月乘神舟九号升空，成为中国首位飞天的女航天员。

2014年度：陇海大院

陇海大院居民高新海高位截瘫，孤身一人。大院里的邻居们伸出援助之手，自发形成爱心群体承担起照顾他的义务，39年从未间断。

2015年度：王宽

国家一级演员，河南豫剧名家，1998年，王宽退休后和妻子用退休工资收养了6个孤儿，他去茶楼"卖唱"，将这些孤儿养育成才。

2016年度：朱婷

（注：给予中国女排"特别致敬"）

奥运赛场中国女排历史上第二次捧起奥运会冠军奖杯，在比赛中，河南姑娘朱婷，拿下了全场最高的33分，是女排获胜的关键人物。

（原载2017年2月9日《大河报》）

2016"感动中原"特别致敬王锋颁奖典礼侧记

"2016年，一个叫王锋的河南人牵动了全国人民的心。他伤势重需要救治，无数的陌生人送来捐款；孩子无人照料，马上有素不相识的人帮助照顾；他不幸离世，无数人潸然泪下，无限痛心。人民日报在头版向他致敬，称他为英雄。2016'感动中国'年度人物评选，他高票当选。今天，我们也以特别的方式缅怀英雄，致敬王锋。"2017年2月15日，在河南电视台演播大厅，伴随着主持人深情的话语，人们又一次被王锋的英雄事迹所感动。

时代先锋
——礼赞方城县三入火海救人英雄王锋

当晚，2016"感动中原"十大年度人物揭晓，十位感动人心的河南好人与两个模范团体获此殊荣，组委会向当选2016"感动中国"十大年度人物、火海救人英雄王锋表达特别致敬。河南省委常委、宣传部部长赵素萍，省人大常委会副主任蒋笃运、省政府副省长王艳玲、省政协副主席梁静，南阳市委常委、宣传部部长张富治,南阳市委宣传部副部长、南阳电视台台长王光玲和方城县委书记褚清黎等出席颁奖典礼。

播放短片述壮举

"爸爸，我想你了，你想我吗？妈妈也想你了！"

短片画面中，小女孩怀念的这位爸爸就是三进火海舍身救人的王锋。2016年5月18日凌晨一点，河南省南阳市发生一起火灾，住在一楼的王锋被刺鼻的气味儿熏醒，很快意识到门外着火了。

"王锋大声叫喊着火了，着火了。"王锋的妻子潘品回忆当时的情景。

王锋把妻子儿女送到安全的地方以后，转身又冲进着火的楼道。

"就在隔壁的房间里把两个孩子，还有一个老师救了出去。"

"突然听见王老师大声喊着火了，起来就看见火已经着起来了。"邻居和托教老师分别讲述火灾救人现场。

此时，火势已经吞没了整个楼道，并且火势越来越大。这时，王锋不顾个人危险，义无反顾地再一次冲进火海。

"飞奔地跑到楼上去敲门，赶紧起来，着火了、着火了！"房东讲述道。

等到王锋从炽烈的大火里冲出来时，他已经被烧得面目全非。

"我摸了他肩膀一下，感觉着有东西掉下来，后来到医院才知道那是掉了块皮。"王锋的妻子潘品说。

"离烧伤那地方有50米，你看这都是血印，这是赤着脚的血脚印。"事发现场目击者介绍。

整个三层小楼里，总共二十多人，就是三次冲向火海的王锋喊醒了每户熟睡的邻居,才没有一人受到严重伤害。

在南阳南石医院的全力抢救下,王锋忍受着极大的痛苦,度过了休克关、感染关,暂时脱离了生命危险。但因为伤势过重,接下来一段时间一直在抢救室接受治疗。

"肾上指标太高了,如果明天还高,治疗费用得一百多万。"王锋的妻子潘品说。

此时,爱正从四面八方向这里汇聚。仅仅几天时间所捐的数额就达到175万元。两个还在上小学、无人照顾的孩子也被爱心人士接到家中。王锋的善行义举,震撼了整座南阳城,让感动从南阳这座城市向全国蔓延

"前期费用已经够了,现在这个钱我不能收下,因为有许许多多需要帮助的人也需要救助,希望能去救助更需要的人。"王锋的妻子潘品婉言谢绝捐款。

从丈夫身上,潘品领悟到了社会道德的风尚;从救助王锋和学习王锋的过程,大家感知到了社会文明的温度。

满怀深情赞英雄

"天地英雄气,千秋尚凛然。今天,一位英雄用壮举感动了神州大地,用金子般至善至美的人性光芒,诠释了生命的轻与重。英雄已逝,从未走远。"主持人满怀深情地说:"现在我们请出王锋的妻子潘品、亲友和救出的群众代表。有请他们。"

在颁奖典礼尾声,"感动中原"组委会对以高票当选2016"感动中国"年度人物——火海中舍身救人的河南人王锋进行了特别致敬。面对无情大火,王锋不顾个人安危,三度勇闯火海救人,他勇敢无私的精神感天动地。

伴随着激昂深情的音乐声,英雄王锋的妻子潘品、被救房东王东峰、南阳日报记者柏伴雪、方城县委宣传部干部时向征、方城县广阳镇党委副书记王彬、王锋的同学栗晓和柴成林手持菊花走上舞台,表达对英雄的深切缅怀和真挚敬仰。

时代先锋
——礼赞方城县三入火海救人英雄王锋

"下面让我们重温'感动中国'组委会授予王锋的颁奖词：面对一千度的烈焰，没有犹豫，没有退缩，用生命助人火海逃生。小巷中带血的脚印，刻下你的无私和无畏，高贵的灵魂浴火涅槃，在人们的心中永生。2016'感动中原'特别致敬王锋！"主持人铿锵有力地高声念道。

"不用多想，不用多问，你就是这样的人；不能不想，不能不问，真心有多重，爱有多深……"在温暖肃穆的歌声《你是这样的人》中，颁奖典礼圆满结束，英雄王锋的事迹深深地感染着人们，在人们的心头激荡。

据悉，当选2016"感动中原"十大年度人物的分别是：情系百姓、勤恳实干带领群众致富的宝丰县赵庄镇大黄村党支部书记马豹子；24年尽孝公婆、与丈夫真情相守，用乐观和坚强撑起一家的西平县供电公司职工刘慧琴；在里约奥运会一人贡献了中国队40%的得分，为中国女排夺冠立下汗马功劳的河南省球类运动管理中心女排运动员朱婷；主动申请奋战在扶贫第一线、踏实热忱地带领村民脱贫致富的确山县竹沟镇西王楼村第一书记吴树兰；在普通工人岗位上精益求精35年，树立行业标杆、延续工匠技艺、传承大国工匠精神的中国平煤神马集团帘子布发展公司卷绕工张国华；割肝救母的许昌鄢陵县安陵镇于寨石庄村90后女孩张文亚；与病魔抗争20年、长期坚守一线岗位，为群众排忧解困的郑州市公安局交警二大队综合业务大厅民警周水斌；45年把曾经连饭都吃不饱的穷村打造成"中原出口创汇第一村"的禹州市颍川街道办事处东关社区党委书记、居委会主任周遂德；爱岗敬业、忠于职守、累倒在工作岗位上的原河南省焦南监狱十七监区副主任科员袁文俊；义务救援422次，有情有义、为生命护航的商丘市水上义务救援队队长黄伟。

组委会首次将2016"感动中原"年度团体奖授予了两个模范团体：一个是把救死扶伤融入生活每个细节、以医者仁心诠释人间大爱的郑州人民医院8位"网红"；另一个是在2016年新乡市大暴雨中生死救援，用血肉之躯铸就生命堤防的新乡市公安消防支队。

晚会开场采用大屏影像与现场演员相结合，舞台上有七组群像，巧妙地呈现着过去一年发生在我们身边那些熟悉的身影、那些温暖人心的故事。随着两位主持人经过每一组群像，就会讲述当中的人物和场景，让观众很快融入到温暖的氛围当中。七个情境，七个故事，秉承着感动中原的精神，传扬着人性的光辉和无限的正能量。

据介绍，"感动中原"十大年度人物评选活动是河南省着力打造的人文精神公益品牌活动。自2005年始，每年一届，至今已举办十二届，先后评选出超过120个先进典型人物和英雄群体，全面展示了河南人的良好形象和精神风貌，为决胜全面建成小康社会，打造先进制造业强省、现代服务业强省、现代农业强省、网络经济强省"四个强省"，让中原更加出彩营造了良好的舆论氛围和道德环境。

（原载2017年2月22日《大河网》）

【东方今报】

三入火海救人英雄王锋
当选2016"感动中国"十大年度人物

《东方今报·猛犸新闻》记者　张定有　程海舟　通讯员　张中坡　陈新刚

火海救人感天动地，舍生取义浩气长存。昨日，记者从有关部门获悉，三入火海救人的方城籍青年王锋，荣膺2016"感动中国"十大年度人物。他也是继武文斌、李隆、任长霞、王百姓、李剑英、谢延信、洪战辉、魏青刚、张荣锁、王宽等人之后又一位登上"感动中国"舞台的河南人。

2016年5月18日凌晨，南阳市卧龙区光武街道西华村一居民小区突发火灾，居住在一楼的方城籍青年王锋奋不顾身地冲入火海，救出20多名居民，而自己全身98%面积特重度烧伤，后被送往南阳南石医院和解放军总医院第一附属医院全力救治，但终因多脏器衰竭，于2016年10月1日16:34在北京不幸牺牲。

王锋火海救人的英雄事迹感人至深，在全国产生了较大影响。中央、省、市新闻媒体对其先进事迹进行了广泛而深入的报道，在全社会形成了学习弘扬英雄精神、崇德向善的良好风尚。其本人先后被中共南阳市委授

时 代 先 锋
——礼赞方城县三入火海救人英雄王锋

予"雷锋式好青年",被南阳市综治委授予"见义勇为先进个人",被团省委、团市委、团县委分别授予省、市、县"见义勇为好青年",被全国雷锋文化联盟组委会授予学雷锋"爱心推广之星",被评为由新华社主办的"中国网事·感动2016"第二季度网络人物,入选由中央文明办、中国文明网主办的2016年7月份"中国好人榜",被南阳市人民政府追记为二等功,被公安部授予"第三届全国119消防奖先进个人",被河南省公安厅授予"河南最美消防人",以特别感人的英雄壮举和大爱担当的英雄精神,荣膺2016"感动中国"十大年度人物。

王锋的英雄事迹经本报报道后,阿里公益与本报联合,共同授予王锋"天天正能量"一等奖,并颁发奖金10000元,以弘扬正能量,告慰英灵。

据悉,2016"感动中国"十大年度人物颁奖晚会将于2月8日(正月十二)央视一套20:00首播,2月9日(正月十三)央视新闻频道21:30重播。

(原载2017年2月8日《东方今报》)

【河南商报】

昨夜全中国都被这个河南汉子感动

《河南商报》多次报道的南阳救火英雄王锋,荣膺央视"感动中国"2016年度人物

看到他的故事后,白岩松感叹:"人们需要英雄,更需要王锋这样的平民英雄"

《河南商报》记者　崔　文　文/图

昨晚8点,中央电视台"感动中国"2016年度人物揭晓,南阳救火英雄王锋成功当选"感动中国"2016年度人物。

在2016年的一场火灾中,王锋三赴火海,在他的帮助和示警下,整栋楼的二十多位邻居无一伤亡,但他却因此烧成重伤,烧伤总面积达98%,虽然经过136天的救治,还是不幸离去。

英雄王锋当选为"感动中国"年度人物,是对他英勇事迹的高度认可。

如今，王锋事迹已在全国发酵，关于他事迹的电影也感动了无数观众。

就像"感动中国"评选委员会给予王锋的颁奖词写的一样，高贵的灵魂浴火涅槃，在人们的心中永生。

【颁奖】

南阳救火英雄王锋 当选"感动中国"年度人物

昨晚8点，"国人年度精神盛宴"——中央电视台"感动中国"2016年度人物揭晓，王锋成功当选"感动中国"2016年度人物。

白岩松在颁奖现场感叹："大多数时候，我们的日子是平和、平静、平常的，因此太多的人在这样的日子里，也是平凡的，虽然我们喜欢这样平静的日子，但是生活却又不总是平静的，总有一些突如其来的变化，这个时候您会发现，一些看似平凡的人，展现出他不平凡的那一面。人们需要英雄，更需要王锋这样的平民英雄，他们是一个民族真正的脊梁。"

王锋的妻子潘品在接受敬一丹采访时说，"在我眼里，他感觉帮助别人就是他的职责，在别人遇到困难的时候，他去帮助别人，就是他的任务。"

在谈到怎样像儿女介绍他们的爸爸时，潘品说，"现在有的时候，就是我坐在那里落泪的时候，心里边特别难受，然后孩子特别懂事，我就说起来他们爸爸，他们就说，我爸爸是为别人而牺牲的，我爸爸是英雄，我长大以后要像我爸爸一样，帮助别人，这个时候我感觉特别欣慰。"

"感动中国"评选委员会给予王锋的颁奖词这样写道：面对一千度的烈焰，没有犹豫，没有退缩，用生命助人火海逃生。小巷中带血的脚印，刻下你的无私和无畏，高贵的灵魂浴火涅槃，在人们的心中永生。

【感动】

听闻王锋的故事 不少观众流下了泪水

在颁奖晚会现场，看到王锋事迹的宣传片、听闻王锋的故事，不少观

时代先锋
——礼赞方城县三入火海救人英雄王锋

众忍不住流下了泪水。当潘品代替丈夫上台领奖时,观众更是起身鼓掌,向这位二赴火海的救人英雄表达最诚挚的敬意。

在获奖人物合影留念环节,潘品手握奖杯,脸上看不出是喜是悲。潘品昨天接受河南商报记者采访时说,节目是在今年1月中旬录制的,当她举起奖杯的那一刻,心情是复杂的。

对丈夫的离去,她至今还没从悲痛中走出来;对奖杯,她说这是全国人对王锋的认可;对荣誉,她说当她走上舞台的那一刻,自豪和骄傲从无如此强烈,"这是王锋的荣誉,我们怀念他。"

【回顾】

火海三进三出 舍己救下整栋楼邻居

英雄王锋的故事,要从2016年5月18日凌晨的一起火灾事故说起。

那天夜里,在南阳市卧龙区西华村一栋民宅,二十多位熟睡的人不曾预见,危险正一步步逼近。凌晨1点多,因一楼电动车短路失火,继而引发大火。租住在一楼的王锋最先发现火情,带着女儿第一时间跑了出去。

"失火了!"王锋一边大声呼喊,一边折回头冲进火海,救出了妻子和儿子。

"你打电话报警,招呼好孩子,我得去救人,楼里还有很多人。"王锋安顿好妻子潘品后,便转身第二次冲入火海。这一次,挽救了住在一楼东间的两名学生和一名托教老师的生命。

此时,楼内已火光冲天,还不时响起爆炸声。"里面还有人,我还要去救人。"说完这句话,他第三次冲入火海。

这一次,他挨门挨户敲门示警。邻居听到咚咚的敲门声,赶忙起床逃生。楼里二十多个人得救了,而原本是第一个逃出去的王锋,第三次从火海中出来时,已被烧成了"炭人",全身乌黑,神志已经不清醒,就在这样的情况下,他依然边跑边喊,奔走呼号。住处巷口五六十米的路上,留下了王锋带血的脚印。

整栋楼的邻居无一伤亡,但王锋全身的烧伤总面积达到98%,命悬一线。

虽经多方救治，但因严重感染，在顽强坚持了136天后，王锋于2016年10月1日因多脏器衰竭不幸离世。

【希望】

他的"好人"精神 在感动中留下了希望

"我知道，当时我就是劝他，他还是会义无反顾地去救人。"昨天，王锋的妻子潘品接受河南商报记者采访时说，"他就是这样的一种'好人'。"

王锋走了，但他的"好人"精神却渐渐体现在了一双儿女身上。

王锋11岁的女儿，以前只会做一些简单的家务活，而现在，家里的重活累活她都开始积极承担。拿到此次"感动中国"获奖人物的简介时，王锋的女儿饶有兴趣地读起来。"他们都是为国家做出很多贡献的人。"谈到未来想做什么，王锋女儿说最想做老师，教书育人，回报社会。

王锋9岁的儿子虽然学习成绩不理想，但在妈妈潘品眼中他依然非常优秀："现在越来越会关心人了。"

王锋的遗像就摆放在床头，潘品说自己每次回到老家，总觉得王锋还在，晚上睡觉时常会梦到他。"有一次做梦，梦到王锋说对不起我，留下了一双儿女让我照顾，还安慰我。"潘品说，王锋是为救人而牺牲，人死不能复生，为了他"留"下的希望，也要更好地生活。

如今，在南阳市的大街小巷，随处可见学习王锋事迹的宣传标语。2月3日，以王锋事迹为题材的电影《英雄王锋》在方城县首映。电影引人落泪，王锋精神也感动着台下的观众。潘品在看完电影后发朋友圈写道："好似你又回到了我的身边。"

不知什么时候，潘品的微信名字改为了"希望"。

（原载2017年2月9日《河南商报》）

时代先锋
——礼赞方城县三入火海救人英雄王锋

【南阳日报】

2016年度"感动中国"人物颁奖盛典今晚播出
聚焦时代先锋 致敬英雄王锋

■首播：2月8日（农历正月十二）央视一套20点
■重播：2月9日（农历正月十三）新闻频道21点30分

感动，是一种力量，总能直抵灵魂，温润心灵。今晚8时，让我们相约央视一套，与全国观众一起，向南阳方城籍火海救人英雄王锋致敬！

《感动中国》是央视"第一品牌"，被誉为"中国人的年度精神史诗"。今年，恰逢《感动中国》创办15周年。

"感动15周年，为心灵塑像！"是"2016年度《感动中国》人物颁奖盛典"的主题。经市委、省委宣传部等层层推荐，南阳方城籍火海救人英雄王锋成功入围，并以11383354票和总票数第二名的绝对优势成功入选，成为我市迄今为止首位入选者。王锋的妻子将走上舞台，在聚光灯下，接受全国观众对南阳好人、38岁草根英雄王锋的无限哀思、至高崇敬与殷切祝福。

"2016年度《感动中国》人物颁奖盛典"播出时间：2月8日（农历正月十二）央视一套20时首播，2月9日（农历正月十三）新闻频道21时30分重播。"盛典"由白岩松、敬一丹主持。

（原载2017年2月8日《南阳日报》）

三入火海救人 壮举感天动地
王锋当选"感动中国"十大年度人物

2月8日20时，"2016年度'感动中国'人物颁奖盛典"在央视一套播出，南阳方城籍三入火海舍己救人英雄王锋当选"十大年度人物"，王锋妻子潘品替丈夫上台领奖。

在颁奖盛典中,全国亿万观众通过荧屏追忆了火海救人英雄王锋的感人事迹。2016年5月18日凌晨,南阳市卧龙区光武街道西华村一居民小区突发火灾,居住在一楼的方城籍青年王锋奋不顾身地冲入火海,救出20多名居民,而自己全身98%面积特重度烧伤,终因多脏器衰竭,于2016年10月1日16时34分在北京不幸牺牲。

英雄虽逝,浩气长存。《感动中国》评委会为王锋写下了这样的颁奖辞:面对一千度的烈焰,没有犹豫,没有退缩,用生命助人火海逃生。小巷中带血的脚印,刻下你的无私和无畏,高贵的灵魂浴火涅,在人们的心中永生。王锋,忠义感乾坤!

南阳英雄王锋的至善壮举催人泪下,现场观众感动不已。

《感动中国》是央视知名品牌,被誉为"中国人的年度精神史诗"。王锋是本年度河南省唯一的获奖者,他用舍生取义的大爱义举向全国人民展示了南阳英雄的至真、至勇、至美!

(原载2017年2月9日《南阳日报》)

央视"感动中国"十大年度人物
英雄王锋"感动中国" 时代新风惠泽南阳

直抵心灵的感动
——王锋入选央视2016"感动中国"十大年度人物侧记

《南阳日报》记者 柏伴雪

2月8日晚8时,在央视一套2016"感动中国"年度人物颁奖盛典舞台上,南阳方城籍三入火海舍己救人英雄王锋当选"十大年度人物",再度向全国观众传递出文明河南、大美南阳的动人音符。

追忆英雄 至善壮举感天地

颁奖盛典中,王锋是位列功勋科学家孙家栋之后的第二位获奖者。在白岩松的深情解说中,一段回顾王锋整个事件的短片在屏幕上开

时代先锋
——礼赞方城县三入火海救人英雄王锋

播。镜头中，2016年5月18日凌晨，卧龙区西华村那栋民宅突发大火的场面触目惊心。危急时刻，王锋义无反顾，先后三次闯入火海。20多位邻居无一伤亡，他却被烧成了"炭人"。最终，在10月1日下午，38岁的生命永远定格。

镜头一步步、一层层推进，直到看到其母强抑悲怆、深明大义的告白时，所有人的心被揪得生疼，堆积如山的感动化成泪水夺眶而出。

温情拥抱　泪飞顿作倾盆雨

短片结束，眼噙热泪的潘品收起悲伤，从火红的舞台步道上缓缓走下。观众们泪眼中呈现出的身影模糊而又清晰。

正如在从南阳赶到北京为王锋领奖的路上的心情一样，这一刻，潘品"悲喜交加"。

迎上前去，敬一丹用温暖的拥抱，向潘品表达着内心深处那份崇高的敬意！

在这样一方舞台，这样一个时刻，身为资深主持人的敬一丹也难以控制自己的情绪，她用颤抖的嗓音与潘品亲切交谈。在潘品的娓娓道来中，观众们感受到了这个家庭的无比悲伤，然而，从事发至今，王锋及其家人始终坚守信念，心怀感恩，无怨无悔。

感动的力量在每位观众的心中不断发酵，在电视机前收看节目的方城人、南阳人、省内省外许许多多的人都感动得泪如雨注。

仰望星空　英雄精神励后人

"人们需要英雄，更需要王锋这样的平民英雄，他们是一个民族真正的脊梁。"白岩松的主持词引起了全社会的强烈共鸣。

英雄虽已逝，精神励后人。由王锋及其家人及广大爱心人士带来的这份感动如春风化雨，润泽了许多人的心田。

顷刻间，有关王锋当选2016"感动中国"十大年度人物的消息在微信朋友圈中刷屏，在互联网上成为热词，更在全国各大媒体上被广为关注报道。

曾经为王锋拍摄专题片的央视《焦点访谈》栏目记者曲长缨感慨万千："虽然去年采访过王锋的事迹，但今天在《感动中国》的舞台上再次看到，依然并且更加感到震撼和感动。每看一次就被打动一次，每看一次就受到一次净化心灵的教育！因为王锋精神和人们对勇敢、无私的向往连在一起，和人们心灵对美好生活的追求连在一起！并将改变、影响、推动越来越多的人向善向好。"

（原载 2017 年 2 月 9 日《南阳日报》）

家乡的骄傲　精神的坐标
——各界热议王锋当选"感动中国"十大年度人物

《南阳日报》记者　柏伴雪　特约记者　张中坡　陈新刚　倪　崇

昨日，王锋当选 2016"感动中国"十大年度人物的消息在全省广为传播，家乡人民倍感自豪。

"颁奖盛典"结束后，全国媒体广为聚焦，在最短的时间里迅速推出新媒体的报道。社会各界争相热议，纷纷通过致电或网上留言等方式倾诉"感动"。

市十三中赵钰嘉说："今天学校发信息，让大家都收看感动中国节目。看了王锋叔叔的事迹，我特别感动。他为了救人一次次冲进火海，丝毫不考虑自己的安危。我们中学生都要向他学习，从小树立正确的人生观、价值观和世界观，把帮助别人当成最快乐的事。"

在王锋的家乡方城县广阳镇，许多乡亲相约前往，陪着王锋的家人一起观看"盛典"。广阳镇党委副书记王彬告诉记者："王锋获奖，家乡广大群众奔走相告，踊跃收看节目，为咱家乡的英雄王锋感到骄傲和自豪。"

王锋的老乡，"全国首届岗位学雷锋标兵"荣誉获得者郭春鹏表示："王锋身上体现出的那种无所畏惧、挺身而出、舍生取义的精神，是新时期所有青年共同学习的目标。"

"动人以言者，其感不深；动人以行者，其应必速。"方城县委常

时代先锋
——礼赞方城县三入火海救人英雄王锋

委、宣传部长刘杰说,王锋入选2016"感动中国"十大年度人物,不仅是社会对英雄人物的认可,更是正能量传播的集中体现。"王锋精神"在成为方城县社会风气日益良好的标杆和引领的同时,也为推动方城各项事业实现快速、健康、可持续发展提供着强大的精神动力。

(原载2017年2月9日《南阳日报》)

颁奖盛典全记录

白岩松:大多数时候,我们的日子是平和、平静、平常的,因此太多的人在这样的日子里,也是平凡的,虽然我们喜欢这样平静的日子,但是生活却又不总是平静的,总有一些突如其来的变化,这个时候您会发现,一些看似平凡的人,展现出他不平凡的那一面。

▶短片《王锋》

解说:2016年5月的一天,一个看似平常的日子,谁也不会预见,危险正一步步逼近这座楼里熟睡的人们。大约凌晨一点多,一楼大厅的电动车短路失火,火势迅速蔓延。睡在一楼的王锋一家四口是最早被惊醒的人,王锋带着女儿第一时间跑出去,立刻折回头救出妻子和儿子。

采访王锋妻子潘品:他把我们放下之后就冲进去了。

解说:想到二楼住着的托教老师和两个学生,王锋毫不犹豫再次冲进火海,并把他们安全送出。

采访邻居:那火苗一直飙,飙到二楼。

采访老师:他就说里面还有人,我还要去救人,就说了这一句话。

解说:楼上还有房东一家四口,还有十几个邻居,王锋在爆炸声中第三次冲进火海,挨门挨户敲门示警。

采访房东王东峰:孩子他爸听到咚咚咚敲门的声音,我不敢出去,回头转到这个卧室。

解说:楼里二十多个人得救了,而原本最容易逃生出去的王锋三进火

第七章 感动中国

海,被烧成了一个"炭人"。

采访王锋妻子潘品:他从火里出来了,皮肤很黑,头发也没有了。

解说:王锋全身烧伤面积98%,双眼烧伤,肺部呼吸道重度烧伤。王锋的表哥赶到医院,用手机拍下了这些照片。

采访表哥:很心疼人,把人烧焦了。

解说:王锋火海救人的消息迅速传遍大街小巷。媒体通过走访调查发现了很多细节,其中就拍到了王锋最后一次出来奔跑呼救,绵延五十米的血脚印。

采访《南阳晚报》记者于晓霞:看了特别震撼,有种触目惊心的感觉,就觉得这是什么样的一种精神在支撑着他。

解说:王锋的伤情牵动着千万人的心,短短六天时间,收到社会各界捐款两百多万元。所有人都在祈祷,英雄王锋一定要坚强地活下来。

王锋是河南方城县古城村人,家境贫寒。郑州大学计算机专业毕业后,王锋成了家里的顶梁柱,为了挣钱给父母姐姐弟弟治病,王锋去了马来西亚打工六年。2015年,他和妻子决定在南阳办一个托教班,一家人快乐团圆的日子才刚刚开始。妻子最了解丈夫的品性,她知道在王锋沉默的外表下有着坚毅的力量。

采访王锋妻子潘品:他这样做,我一点都不奇怪,他平时就是这样的人,他要不这样就不是他了。

解说:在南阳55天的抢救治疗,王锋度过了休克期,接受了四次大手术,仍徘徊在鬼门关。南阳市作出决定,不惜一切代价,包机送王锋进京治疗。7月12日,飞机抵达首都,那里的医护人员做好了一切准备,一场与死神争夺英雄的战斗又打响了。

从7月14日至30日,王锋进行了四次植皮手术,成活率接近百分之百,生命体征趋于平稳。在手术中,医院急需志愿者捐献头皮,妻子潘品等七位亲朋好友毫不犹豫做了捐献。

采访王锋妻子潘品:我要用我的皮肤守护我的丈夫,因为我要挽救他的生命,我说头皮要是不够,我身上的皮也可以采,也可以用。

解说:为了救治王锋,全社会形成了延绵不断的爱心接力,无数的

时 代 先 锋
——礼赞方城县三入火海救人英雄王锋

电话、捐款、捐物雪片般飞来,医生说,他们是"用英雄的精神救治英雄"。看着镜头里的王锋,皮肤渐渐长出嫩肉,大家松了一口气。谁曾想,这轻轻地挥手竟成了王锋最后的告别。就在第二天,10月1日,王锋的病情突然恶化,下午4点34分,终因器官衰竭,在救治了136天之后,永远离开了我们。消息传来,人们陷入深深的悲痛。

采访《南阳日报》记者柏伴雪:我们都希望他能活着,希望这个英雄好好地活着,希望这个家庭能够幸福地生活。

解说:王锋的妈妈自从儿子烧伤,就一直没能见上一面,因为家人担心多病的母亲难以承受。本以为能够很快团圆,盼来的却是儿子的骨灰。

采访王锋母亲周文焕:好儿子,当年那么穷把你养大,就养了一个好儿子。儿子,我教你要坚强你怎么不坚强啊。

采访王锋父亲王荣义:他能拿着他的命去救别人,我感觉我们没有白养这个孩子。

采访王锋妻子潘品:这花好香啊,你闻闻,是不是可香,香不香。我知道你在旁边看着呢,你放心吧!我会好好照顾好孩子,照顾好咱妈。

▶颁奖现场

白岩松:有请王锋妻子潘品。

敬一丹:大家的掌声其实有一种期待啊,期待你坚强。刚才在短片里我听你说,王锋有这样的举动,你一点都不意外,为什么呢?

潘品:我们结婚一直到他去世,在我眼里,他感觉帮助别人就是他的职责,在别人遇到困难的时候,他去帮助别人,就是他的任务。

敬一丹:王锋的骨灰回到老家的时候,公公也去世了,这发生在同一天。现在这个家,大家都挺为你们家担忧的,现在你的婆婆怎么样了?

潘品:现在我婆婆身体挺好的,就是前一段时间,我婆婆身体不太舒服,我们当地政府给我婆婆看病,所以说,就是特别感谢。

敬一丹:我想无论是你的儿子还是女儿,他们都想知道爸爸到底是怎样的人,他是怎样走的,你会怎么告诉他们呢?

潘品：有时候，我坐在那里落泪，心里边特别难受，孩子看到了特别懂事，我就说起来他爸爸，他们就说，我爸爸是为救别人而牺牲的，我爸爸是英雄，我长大以后要像我爸爸一样，去帮助别人，这个时候我感觉特别欣慰。

敬一丹：其实他们没有长大，但是他们已经懂了爸爸是怎样一个人。我听说你当老师的时候，经常写一些东西，王锋走以后，你有没有专门为他写下什么？

潘品：因为王锋以前是家里的顶梁柱，后来他生病了，我就把这个家担起来，而我又不能把心里的话跟父母说，也不能跟孩子说，这个时候我就会跟他写一些心里话，有时候也会写一些诗。

敬一丹：写下了怎样的诗呢？

潘品：你走了，在这个家里，再也找不到你的影子，我只能在梦里与你相见，这会是怎样的一种感受，在家里，再也找不到你的气息，只能打开衣柜，抱着你的衣物，闻一闻你的气息。后面还有很多。

敬一丹：我们不忍让她读下去了，确实他走了，他不在我们面前，但是在感动中国，在这儿，我们觉得王锋还在我们心里，谢谢潘品老师。

潘品：谢谢！

白岩松：人们需要英雄，更需要王锋这样的平民英雄，他们是一个民族真正的脊梁。（据央视2016"感动中国"年度人物颁奖盛典）（本报记者　柏伴雪　整理）

（原载2017年2月9日《南阳日报》）

在王锋荣获"感动中国"十大年度人物之际，他的妻子潘品接受本报记者采访——

深情追忆乘长风　与爱同行慰英雄

《南阳日报》记者　柏伴雪

光影璀璨，掌声如雷，舞台上，代丈夫王锋领取"感动中国"年度人物荣誉奖杯的潘品泪水盈盈，熠熠生辉的奖杯，闪烁着夺目的光芒……

时代先锋
——礼赞方城县三入火海救人英雄王锋

走下舞台,潘品再也抑制不住,积蓄已久的泪水倾泻而下,挂满脸颊。从2016年5月18日,王锋三入火海舍己救人那刻起,她便把悲伤藏在了心中,以勇敢、乐观的姿态扛起一切。

努力平抚情绪,潘品深情告白道:"代替王锋站在感动中国的舞台上,我的内心悲喜交加,但更多的是为我的丈夫感到自豪。这个荣誉代表着全社会对他的支持和认可。我非常感恩,感谢各级党委和爱心人士为王锋铺设的爱心之路,因为有大家的相伴,一路走来,他痛并快乐着!在这里,我想再说一声谢谢!"

斯人远行 舍生取义终无悔

2016年,因为南阳好人王锋的至善壮举,一场赞扬爱、传递爱的温情互动在全国各地持续发酵,形成一种见贤思齐、崇德向善的正向效应,在全国各地引起强烈反响。

在报道中,大家认识了那位在关键时刻挺身而出,救出20多位居民,自己却被特重度烧伤的草根英雄王锋;认识了淳朴善良,在凑够前期治疗费用后坚决谢绝各界捐款的英雄妻子潘品;认识了深明大义、至真至美的英雄父母和家人。

再回首,潘品有着太多永生难忘的铭心记忆。"我永远也忘不了5月18日凌晨的那场大火。"在南阳南石医院,看到烧得像焦炭一样的丈夫,潘品感到惊恐、无助、万分痛苦。她向周围所有的亲戚、朋友借了钱,可是,前期治疗费用仍然缺口巨大。

在新闻报道的帮助下,短短几天,全国各地爱心人士捐助的善款就突破200万元,刷新了我市为个人捐款的数额之最。决定谢绝捐款的潘品为了躲避爱心人士的热情,甚至躲进了医生的值班室。

"有了政府的关怀和社会各界人士的帮助,我觉得自己充满力量,再不孤单。可是,世界上最难还的就是人情。所以,直到现在,我的心里仍感到很不安。"谈及于此,潘品低下头,两只手紧紧握起。

在南阳南石医院接受四次手术、55天治疗后,7月12日,我市首次使用专机，护送王锋到北京接受更好的治疗。

思念如潮　别梦依依泪两行

潘品说，她对北京曾有过无数次的期待，然而，令她始料未及的是，第一次到这个向往已久的城市，竟然是为了给丈夫救命。

救护车一路疾驰，驶入北京解放军总医院第一附属医院（304医院）全军烧伤研究所。车门打开，看到在病房门口等候多时的院领导、医护人员和专程从家乡赶来的方城县委、县政府有关负责人，潘品内心希望的力量不断升腾。

了解到王锋的至善壮举后，304医院的专家们唏嘘不已，连连感叹不可思议。医院当即提出"用英雄的精神救治英雄"，从政委杨清仁到王锋的主治医师李锋、刘伟等从治疗到生活上，给予了潘品和王平（王锋的妹妹）无微不至的关怀。

然而，令所有人悲痛不已的是，10月1日16：34，王锋终因多器官衰竭与世长辞。"在这里住院的81天，两位主治医生几乎没有回过家，给了他最好的治疗。家乡领导多次赶到北京，协调处理相关事宜。虽然最后还是没能留住他，但我们没有遗憾了，因为我们知道，所有人都尽了最大的努力。"潘品说。

在10月4日北京八宝山殡仪馆的王锋遗体送别仪式和10月16日的英雄骨灰返乡仪式现场，数万群众向英雄致以最崇高的敬意。

面对纷至沓来的各种荣誉，潘品说："每一个荣誉都让我们感到既高兴又不安。王锋只是做了他该做的，就像事后他自己说的'遇到这样的事，谁都会这么做的。'他就是这么一个人，把帮助别人当作自己最大的快乐！"说着说着，哽咽难再言。

片刻的沉默后，她眼含热泪说："王锋出事后，南阳市委、市政府和方城县委、县政府全力相救，甚至包专机送王锋进京接受治疗，我们全家真的很感动。可至今为止，我甚至没能正式说句谢谢！我们农村人常说，跪天跪地跪父母，如果再见到那些为民撑起一片天的父母官，我真想给他

时代先锋
——礼赞方城县三入火海救人英雄王锋

们下一跪。"

为爱坚强　弘扬壮举担道义

时至今日，潘品都不愿意接受丈夫永别人间的事实。睡觉时，她像以往一样，靠在右侧，把王锋常睡的左侧空出来；深夜的梦中，那场大火几度燃起，将她惊醒。枕头，湿了又干，干了又湿，层层叠叠满是泪痕；出门走在路上，有所感触时，她依然会习惯性地扭头倾诉，仿佛王锋从未走远。

日子还在继续，责任还在肩头。

擦干泪，抬起头，潘品的喜悦之情溢于言表："今年，我们的女儿在期末考试中排名全班第一名。"

对潘品来说，2016年，是她人生中最为艰难、成长最多的一年。她说，从王锋出事以来，党和政府、社会各界给予了王锋和这个家庭太多的关爱和帮助，让她觉得无以为报，她常对两个孩子说，你们要好好学习，长大后从小事做起，尽可能去帮助他人，回报社会。

颁奖盛典结束后，潘品走到"感动中国"年度人物、物理学家、中科院院士潘建伟的面前："潘老师，我女儿特别敬佩您！一直视您为偶像！我来之前，孩子反复要求，让我和您合张影。"潘建伟立刻应允。

让潘品和孩子们激动不已的是，回到南阳，潘品便接到潘建伟妻子的电话。两口子选了7套文学读物，特意赶在新年里邮寄给孩子们。

当2017年新春到来，潘品也悄悄地许下了自己的新年心愿："我希望能成为一名老师，竭尽全力工作，回报这个充满爱的社会。同时，也希望能够自我强大起来，肩负起赡养好老人、教育好子女的家庭责任。"

将爱深藏于心，最好的怀念是铭记。未来的路上将有更多人同行，愿你、我、他，都能在铭记中感动、传承并勇往直前！

（原载 2017 年 2 月 9 日《南阳日报》）

举国赞英雄　南阳扬美名

《南阳日报》记者　柏伴雪

11383354票，这是一个饱含敬意的数字！

从2016年10月初王锋跻身2016"感动中国"十大年度人物评选前20位候选人起，一场崇敬英雄、传承精神的接力行动，便在全国各地火热展开。

南阳好人、草根英雄王锋以三闯火海舍己救人的至善壮举，吸引了全国的广泛关注，深度聚焦。城内、城外，线上、线下，无数人打开手机、电脑，以点击投票的方式，表达着心中的那份哀思与崇敬。

深情歌颂火海英雄

回忆起大家在投票环节的热情程度，居民王先生记忆犹新："那时候，为南阳英雄王锋投票的消息传遍南阳的大街小巷，在大家的心中，既有对英雄的敬仰，又有一种家乡自豪感。"一时间，呼吁声、号召声四起，南阳人通过微信朋友圈、论坛等形式，将这份期盼传到了全国各地。

在2016年岁末，南阳英雄王锋的名字享誉大江南北。一位在京工作多年的南阳籍老乡深情地说："在北京，王锋的名字家喻户晓。每当谈起他，我都会骄傲地说，那是我们老家的英雄。从他们的眼神中，我感受到了满满的敬意。"

从投票阶段就一直不遗余力的网友"宛西边民"，在得知王锋入选的消息后激动不已，第一时间给记者留言："2016'感动中国'十大年度人物揭晓了，作为王锋的老乡，我感到由衷欣慰。王锋是'草根'，但当20多个生命处于危难之中时，他挺身而出。我们崇尚英雄，歌颂英雄，是无数英雄的奉献与付出加速了国富民强的中国梦。"

典型引领成风化人

谈起这位在方城土生土长的英雄，方城县委书记褚清黎说，王锋成为

时代先锋
——礼赞方城县三入火海救人英雄王锋

2016"感动中国"十大年度人物,树起了"美丽河南英雄地、大美南阳好人多、方城好人多善举"的精神地标。近年来,方城县接连涌现了一大批先进典型,以可歌可泣、感天动地的精神震撼着世人心灵,以有情有义、坚韧进取的大爱引领着社会潮流,必将积聚起"重真情、尚大义"的强大能量,把社会主义核心价值观引领下的社会风尚推向一个崭新的时代高度。

有人把王锋比做"精神名片",有人说王锋是"'大美南阳好人多'的最生动注解"。

在各级媒体的高度关注和报道中、网络留言中、社交平台中,诸如此类的赞声比比皆是,字里行间充满了感动:"生命,只有一次。他和他的家人让我们看到了人性的光辉,让我们感受到了邻里之间守望相助的莫大温暖,更让我们理解体会了社会主义核心价值观的深刻内涵。"

文明新风润物无声

王锋的壮举发生后,本报持续跟进,开设多个专栏,刊发了大批具有广泛社会影响力的深度报道,受到社会各界的广泛好评。仅2016年10月16日王锋骨灰返乡当天本报新媒体报道的受众就达到48万人次。

在本报发布王锋成为2016"感动中国"十大年度人物候选人的消息后,许多读者致电本报,高度赞许本报歌颂英雄壮举、传递主流意识的责任与担当。

退役军人张宏宪说:"去年在《南阳日报》上看到救火英雄王峰的事迹后,我一直关注着他的救治情况,期盼英雄能早日康复。当得知英雄因伤势过重与世长辞的消息,痛惜的同时也在思考着一个问题:是什么力量让他三次冲入火海舍身救人?王峰作为一位普通青年,能临危不惧,绝不是一时的冲动。从他短暂的人生经历和生活环境可以看出:是南阳淳朴的民风、河南向善的传统、中国互助的文明,造就了这位平民英雄!今后,我再向外省市的战友们介绍南阳时,会自豪地说,南阳古代出圣人,现代出名人,当代出好人!"

然而，谁应该是这个舞台上的主角，朱波有着更为深刻的思考和认识："随着社会的不断进步发展，一些传统的价值观已不适应现代社会，所以，我们特别希望弘扬一些人性中所体现的光辉。这些光芒既有来自为中华民族作出巨大贡献的民族的脊梁，也有来自一些坚守传统价值观的小人物。他们的身份不同，地位不同，他们为社会作出的贡献也是不同的，但是在精神层面上，他们是相同的。"

朱波将这种突破不断延续："我们在历史上也宣传了很多好的、伟大的人物，但习惯性地表现手法是'高大全'。《感动中国》在表现手法上则努力去打破传统。歌颂凡人善举，因为他们所做的事我们也能够做到。这样整个社会就能形成一个见贤思齐的良好风气，有助于推动中国的精神文明建设。"

享受获得　肩负其责丰盈人生

如今，这些探索被社会广泛认同。朱波的心中充满了获得感，这正是他在制定"感动中国"标准时所强调的最核心的内容："激励人心的人格力量"。

"我们想传递和一直追求的价值观，既是中国的，也是中华民族的传统美德，更是能被世界更多人广泛认同的价值观。"他认为，对媒体人来说，最重要的两项工作就是，做时代的瞭望者，一定要有定力，看得更多、更远；同时，要发现人性的光辉，从而引导社会朝此方向努力。尤其是弘扬人性中温暖的部分，是媒体的一项重要工作。世界上很多主流媒体也和我们的《感动中国》一样，希望通过这样的节目，去弘扬和输出国家和民族的价值观。

在一片赞扬声中，朱波最喜欢的一直是"记录历史"这个最为客观和朴实的评价。"我们想为时代留下一个可以代表当今中国人的群相，他们具有鲜明的年度感、时代感；我们想通过正确价值观的引导，为社会带来一种潜移默化的影响，让大家知道，什么样的人是他们的榜样，是值得学习、坚守和传承的。很欣慰，我们做到了。如今，《感动中国》已成为品德思想课的教材，很多年轻人在背诵我们的颁奖词。这些，是最值得媒体人欣慰的，也是媒体人必须肩负的职责和使命。"

（原载 2017 年 2 月 9 日《南阳日报》）

英雄精神震撼人心　崇德向善成风化人
——王锋当选"感动中国"十大年度人物引起强烈反响

《南阳日报》记者　柏伴雪　特约记者　张中坡　陈新刚

感动，是一种力量！震撼心灵，成风化人。

2月8日至9日，在"感动中国"这个被誉为"中国人的年度精神史诗"的舞台上，南阳方城籍三闯火海舍己救人英雄王锋，用他的至善壮举，触动了每个人心底的那份柔软。

好故事曲调激昂

"盛典"结束后，北京解放军总医院第一附属医院（304医院）政委杨清仁感慨万千，他说："王锋是感天动地的真英雄，他在'304'治疗期间，我们就提出了'用英雄的精神去救治英雄'。那时候，每天早晨，我都会去病房里看他，记得第一次用'英雄'这个词称呼他的时候，他连忙说：'我不是英雄，遇到这样的事儿，谁都会这么做的。'他的大无畏精神、奉献精神、忘我精神感人肺腑，令人难以忘怀；他的家人高风亮节、深明大义让人肃然起敬；他的家乡领导爱民之心令人感动；全社会见贤思齐的实际行动让人欣慰。"

方城县委书记褚清黎在观看过程中热泪盈眶，他说，王锋第一次冲入火海救出了妻子和孩子，这是亲情使然；第二次冲入火海救出自己的学生和老师，这是责任使然，第三次冲入火海救出邻居，这是人性的光辉。全县将在去年开展"学习王锋精神，深化两学一做"主题党课等基础上，着手编写王锋宣传画册，组织王锋英雄事迹报告会等，进一步宣传弘扬王锋的英雄精神，决战脱贫攻坚奔小康，让王锋精神在方城大地结出更加丰硕的成果。

始终牵挂、关怀并帮助火海救人英雄王锋的南阳老乡——《雷锋》杂志总编辑、解放军报社原副总编辑陶克说:"中华民族从来不缺少英雄,缺少的是对英雄的发现、推崇和关爱。王锋从一个普通青年到从全国典型中脱颖而出,南阳各级宣传部门、新闻媒体满腔热忱,下接地气营造良好的宣传氛围,上连央媒发挥联合作战优势,把一个南阳典型推向全国,使全国人民所认知所感动,这是媒体人的责任和光荣。"

真英雄感人肺腑

在英雄的家乡,广大父老乡亲看首播,看重播,赞英雄,学英雄,内心深处,既有无限哀思,更有骄傲与自豪、雄心与壮志。

全国"三八"红旗手、河南"最美村官"、方城县博望镇前荒村党支部书记徐运芝说:"王锋三入火海为救别人而牺牲自己的大无畏精神,让我觉得特别感动。他不仅是方城人的骄傲,更是全国人的榜样。我将在全村大力宣传王锋精神,以王锋精神为动力,撸起袖子加油干!发展好村里黄金梨产业,加快实现村里的全面小康。"

面对来自全国的关怀与温暖,王锋的妻子潘品强忍热泪道:"王锋的离开,让我们一家人很悲痛,也让我们一家人更坚强。我衷心感谢党和政府一直以来对王锋的关心和关注,也衷心感谢社会对王锋的肯定,给了我的丈夫这么高的荣誉,这些都会成为我今后工作和生活的精神支柱。大家对我的帮助太多了,让我觉得无以为报,我希望能重新回到教师的岗位上,把知识传授给学生,把爱传递给孩子,以此来回报所有关心帮助俺的人们。"

价值观润物无声

统计数字显示,2月8日2016"感动中国"十大年度人物颁奖盛典首播,收视率成为全国频道收视率之最。人民网、新浪网、《河南日报》、

时 代 先 锋
——礼赞方城县三入火海救人英雄王锋

《大河报》等省内外媒体再次把镜头聚焦英雄王锋，聚焦大美南阳，聚焦文明河南。

感动的种子在亿万人心中生根、发芽。"愿这个世界被越来越多的善良包围。""三闯火海，舍己救人，给真英雄点赞！""热泪盈眶难以抑制，被王锋感动！在他的身上，我们看到了至美中国人的傲骨与柔情！"各种留言铺天盖地，字字情真，行行意切。

媒体人赵江波说："两天来，我的微信朋友圈被王锋当选2016'感动中国'年度人物的消息刷屏了。社会太需要这样的精神了，他的浩然正气是对道德滑坡、自私自利的社会风气的一次涤荡。"

电影《英雄王锋》导演李存说，电影拍摄期间，常常出现工作人员泣不成声，主要演员极度悲伤不能自拔，拍摄只能中断的情况。尤其是在拍摄火场救人那场戏时，剧务人员仅仅是简单地布置了烟火效果，大家就深刻体会到王锋在1000摄氏度高温下三入火海的伟大。他把自己的生死置之度外，舍己为人，这种境界令人高山仰止。电影还没有杀青，中国深圳微电影节组委会便发函邀请这部作品参加评选，主办方说，王锋的壮举在全国具有非常大的影响力，社会需要这种正能量，国家需要树立道德楷模。我们深刻感受到，王锋已成为我们南阳乃至河南一张熠熠生辉的精神名片。

作诗、谱曲、拍电影、参与志愿活动，以实际行动帮助他人，王锋虽然走了，可他的精神已深深根植于许多人的心中。

(原载2017年2月10日《南阳日报》)

"感动的力量是觉醒的力量"
——访央视《感动中国》编导、《王锋》短片制作者陈丽

《南阳日报》记者　柏伴雪

在央视2016"感动中国"年度人物颁奖盛典上，南阳方城籍火海救人英雄王锋的票数位列第二，成功入选年度十大人物。当那段浓缩整个事件的短片在屏幕上播放时，现场和电视机前亿万观众产生了强烈的共鸣，英雄舍己救人的壮举，家人深明大义的境界，社会爱心涌动的暖流震撼和感

动了所有人,屏幕上下,人们泪水滂沱。

"想要感动他人,首先要感动自己。"面对一片赞誉,《王锋》短片的制作者、央视《感动中国》栏目编导陈丽的话情真而意切。她说:"在前往南阳拍摄之前,我了解到很多王锋的英雄事迹,内心深处的敬意已油然而生。到南阳后,通过省、市、县有关部门的介绍,与你们的座谈,对他的亲朋好友及社会各界人士的采访,我更加坚定了信心。因为我已经被这位心里总装着他人,唯独没有自己,甚至不惜付出宝贵生命的南阳好人深深感动。我们媒体人都知道,想要完成一个好的作品,必须让自己深受感动。只有这样,你才能懂得取舍,层层递进,最后把他最美好、最崇高、最打动人心的一面呈现出来,才能把这份感动更好地传递给社会,传递给更多人。"

整个拍摄过程,陈丽大部分时间都在流泪。采访中,看到王锋的母亲面对白发人送黑发人这种世界上最悲怆的伤痛时,不仅毫无怨言,还能用泣不成声的话语表达支持,传递出对社会和祖国的爱。她蹲下身体,掏出钱包里所有的钱,硬生生塞给老人,用颤抖地声音安慰道:"您别难过,要照顾好自己的身体,以后,您也是我的母亲。"

片子在央视初审时,在场人员的眼眶都湿润了,大家纷纷称赞。那一刻,陈丽笑中含泪。她说:"这些年来,我拍了很多'感动中国'年度人物,其中多次到河南采访拍摄。在我的镜头里,多是'小人物',他们用平凡中的不平凡书写了一个又一个大写的人生,让人敬佩。与以往不同的是,王锋是一位用生命去诠释爱与奉献的草根英雄,虽然八方救援万千祈福也没能挽救他的生命,但英雄虽逝,浩气长存,他的精神将激励和影响全社会崇德向善。"

盛典圆满结束,完成了这一年中最重要的任务后,陈丽写道:每年的春天总有一份特别的期待,每年春天总有一份特别的感动——15年了,多少曾经风光一时的电视节目早已如潮水退去,为什么这份特别的感动依然那样穿透人心?因为这份感动的力量,是来自于每个中国人最纯粹的心灵深处;因为这个感动了整整一代中国人的电视节目,是个不忘初心的团队用自己15年的心血哺育出来的。

时 代 先 锋
——礼赞方城县三入火海救人英雄王锋

沉浸在喜悦中的陈丽说:"很感谢你们发现和推介出这么好的英雄,我们才能拍出这么感人的片子。在这片热土上采访的几天时间里,我越来越深刻地感受到南阳人的淳朴、热情与善良,这里真的是一座充满爱的城市。"

(原载 2017 年 2 月 9 日《南阳日报》)

2016"感动中原"十大年度人物颁奖组委会向英雄王锋表达特别致敬

2月15日晚,2016"感动中原"十大年度人物颁奖典礼在郑州举行。组委会首次以特殊方式向当选"感动中国"十大年度人物、火海救人英雄王锋表达特别致敬。省领导赵素萍、蒋笃运、王艳玲、梁静出席颁奖典礼。南阳市委常委、宣传部长张富治参加。

"感动中原"十大年度人物评选活动是我省着力打造的人文精神公益品牌活动。自2005年始,至今已举办十二届,先后评选出超过120个先进典型人物或团体。

本届十大年度人物共评出马豹子等10名个人和两个团体。在颁奖现场,以短片形式追忆了火海救人英雄王锋的感人事迹。2016年5月18日凌晨,面对突发火灾,王锋奋不顾身救出20多名群众,而自己因特重度烧伤,于2016年10月1日16时34分在北京不幸牺牲。"感动中原"组委会以特殊方式表达对王锋的特别致敬,舞台上,组委会授予王锋的奖杯静静伫立,王锋的妻子潘品和本报记者柏伴雪等6位关注、参与的群众代表,献花致敬,以此表达对英雄的缅怀和敬仰。

本次颁奖典礼将于2月26晚20点04分,在河南电视台都市频道首播。

(原载 2016 年 2 月 16 日《南阳日报》)

颁奖词【王锋】忠义感乾坤

面对一千(摄氏)度的烈焰,没有犹豫,没有退缩,用生命助人火海逃生。小巷中带血的脚印，刻下你的无私和无畏，高贵的灵魂浴火涅，在人们的心中永生。

"传递主流价值观　是媒体的责任与担当"

——访央视《感动中国》制片人朱波

《南阳日报》记者　柏伴雪

在全国亿万观众喜爱的"感动中国"舞台上，三闯火海舍己救人的南阳方城籍英雄王锋，用他的至善壮举诠释了一个灵魂最高贵的色彩。央视《感动中国》栏目制片人朱波谈起王锋依然非常激动。

致敬英雄　文明河南春风和煦

接受本报记者采访时，朱波以杰出媒体人的高度、温度和态度，诉说着他眼中的南阳英雄王锋，以及他心中的文明河南："在'感动中国'的舞台上，王锋作为河南人的杰出代表高票当选，生动体现了中原文化的深远厚重、博大精深，给全国人民留下了非常深刻的印象。这既是河南的光荣和骄傲，也是河南媒体人的光荣和骄傲，因为你们能够发现并向全国人民推出这么好的典型，充分证明了你们的水平和努力。"

朱波说，今年，我们选择王锋，是觉得他非常完美地体现了中华民族传统的价值观。他三次闯入火海，一入火海体现的是亲情，这是一种人性；二入火海是责任和担当；三入火海是大爱。王锋事件与其他事件的不同之处在于，南阳各级政府、广大居民对这种英雄行为和英雄精神的肯定和赞赏。在事件发生的整个过程中，形成互动，相互关联，使之从个人行为的爱升华为全社会的大爱，这种现象是比较少见的。

不忘初心　坚守理想铿锵而行

在"感动中国"年度人物颁奖盛典上，王锋是南阳迄今为止首位入选者。15年来，季羡林、成龙、姚明等具有时代代表性的"中国脊梁"相继

时代先锋
——礼赞方城县三入火海救人英雄王锋

在这里领奖,感动的力量不断升腾,业已成为中国最具影响力的年度人物评选活动之一。谈起这些年的坚守与突破,砥砺与收获,朱波感慨良多:"当年,我们创办时考虑的是,这些年我们国家发展的速度有目共睹,在物质极大丰富的同时,精神文明步伐略慢。所以,我们希望搭建一个弘扬正能量,体现中国价值观的舞台,这是以前从未有过的。"

(原载2017年2月9日《南阳日报》)

【南阳晚报】

本报记者跟随潘品赴京录制感动中国颁奖典礼——
一路陪伴,记录每一次感动
《南阳晚报》记者 于晓霞

核心提示

1月12日-15日,市委宣传部组织本地媒体采访团一行6人与方城县有关领导一起,陪同王锋妻子潘品一起进京录制节目。本报记者一路陪伴,亲历颁奖晚会节目录制全过程,记下了一个个感人瞬间。

敬一丹:"潘品状态很好,不要给她增加压力"

感动中国年度人物颁奖晚会在位于大兴的"星光影视城"录制。1月12日下午,顺利到达北京后,潘品入住梅地亚酒店。

再次进京,潘品心中有感伤、感慨,更多的还是感动、感恩。"如果不是给王锋治疗,我可能这辈子都没有机会来北京,更不会遇到那么多在北京的好心人。"时值寒冬,北京最低气温零下10摄氏度,潘品却说,北京是一座温暖之城、感动之城。

1月13日上午9点多,记者与采访团其他成员一起,早早来到了演播厅,准备随时记录彩排现场的感人细节。在演播厅观众席后面的墙上,有历届感动中国获奖人物的浮雕群像,而红彤彤的"感动中国"4个大字更是令人振奋。

按照导演组安排,在10位感动中国年度人物中,第二个出场的就是王锋，其妻子潘品将代其上台领奖。彩排，重要的是走流程，在流程中发现问题，调试灯光和机位。随着一次次彩排，潘品从最初的紧张到渐入状态，现场表现越来越自然、放松。1月13日下午，主持人白岩松、敬一丹来到彩排现场，访谈潘品的是敬一丹，她轻松、自然的访谈风格，让潘品如沐春风。

当天彩排后，敬一丹对潘品的表现很满意，离开时她叮嘱方城县委书记褚清黎说，"不错，潘品状态很好，不要给她增加压力，让她越放松越好。"

潘品："我们走过的这条路，是用无数爱心铺成的路"

1月14日下午2点半，"感动中国2016"颁奖典礼正式开始录制。演播厅内，时而鸦雀无声，时而掌声雷动；既有深情的微笑，又有难掩的哭泣。特别是在王锋事迹短片播放时，现场观众无不动容落泪，被平民英雄王锋深深感动。尽管已对王锋事迹烂熟于心，坐在观众席上的本地媒体记者仍止不住满眼热泪。当潘品走上红地毯时，现场掌声长长不能停息。访谈主持人敬一丹更是主动上前，轻抚潘品右肩，亲切地请她落座。

"潘品，大家的掌声，其实有一种期待，期待你坚强。"掌声渐息，敬一丹的访谈以这一句话开场了。因为是第一次完整播放王锋事迹短片，触景生情的潘品在接受访谈时数次哽咽，但还是坚强地从容应答。

访谈中，敬一丹关切地向潘品询问现在家中的情况，有没有自己应对不了困难，还需要哪些帮助？"谢谢大家，我感觉从王锋受伤一直到王锋去世，直到现在，我心里边满满的都是感激。"感恩的潘品向所有帮助关怀过她的好心人表示感谢，她说："虽然这件事发生在我们家里，感到非常不幸，但是同时各级党委政府，还有社会上的爱心人士一直在背后帮助着我们，我感觉我们走过的这一条路，是用无数爱心铺成的路，我们背后有无数双手在后面支撑着我们，帮助着我们，我感觉我们并不孤单。"

忠义感乾坤。在念出颁奖词前，白岩松说："人们需要英雄，更需要王锋这样的平民英雄，他们是一个民族真正的脊梁。"这也是王锋入选感动中国的理由。就如导演组给王锋的颁奖词中所写的："小巷中带血的脚印，刻下你的无私和无畏，高贵的灵魂浴火涅槃，在人们的心中永生。"

时代先锋
——礼赞方城县三入火海救人英雄王锋

后来，潘品告诉记者，在颁奖台上接过奖杯的那一瞬间，她真切地感受到了这份荣誉沉甸甸的，感受到了这份荣誉代表的意义和责任。"这是全国人民给予王锋精神的肯定，包含了无数人的爱心和期待。我今后会用他的精神来教育孩子、照顾老人，让他的精神好好传承下去。"

现场观众："王锋这样的人，现在的社会太需要了！"

"视频拍没有？"走出演播厅，记者询问前来进京陪同嫂子录节目的王锋妹妹王平。"忘记拍了，从头哭到尾，哪里还记得拍视频。"王平红着眼回答："没拍也好，真拍了，我怕回家我妈看了受不住，我自己都哭成这样……"

现场一位观众在接受采访时告诉记者，王锋的事迹，她以前就从网络和中央电视台的报道中看过，当时就很感动，还专门通过微信捐过款。"但这一次，我是真的再一次被王锋深深感动了，他身上有很多美好的品格：见义勇为、无私、勇敢、坚强……这些值得我们每一个学习，我们现在的社会太需要这样有正气有爱心的人了。"

人性中最好的东西一直都在，就在我们身边。从彩排直至正式录制的两天时间里，记者一次次被感动，心灵一次次受到洗礼，感受到正能量的强烈震撼。因为是身边人身边事，因为从事件发生到现在，记者一路陪着潘品走过，更一次次亲历现场，所以，当此时，感动之情比任何时候都来得更真诚自然，也更深刻。

"其实人生命的长短并不重要，重要的在于内涵，在于你走过的过程。就像王锋，他那么年轻就离开了，但他却活在很多人心里。"正如另一位在现场的观众所说，如果说雷锋离你太遥远，那不妨学学这些感动中国人物。他们中的很多人，就是和我们一样的平凡人，但他们却做出了不平凡的事迹。正是因为有了他们，这个世界才变得温暖、美好。

（原载2017年2月9日《南阳晚报》）

一位英雄和一名记者的心灵对话

作为报道王锋的第一人，本报记者于晓霞独立采写了50余篇报道

第七章　感动中国

作为聚焦英雄的首家媒体，晚报王锋系列报道在央视荧屏醒目播放
作为盆地平民英雄的代表，王锋当选2016"感动中国"年度人物

《南阳晚报》记者　刘娜

刚刚过去的2016年，对于一座城、一张报、一个人，都有着非同寻常的意义。

这一切，皆因一个平凡且不凡的名字——王锋。

2月8日晚，中央电视台2016"感动中国"十大年度人物在万众瞩目中震撼揭晓。三入火海舍命救人的南阳平民英雄王锋，成为我省唯一当选者。

这荣誉，实至名归，人心所向，也催人奋进。

这荣誉，让逝者安息，让生者慰藉，也让春日温暖。

作为聚焦烈火英雄的首家媒体，本报聚焦王锋的系列报道，在央视"感动中国"颁奖典礼播放的王锋短片中醒目展现。"南阳晚报"的醒目报头和"火海救人 感动中国"的系列策划，与英雄的名字和事迹一起呈现在亿万观众面前。

这关注，源自英勇壮举，鼓舞晚报人心，点赞媒体力量。

这关注，传播南阳故事，传递南阳声音，彰显盆地情怀。

这关注更让一位基层记者热泪盈眶。她，就是晚报记者于晓霞。

这位全国范围内率先报道王锋第一人，因这场一路揪心一路感动的采访，一次次刷新自己过往20多年从业经历的宽度、深度、精度和厚度。

今天，让我们从一个人与一群人、一张报与一份情、一座城与一种精神，重温英雄壮举，走进新闻幕后。

一个人　一串带血的脚印　一道以血肉之躯打开的生命之门

2016年5月19日，一个平常的周四。一个电话打到本报"民生南阳"热线63291836上，很快被派送到本报记者于晓霞那里：5月18日凌晨，西华村突发大火，一男子在火灾中因救人被烧重伤，生命垂危……

尽管后来，王锋的名字一路从南阳盆地、中原腹地响彻神州大地，中

时 代 先 锋
——礼赞方城县三入火海救人英雄王锋

央、省级和同城媒体的记者们,一次次重返火灾现场,一遍遍地采访事发见证人,一点点核实救火细节,但第一个带着疑虑和追问来到华西村那栋面目全非的三层民宅,在求证和感动中挖掘出王锋三入火海救人、小巷留下带血脚印等感人细节的媒体人,是本报记者于晓霞。

"满地的灰烬,焦黑的楼板,透风的窗户,只剩铁架子的电动车,和邻居们提起王锋就掉泪的表情。"直到今日,这些第一眼看到的场景依然像黑白照片一样,深深刻在晓霞的脑海里,成为她为英雄王锋写下第一篇报道的真实素材,也构成她作为第一报道人接受央视"感动中国"栏目组采访的讲述记忆。

作为年轻晚报的资深记者,于晓霞以采访深入扎实、文风朴实自然备受同行称赞。2016年5月20日,伴随她那篇看似寻常的1600多字新闻报道——《他,用带血脚印书写英勇》——在晚报05版的刊发,一场不寻常的新闻宣传战役和生命营救战役,也就此打响。

从那天起,一位出身卑微灵魂高贵的盆地人物,就此矗立人间。一股强大而持久的爱心暖流,由此激荡全国。一种刚毅而忘我的烈火精神,从此璀璨人心。

躺在病床上还喊着"赶快救人"的朴实汉子王锋,压根儿没有想到,当他用血肉之躯为他人打开生命之门的同时,病房外的千万父老也万众一心地努力为他打开另一扇生命之门。

一支笔 一场历时9个月的采访 一趟心手相牵灵犀相映的旅程

一个看似偶然的事件,因蕴含着时代的呼唤与英雄的精神,而成为新闻的焦点和民众的牵挂。

此后,媒体纷纷跟进,关爱纷至沓来,捐款源源不断,爱心汇聚成海,荣誉接踵而至。

作为基层媒体人,原本只怀揣"帮帮王锋"这一朴素理念的于晓霞,渐渐意识到对王锋壮举的如实书写,势必将丰满她的阅历与人生。

良善的最大力量,便是能唤醒更多的良善。王锋三入火海、舍己救人

第七章 感动中国

的壮举，犹如爱之源善之头，唤醒千百仁士，铺就万里爱路，扬起十里暖风。

从环卫工人到偶像明星，从山村老夫到国家领导，从县级快讯到《人民日报》，都饱含热泪关注着这位农民之子、烈火金刚。

电话不停，短信不断，微信满屏，于晓霞有些应接不暇。那几个月里，就连她远在上海、郑州、襄阳和新野老家的亲友，每次给她打电话的第一句话也从"你和孩子咋样啊"，变成了"你报道的那个王锋咋样啊"。

于晓霞忙碌着也感动着，书写着也分享着，奔波着也坚持着。

从2016年5月19日至今，9个月的持续关注与跟踪报道，她从不同角度不同侧面，为救火英雄王锋写下了50余篇报道。其中，不少稿件都是以整版的形式图文并茂地呈现。

除了及时报道病情，传递爱心，关注善举，她还陪伴安慰着王锋的妻子潘品——那位事发前从未接受过采访、也未被领导接见过的农村女子。

在王锋当选"感动中国"十大年度人物的这个春天，潘品依然和于晓霞保持着密切联系，两人每隔两三天都会电话联络。她管晓霞记者叫"于姐"。这是她们第一次见面时，她出于礼貌对晓霞的称呼。但今天，柔弱又坚毅的潘品，真把晓霞记者当成了姐姐。

"是于姐的最早报道，让王锋的事迹及时被人们知道，才有了后来大家的帮助。更是她和大家的帮助，让我撑到今天。"潘品说，"于姐身上新闻人的正直与善良，让我敬佩又感动。我不会忘记，于姐和南阳晚报一路的帮助与陪伴。"

最深的感情，是我懂你的不容易

于晓霞更是常常为潘品的不易动容。事发后，第一次在医院相见，无助又惊恐的潘品紧紧抓住晓霞的手，就像抓住黑暗中的一线希望。王锋在南阳的几次植皮手术，晓霞都握着潘品的手，陪在她身边。

京宛两地136天的救治，还是没有挽留住英雄的性命。10月16日，王锋

时代先锋
——礼赞方城县三入火海救人英雄王锋

骨灰安放方城县十里庙公墓,吻别丈夫骨灰后的潘品心力交瘁,一下瘫坐在地。是现场采访的于晓霞,一把将她揽入怀中。这个镜头被摄影记者当场捕捉,登到报纸上,感动众人心。

那一拥,有对英雄对亲人不幸离世的深切悲痛。

那一拥,更是两个弱女子深情搀扶的自然流露。

(原载 2017 年 2 月 9 日《南阳晚报》)

一张报纸和一座城市的精神传承

感动中国的王锋,是盆地英雄之典型代表 致敬平民英雄,是晚报新闻报道永恒的主题 英雄辈出的土地,传承着大爱担当的家国情怀

《南阳晚报》记者 刘 娜

作为感动中国的南阳人,质朴无华的平民英雄王锋,是晚报挖掘的众多新闻人物中格外耀眼的一位,也是南阳盆地英雄群像中特别震撼人心的一名。

回首过往,从这片深情的土地上走出一位位舍身取义、感人肺腑的大写南阳人。致敬英雄,其实是致敬大爱担当的城市精神,致敬英雄辈出的山水土地,致敬兼容并蓄的盆地文化。

一张报 一次史无前例的重磅报道 一份关注盆地平民英雄的人文情怀

习近平总书记在中国文联十大、中国作协九大开幕式上指出:"祖国是人民最坚实的依靠,英雄是民族最闪亮的坐标。歌唱祖国、礼赞英雄从来都是文艺创作的永恒主题,也是最动人的篇章"。

礼赞英雄,亦是新闻报道的永恒主题和动人篇章。

王锋火海救人被烧成炭人、生死未卜的危难之际,知情读者第一时间想到的是晚报热线。这看似偶然,实则有因。

关注民生诉求,书写百姓本色,挖掘盆地人物,传播南阳故事,一直

第七章　感动中国

是晚报人的"永恒主题和动人篇章"。

时针拨到过往。

人民公仆强自喜、救灾英雄武文斌、英雄老兵王金山、最美奶奶柴小女、忠诚党员崔兵义等等一系列感动盆地、感动中原的人物，都是本报率先挖掘报道。

作为一份有温度有思想的民生报，多年来，晚报以朴素人本情怀和独特的人文视角，以一系列带着露珠沾着泥土的真实报道，描绘出一幅盆地平民英雄群体图。

而王锋，是这幅图中最感人最耀眼的那一个。

对王锋的报道与书写，是晚报新闻报道史上浓墨重彩又饱含深情的一笔，也是晚报新闻策划上史无前例又凝聚群体智慧的一次。

王锋的壮举经晚报率先报道后，各大网站纷纷转载，各界人士伸出援手，引起全社会的关注。5月24日，省委宣传部发出通知，要求省直及省会主要媒体挖掘报道王锋事迹；7月底，中宣部组织"时代先锋"采访团，20多家中央及省级媒体来到南阳，展现英雄形象，书写盆地好人。

占之先机，得之深入。

英雄事迹感天动地，传播英雄精神，传递正能量，媒体责无旁贷，在第一时间，晚报开辟"火海救人　感动中国"专栏，派记者去方城去北京采访，在重大节点上不惜版面，利用"报纸+微博微信"等全方位的立体传播方式，调动全媒体时代的线上线下力量，为壮举书写，向英雄致敬。在长达9个多月的持续关注中，晚报共刊发王锋系列报道71篇，图片60余幅。

11月22日，"感动中国"2016年度候选人物启动前夕，中央电视台"感动中国"栏目组深入南阳拍摄王锋事迹，栏目组一行专程来到本报编辑部，采访于晓霞挖掘报道王锋壮举的前前后后。

这个早春，王锋当选2016"感动中国"十大年度人物。颁奖现场，本报报道也作为书写英雄、传递爱心的背景材料，在央视荧屏上展示播放。

王锋当选，是继胡佩兰、陇海大院、王宽之后，河南人连续第四次荣登"感动中国"年度人物英雄榜。

这荣誉，归属于南阳这片土地，也归属于晚报这张报纸。

时代先锋
——礼赞方城县三入火海救人英雄王锋

这荣誉带着光与热,更带着血与泪。

九泉之下的王锋,会为此欣慰。奔跑逐梦的我们,应借此努力。

一座城 一群古道热肠的人们 一片人杰地灵英雄辈出的土地

一座城市的品格和灵魂,不以摩天大楼的高度来衡量,而以卓越的精神来领跑。

作为当选"感动中国"的南阳人,平民英雄王锋堪称是盆地平民英雄的典型代表。

还有很多生于斯长于斯爱于斯的南阳好人,曾感动一群人,温暖一座城,标注起一个时代。他们的精神是南阳人奋勇向前的力量源泉,也是南阳城精神史诗里的永恒坐标。

20年如一日做好事的新时期"雷锋"李相岑,护送百余名流浪儿童回家的最美警察邹清林,用生命营救生命的全国最美驾驶员权淑明,入选"感动中国"2013年度候选人物的唐河农妇汪金玲,危急关头托住天津大娘的"托举三兄弟",昆山大爆炸中救出工友的"板车哥"邹命东……

当这些大写的南阳人的面孔,出现在全国瞩目的舞台中央,台下的亿万观众都记住了一个温暖的地方:南阳。南阳的千万百姓都从心底涌出一种朴素情愫:自豪。

当南阳人的名字和事迹,不再局限于这片土地,而是铺天盖地地响彻异乡感动全国,我们不得不思考这样一个问题,是独特的盆地文化哺育了担当奉献的南阳人,还是古道热肠的南阳人铸就了这厚重的文化?

此地多英豪,邈然不可攀。

作为楚文化的发祥地和汉文化的荟萃地,南北文化在南阳碰撞交融,包容、质朴、进取、求新的独特盆地文化气质由此形成。受此熏陶,这片土地上的先民今人,有着浓郁的家国情怀、担当意识、奉献精神。

不管是王锋、晚报还是这座有爱的城市,都是这盆地文化的孩子,都继承了母体的血脉和基因,也传承了母体的精神与魂魄。

今天,我们对王锋事迹的回望,是对城市精神的梳理,更是对盆地文化的致敬。

前路漫漫，且行且歌。

未来的日子里，愿我们踩着英雄的足迹，砥砺前行，拼搏进取，创造辉煌。

（原载 2017 年 2 月 9 日《南阳晚报》）

时代先锋
——礼赞方城县三入火海救人英雄王锋

后 记

中共方城县委常委、宣传部部长 刘 杰

　　方城是一块英雄的土地。曲烈、张释之、张骞、吴阿衡、栗在山、杜凤瑞……，一个个英雄的名字，构成了方城独特的英雄史，辉耀中华，他们已成为方城人引以骄傲的先贤。

　　时光流转，和平盛世，文脉赓续，英雄精神经久不息。在新的时代，方城县120万人民在县委、县政府的正确领导下，在社会主义核心价值观和政治引领、党建引领、创新引领、规划引领、示范引领"五大引领"的影响激励下，全面建成小康社会和建设富强方城、美丽方城、和谐方城的步伐不断加快。与此同时，一批新时代的平凡而又不平凡的英雄不断涌现，三入火海救人英雄王锋就是其中感人至深的一位。

　　从2016年5月18日凌晨王锋三入火海救人严重烧伤被送往南阳南石医院抢救，到7月12日县委、县政府包专机送王锋到解放军总医院第一附属医院继续救治，到10月1日因抢救无效去世，到10月4日在北京八宝山举行王锋遗体告别仪式，到10月16日南阳方城举行迎接王锋骨灰返乡仪式，一直到今天……，王锋那勇往直前、舍生取义、不怕牺牲的英雄主义精神和热爱生命、舍己救人、大爱无疆的仁爱情怀，一直感动、激励着方城人、南阳人、河南人和全中国的无数人。今年2月，王锋同志当选中央电视台"2016年感动中国人物"，被誉为"忠义感乾坤"。

　　王锋受伤救治和牺牲以来，无数的记者、作家、诗人用他们手中的笔和电脑，写下了无数描写、叙述、歌唱、论说他的伟大事迹和精神的通讯报道和诗词文章，张中坡和曹国宏二位同志又撰写长篇报告文学《生命的奔跑——记三入火海救人英雄王锋》，让王锋的精气神和生命得以在文字

后记

中永存,得以在人们的心灵中永存,得以在神州大地上永存。

在宣传英雄王锋的过程中,中宣部、河南省委宣传部、南阳市委宣传部精心筹划安排,《人民日报》、新华社、《解放军报》、《光明日报》、《经济日报》、中央人民广播电台、中央电视台、《中国青年报》、《雷锋》杂志社以及河南电台、河南电视台、《河南日报》、《河南日报》农村版、《大河报》、《东方今报》、《河南法制报》、南阳电台、南阳电视台、《南阳日报》、《南阳晚报》、《南都晨报》等新闻媒体开展了持续深入地报道,全方位、多角度地对英雄事迹和英雄精神进行了挖掘和呈现,让这一草根英雄的伟大精神成为感动全体国人心灵的深刻铭记。致敬英雄,媒体功不可没。

为让王锋精神更好地发扬光大,起到引领导向、成风化人、凝心聚力的作用,我们把各个方面撰写的有关王锋的报道、诗文收集整理,汇集成册,名为《时代先锋——礼赞方城县三入火海救人英雄王锋》,奉献给广大读者。

思英雄,读英雄,学英雄,让英雄之花处处开遍,我们实现中华民族伟大复兴中国梦的愿景就一定能够不断取得新胜利!

在此,真诚感谢各级党委、政府和社会各界对王锋及其家人的关心、关爱、帮助,真诚感谢陶克少将、二月河先生和各位记者、作家、诗人,真诚感谢当代中国出版社和社会各界对本书出版给予的支持、指导,也真诚感谢方城县委书记褚清黎、县长段文汉百忙之中拨冗为本书作序。

由于时间仓促,书中不妥及遗漏之处,敬请读者谅解。

2017 年 2 月 27 日